口语修辞

Kouyu Xiuci

赵林森 著

河南大学出版社

图书在版编目(CIP)数据

口语修辞/赵林森著. —开封:河南大学出版社,2010.7(2013.11 重印)
ISBN 978-7-5649-0204-9

Ⅰ.①口… Ⅱ.①赵… Ⅲ.①汉语—口语—修辞—高等学校—教材 Ⅳ.①H15

中国版本图书馆 CIP 数据核字(2010)第 137734 号

责任编辑　王兴业
责任校对　章　严
封面设计　马　龙

出　版	河南大学出版社
	地址:河南省开封市明伦街 85 号　邮编:475001
	电话:0378-2825001(营销部)　网址:www.hupress.com
排　版	郑州市今日文教印制有限公司
印　刷	河南省诚和印制有限公司
版　次	2010 年 11 月第 1 版　印次 2013 年 11 月第 2 次印刷
开　本	787mm×1092mm　1/16　印张 11.5
字　数	259 千字　印数 3001—5000 册
定　价	26.00 元

(本书如有印装质量问题,请与河南大学出版社营销部联系调换)

目 录

前言	1
第一章 总论	1
第一节 "口语修辞"的意义	1
一、什么是口语修辞	1
二、为什么要研究口语修辞	2
1. 改革语文教学	2
2. 推动语言研究	2
3. 适应信息社会	3
4. 开发个人潜能	3
三、怎样学习口语修辞	4
1. 提高理论认识	4
2. 树立成功心理	5
3. 强化基础训练	6
第二节 "口语修辞"的原则	7
一、文明原则	7
二、得体原则	8
三、和谐原则	9
四、有益原则	10
第三节 "口语修辞"的标准	12
一、准确清晰	13
二、简洁流畅	14
三、优美动听	14
第二章 途径	18
第一节 心理调节	18
一、自信与自卑	19
二、自制与任性	22
三、热诚与冷漠	24
四、宽容与苛求	25

　　　　1. 宽容不同观点 …………………………………… 25
　　　　2. 宽容严重过错 …………………………………… 26
　　　　3. 宽容敌对行为 …………………………………… 26
　　五、认真与随意 ……………………………………………… 27
　　六、刚毅与犹疑 ……………………………………………… 29
第二节　思维调节 ………………………………………………… 30
　　一、明确与含糊 ……………………………………………… 31
　　二、开阔与闭塞 ……………………………………………… 32
　　　　1. 发散思维 ………………………………………… 32
　　　　2. 聚合思维 ………………………………………… 33
　　　　3. 逆向思维 ………………………………………… 35
　　　　4. 纵深思维 ………………………………………… 36
　　三、有序与无序 ……………………………………………… 36
　　　　1. 并列式 …………………………………………… 37
　　　　2. 递进式 …………………………………………… 38
　　　　3. 总分式 …………………………………………… 38
　　　　4. 因果式 …………………………………………… 39
　　　　5. 例证式 …………………………………………… 39
　　　　6. 综合式 …………………………………………… 40
　　四、敏捷与迟钝 ……………………………………………… 40
　　　　1. 意核扩展 ………………………………………… 41
　　　　2. 板块组合 ………………………………………… 42
　　　　3. 借题发挥 ………………………………………… 42
　　　　4. 幽默应对 ………………………………………… 43
第三节　言语调节 ………………………………………………… 44
　　一、言语内容调节 …………………………………………… 44
　　　　1. 新与旧 …………………………………………… 44
　　　　2. 深与浅 …………………………………………… 46
　　　　3. 真与假 …………………………………………… 48
　　二、言语形式调节 …………………………………………… 49
　　　　1. 正与误 …………………………………………… 49
　　　　2. 精与粗 …………………………………………… 51
　　　　3. 准与差 …………………………………………… 53
　　　　4. 清与混 …………………………………………… 55
第四节　态势调节 ………………………………………………… 57
　　一、得体与失态 ……………………………………………… 59

二、自然与别扭 ………………………………………………… 60
　　三、和谐与局促 ………………………………………………… 62
第三章　分类 ……………………………………………………… 65
　第一节　说 ……………………………………………………… 67
　　一、"说"的意义 ………………………………………………… 67
　　二、"说"的特点 ………………………………………………… 67
　　　1. 切实性 ……………………………………………………… 67
　　　2. 单向性 ……………………………………………………… 68
　　　3. 平易性 ……………………………………………………… 69
　　三、"说"的要领 ………………………………………………… 71
　　　1. 事理清晰 …………………………………………………… 71
　　　2. 表述坦诚 …………………………………………………… 72
　　　3. 简洁明快 …………………………………………………… 73
　第二节　"谈" …………………………………………………… 75
　　一、"谈"的意义 ………………………………………………… 75
　　二、"谈"的特点 ………………………………………………… 76
　　　1. 多样性 ……………………………………………………… 76
　　　2. 双向性 ……………………………………………………… 77
　　　3. 灵活性 ……………………………………………………… 78
　　三、"谈"的要领 ………………………………………………… 79
　　　1. 话题贴切 …………………………………………………… 79
　　　2. 交流互动 …………………………………………………… 80
　　　3. 自然灵活 …………………………………………………… 80
　第三节　讲 ……………………………………………………… 82
　　一、"讲"的意义 ………………………………………………… 82
　　二、"讲"的特点 ………………………………………………… 83
　　　1. 说理性 ……………………………………………………… 83
　　　2. 鼓动性 ……………………………………………………… 84
　　　3. 群众性 ……………………………………………………… 86
　　三、"讲"的要领 ………………………………………………… 88
　　　1. 见解深刻 …………………………………………………… 88
　　　2. 感情真挚 …………………………………………………… 89
　　　3. 精练警策 …………………………………………………… 90
　第四节　辩 ……………………………………………………… 92
　　一、"辩"的意义 ………………………………………………… 92
　　二、"辩"的特点 ………………………………………………… 93

1. 对立性 …………………………………………………… 93
　　　2. 逻辑性 …………………………………………………… 94
　　　3. 机敏性 …………………………………………………… 95
　　三、"辩"的要领 ……………………………………………… 96
　　　1. 立论有理 ………………………………………………… 96
　　　2. 论证有力 ………………………………………………… 97
　　　3. 精辟犀利 ………………………………………………… 98

第五节　读 ……………………………………………………… 100
　　一、"读"的意义 ……………………………………………… 100
　　二、"读"的特点 ……………………………………………… 101
　　　1. 知识性 …………………………………………………… 101
　　　2. 教学性 …………………………………………………… 102
　　　3. 规范性 …………………………………………………… 104
　　三、"读"的要领 ……………………………………………… 105
　　　1. 把握主题 ………………………………………………… 105
　　　2. 解读完整 ………………………………………………… 107
　　　3. 规范明晰 ………………………………………………… 108

第六节　播 ……………………………………………………… 110
　　一、"播"的意义 ……………………………………………… 110
　　二、"播"的特点 ……………………………………………… 111
　　　1. 新闻性 …………………………………………………… 111
　　　2. 快捷性 …………………………………………………… 112
　　　3. 时效性 …………………………………………………… 113
　　三、"播"的要领 ……………………………………………… 114
　　　1. 把握主旨 ………………………………………………… 114
　　　2. 详实自如 ………………………………………………… 115
　　　3. 规范流畅 ………………………………………………… 117

第七节　诵 ……………………………………………………… 120
　　一、"诵"的意义 ……………………………………………… 120
　　二、"诵"的特点 ……………………………………………… 121
　　　1. 文学性 …………………………………………………… 121
　　　2. 艺术性 …………………………………………………… 122
　　　3. 欣赏性 …………………………………………………… 128
　　三、"诵"的要领 ……………………………………………… 129
　　　1. 理解作品 ………………………………………………… 129
　　　2. 表达圆满 ………………………………………………… 131

3. 文雅优美 ……………………………………………………………… 132
第八节 演 ………………………………………………………………… 134
　一、"演"的意义 …………………………………………………………… 134
　二、"演"的特点 …………………………………………………………… 135
　　1. 社会性 ………………………………………………………………… 135
　　2. 形象性 ………………………………………………………………… 136
　　3. 娱乐性 ………………………………………………………………… 138
　三、"演"的要领 …………………………………………………………… 140
　　1. 深入角色 ……………………………………………………………… 140
　　2. 表演真切 ……………………………………………………………… 141
　　3. 形象动人 ……………………………………………………………… 144

第四章　技法 …………………………………………………………… 147
第一节　直与曲 …………………………………………………………… 147
　一、"直说"的功能 ………………………………………………………… 148
　　1. 快捷说理 ……………………………………………………………… 148
　　2. 直率论事 ……………………………………………………………… 148
　　3. 直言真情 ……………………………………………………………… 149
　二、"曲说"的功能 ………………………………………………………… 149
　　1. 曲表衷情 ……………………………………………………………… 149
　　2. 摆脱困境 ……………………………………………………………… 150
　　3. 曲径通幽 ……………………………………………………………… 150
第二节　简与繁 …………………………………………………………… 151
　一、"简说"的功能 ………………………………………………………… 152
　　1. 言简意赅 ……………………………………………………………… 152
　　2. 言浅情深 ……………………………………………………………… 153
　　3. 言简意丰 ……………………………………………………………… 153
　二、"繁说"的功能 ………………………………………………………… 153
　　1. 深切说理 ……………………………………………………………… 154
　　2. 详尽叙事 ……………………………………………………………… 154
　　3. 充分抒情 ……………………………………………………………… 154
第三节　强与弱 …………………………………………………………… 155
　一、"强说"、"弱说"的功能 ……………………………………………… 156
　　1. 表达感情起伏 ………………………………………………………… 156
　　2. 显示重点层次 ………………………………………………………… 157
　　3. 增强节奏气氛 ………………………………………………………… 158
　二、"强说"、"弱说"的要领 ……………………………………………… 159

1. 善于控制感情 ……………………………………………… 159
　　　2. 善于把握声态 ……………………………………………… 159
　第四节　庄与谐 …………………………………………………… 160
　　一、"庄说"的功能 ………………………………………………… 160
　　　1. 庆典讲话 …………………………………………………… 160
　　　2. 法庭论辩 …………………………………………………… 161
　　　3. 悼念逝者 …………………………………………………… 162
　　　4. 纵论人生 …………………………………………………… 162
　　二、"谐说"的功能 ………………………………………………… 163
　　　1. 活跃气氛 …………………………………………………… 163
　　　2. 摆脱困境 …………………………………………………… 163
　　　3. 化解矛盾 …………………………………………………… 164
　　三、"庄说"、"谐说"的要领 ……………………………………… 164
　　　1. 提高素养 …………………………………………………… 164
　　　2. 注意场合 …………………………………………………… 165
　　　3. 把握分寸 …………………………………………………… 165
　第五节　雅与俗 …………………………………………………… 166
　　一、"雅说"、"俗说"的功能 ……………………………………… 167
　　　1. 显示个性 …………………………………………………… 167
　　　2. 释疑解难 …………………………………………………… 168
　　　3. 营造气氛 …………………………………………………… 169
　　　4. 应变沟通 …………………………………………………… 170
　　二、"雅说"、"俗说"要领 ………………………………………… 171
　　　1. "雅说"不可晦涩艰深 ……………………………………… 171
　　　2. "俗说"不能粗俗、庸俗 …………………………………… 171
　　　3. "雅""俗"兼备,雅俗共赏 ………………………………… 172
后记 ……………………………………………………………………… 173

前　　言

比尔·盖茨说:"人与人的差别,只在脖子以上的部分。"这是对大脑语言能力重要性的形象表述。比尔·盖茨大脑的语言能力非同凡响,他催发、强化了电脑的语言功能,给世界带来神奇的发展变化。因而他最有资格讲语言能力的重要。

语言能力,不但是"说"与"写"的能力,更重要的是"想"的能力——认知、分析、判断的能力。"想"是内部语言,是语言之根;"说"、"写"是外部语言,是语言之末。语言是人类的标志、思维的形式、社会的纽带、知识的载体,是人类生存、发展的活力和动力,是推动社会历史前进的工具和武器。语言重要,是不争的事实。

然而,并不是人人都懂言语的重要性和严重性。不少人只知道语言的工具性,未注意语言的智能性、两面性。他们使用语言,只凭感性,一意孤行,这才导致许多不幸和悲剧发生。《参考消息》报道,美国芝加哥法官约瑟·沙巴士,仲裁四万多婚姻案件,发现"大部分婚姻不幸",都是由生活中鸡毛蒜皮的"小事口角"引起。是鸡毛蒜皮的"小事口角"轻而易举摧毁了神圣的婚姻殿堂。

"口角"不仅会导致离婚,还常引起恶斗、凶杀,酿成家毁人亡。此类人生悲剧,古今中外随处可见。"祸从口出",正是千百年来中国人以无数血泪教训所换得的经典成语。

英国作家约瑟·艾迪生说:"假若把人们头脑里的想法敞开,我们会发现聪明人和笨人的想法几乎毫无差别。差别仅仅在于:聪明人知道如何精选自己的一些想法和别人交谈,而笨人则毫不在乎地让自己的想法脱口而出。"这段话充分说明语言"精选"——口语修辞的重要。人间万事成败,皆出于"想";各种善恶、利害都在"一念"间。"聪明人"和"笨人"的差别,就在于是否能对自己的"想法"进行"精选",是否"想"了再说,是否"想"好再"做"。

"口语修辞"就是基于对言语重要性、严重性的理解,从"精选""想法"开始,从语言源头——"想"做起,研究怎样把话说好,研究怎样在口语实践中做

"聪明人",而不做"笨人"。

"口语修辞学"是与每个人的生活、事业、命运相关的一门学问,是与心理学、逻辑学、社会学等多种学科相关的一门新学科。"口语修辞"研究的意义、价值、功能何在?"口语修辞"原则、标准是什么?"口语修辞"应从哪几方面入手?"口语修辞"应如何分类?"口语修辞"有哪些技法?诸如此类问题,既无答案,更无范本,本书只是粗浅设想,未成完整系统。建立"口语修辞"完整的学科体系,更需时日。

感谢河南大学、黄河科技大学对"口语修辞"教学研究的支持,欢迎更多新闻传播学院师生通过教学实践参与"口语修辞"学科建设!

期待更多"口语修辞"佳作问世,以推动语言学事业发展,造福社会人生!

第一章 总论

第一节 "口语修辞"的意义

一、什么是口语修辞

自陈望道先生《修辞学发凡》问世以来,许多修辞论著都认为,"修辞是研究怎样把话说好的一门学问"。然而,由于中国语文教学"重文轻语"的传统影响,加上研究实际口语有一定困难,许多修辞学专著和教材,大都以书面语为研究对象,只研究怎样把话写好。研究内容多限于书面语的"词语的选择"、"句式的调整"、"辞格的运用"等,未曾涉及口语表达本身诸多问题。从教学实际情况看,学生学过修辞学,依然不知道怎样把话说好,怎样提高口语表达效果。针对"重文轻语"忽视口语教学研究现状,为了突出对口语原形及表达效果的研究,便定名为"口语修辞"。"口语修辞"是一门语言学科,是一种语言能力,更是一种思想智慧能力,做人处事能力。口语,最接近表达者思想实际。研究口语修辞的原则、口语修辞的标准、口语修辞的途径、口语修辞的分类,深入探讨其特点、要领、技法,可以从根本上提高一个人的语言素养和能力,可以开发个人智慧潜能,可以更好地适应现代信息社会需求。这就是"口语修辞"提出的主要用意。

"口语修辞"是涉及多种学科和许多领域的一门边缘学科。因为口语表达不仅是一种开口发音的生理活动,更是一种思维活动、心理活动,还是一种丰富多彩变化无穷的社会活动。事实上,要把话说好,要提高口语表达效果,思维活动、心理活动、社会活动,在一定程度上,起着更重要的作用。根据以上认识,我们对"口语修辞"学科作如下定性和定位。

"口语修辞"是研究怎样提高口语表达效果的一门新兴应用语言学。它以实际说话和各种口语形式为研究对象,探讨如何提高口语表达效果的基本规律和具体途径。"口语修辞",是一门提高性的口语理论修养和能力训练课。学习口语修辞,必须具备口语学的一般知识和应用能力。由于口语应用涉及一个人生活工作的各个方面,口语表达与一个人的素质修养和各种才能直接有关,"口语修辞"也是研究人的自身发展、提高个人素质修养和才能的一门综合性的社会科学。

语言能力,是一个人智能的核心,智慧的标志。研究"口语修辞",提高口语表达能力,有利于一个人开发智慧潜能、完善人格个性、增长知识才干,走向事业成功。因此,"口语修辞"不仅是一个人优化口语形式的语言活动,也是一个人强化成功心理、调节人际关系、促进事业发展成功的社会活动。

因此,"口语修辞"研究,必须突破从语言到语言的传统语言学研究模式,必须面向社会,以人为本,从服务社会、提高人的素质修养、开发人的智慧潜能方面,体现其应用价值;从社会交往、口语应用活动方面,吸取其完善发展的能源动力。这样,才能构建起符合口语自身发展规律和现代社会需要的、具有科学理论体系与科学教学训练体系的"口语修辞学"。

二、为什么要研究口语修辞

1. 改革语文教学

1978年,吕叔湘先生在《人民日报》发表文章指出:"我们对中小学语文教学少、慢、差、费的严重现象,恐怕还认识不足。……十年时间,二千七百多课时用来学习中国语言,却是大多数不过关,岂非咄咄怪事。"造成语文教学少、慢、差、费的主要原因是什么,张志公先生1979年在《谈口头语言训练》一文中指出:"语文教学要培养听、说、读、写的能力,这一点在道理上大概不会有多少人反对;但是,在语言教学实践中,却往往是重读写而轻听说。听话、说话的训练与阅读、写作的训练比较起来,不仅分量少得多,而且没有明确的目标,没有周密的计划,也没有严格的要求,处于一种放任自流、听其自然的状态。"这是张志公先生对传统语文教学弊端一针见血最中肯的批评。"重文轻语"的要害,是舍本逐末违背语文教学自身发展规律。因为,口语是源,是第一性的;书面语是流,是第二性的,没有口语就不会有书面语。语文教学只重视书面语训练,是舍本逐末,逆流而进,必将事倍功半,这是造成多数学生语文学习长期不过关的主要原因。口语修辞研究,可以提高口语在语文教学中的地位,可以冲破"重文轻语"束缚,促进语文教学改革,并为建立语文教学新体系和加强素质教育,提供科学的理论和事实依据。

2. 推动语言研究

我国传统语言学研究,如《训诂学》、《说文解字》、《马氏文通》等,多属于内向型语言本体结构的研究。西方国家,由于开放型社会经济发展需要,一向重视外向型语言功能应用的研究。如美国有1700多所口才交际学院,高等学校有演讲学院、演讲系,并设有硕士、博士学位。现代社会既需要语言本体结构的科学研究,更需要外向型的语言应用研究。因为语言的真正价值在于社会应用。作为研究思维工具、交际工具和信息载体的语言学,被誉为现代科学的领先学科,它的理论和方法,正在促使信息社会和知识经济时代发生急剧变化,它对人类智能开发和现代化事业发展,具有不可估量的推动作用。口语修辞属于语言功能应用研究,是我国语言研究的薄弱环节。加强口语修辞研究,是现代社会进步发展的需要,也是语言学自身发展的需要。它必将为语言学研究拓宽渠道,注入活力,推动语言研究向纵深处发展,向新高度新领域进军。

3. 适应信息社会

世界正进入一个信息革命的新时代。有位科学家断言:"信息通信力量的差异,将成为强国弱国的分水岭。以前强国征服弱国靠武力,未来强国征服弱国靠信息技术。"当前,世界各国都在极力发展信息产业。国际互联网发展迅猛,它已把世界各国人民紧密联在一起,电钮一按,全球各种信息即可声像俱现,近在眼前。据报载,北京电信将发展建成海陆空立体式无缝隙高效率通信网,实现电话、电视、电脑"三电合一","让遥远不再遥远,让亲近更加亲近,让人与人缩短距离,让心和心成为知音。"

随着现代信息技术飞速发展,电脑通信及各种语言信息交流,对口语精确度的要求越来越高。没有高水平高品质的口语,不仅不能研制生产现代高水平的语音信息技术设备,就连使用现有的语音信息技术也成问题。例如,市面销售的电脑说写系统可以使语音直接转换成汉字,如果口语素质差水平低,就很难正确熟练地使用这种设备。在现代社会,即使一般交际,也必须准确、规范、简洁、高效,不然就难以适应现代信息社会各种交往需要,还会贻误工作,造成巨大经济损失。口语修辞研究,可以为口语信息技术的研制、生产和实际应用奠定理论基础,可以为现代社会成功交际提供科学依据,可以直接推动现代信息技术和信息社会快速进步和健康发展。

4. 开发个人潜能

在现代社会,横向、立体、多媒体的社会交往,需要每人都具有规范、熟练、高水平的口语交际能力,即口语修辞能力。口语修辞的过程,主要是根据语境对语言思维的加工过程。这种语言思维加工,必将激发大脑智力,开发语言思维潜能。事实证明,人与人的智力差别主要表现在语言思维能力上。比尔·盖茨曾形象地概括为:"人的主要差别,就在于脖子以上的部分。"

1938年,法国学者维拉尔去巴拉圭的原始部族(古爱亚基族)考察。古爱亚基人发现外地来人,很快隐藏躲开。维拉尔在村子里发现一被遗弃的两岁女孩,便将她带到法国当作自己的孩子抚养。20年后,这个长大的女孩,与欧洲姑娘没有什么区别。她聪明能干,不仅精通法语,还学会西班牙语、葡萄牙语,后成为著名的民族志学者。这一事例最能证明语言思维能力与智力智能的密切关系。

美国富尔顿学院心理学系一项研究成果证明:20世纪最伟大、最惊人的发现是——人人都有巨大潜能;潜能=思维能+行动能。该研究报告指出:"编写20世纪历史的时候,可以这样写——我们最大的悲剧,不是恐怖的地震,不是连年战争,甚至不是原子弹投向广岛,而是千千万万人活着,然后死去,却从未意识到,他们身上存在着巨大潜能。"心理学家威廉·姆斯研究发现,"最有效地使用脑力的人,所开发的智能潜力,也达不到一个人全部智能的百分之十。"可见,人类大脑的语言思维能力,是一座无限广阔、无比丰富的金矿。它蕴藏着巨大智慧潜能,亟待开发。

人类大脑的语言思维能力,是智能的动力,智能的核心。它不仅直接决定一个人的生活质量、生命效率、人生价值,而且也是社会发展世界进步的最强大的能源和动力。因此,口语修辞研究,可以为每个人提供一种开发自身潜能、提高人生价值的具体途径,可以为社会构建一座通往人生成功之路的高效能立交桥。

三、怎样学习口语修辞

1. 提高理论认识

由于口语同一个人的思想生活行为相关,直接否认口语重要的人不多。但不否认口语重要,并不等于真正认识到口语重要,更不等于在生活实践中就重视口语。例如,学校语文教学长期"重文轻语",并非广大教师都公开否认口语重要,而是因为他们没有认识到口语为什么重要。他们没有在理论上弄懂口语与个人及社会的关系;不懂口语第一性、原发性的特点和优势;不懂口语表达的特点、功能和规律;更不懂什么是"口语修辞"及如何提高"口语修辞"能力。认识是行动的先导,但一般感性认识并不等于理性认识。只有从感性认识上升到理性认识,才能在实践中形成明确而坚定的目标,产生强大而持久的内动力。

西方国家比较重视口才,各级学校都设有不同类型的口才课,高等院校还设有口语学硕士、博士学位。上世纪40年代,美国人提出,"舌头、金钱、原子弹"是国家赖以生存发展的三大战略武器,二战以后,改为"舌头、金钱、电脑"。其实,"舌头、金钱、原子弹"或"舌头、金钱、电脑",都是"人才、经济、科技"的代称。他们认为"口才"是"人才"的条件和标志,所以,一直把"口才"("舌头")列为三大战略武器之首。

台湾学者哲学家祝振华(外号老康)认为,"说话"是人的"终身大事"。他说:"除了呼吸和血液循环之外,唯一的终身大事乃说话也。如果说男婚女嫁是终身大事,那婚嫁之前与婚嫁之后,是不是还有终身大事呢?再说,一生不婚不嫁的人难道说就没有终身大事了吗?一个人从叫第一声'妈',一直到临终留下最后遗言,始终离不了说话,你能说'说话'不是人类的终身大事吗?"这段话幽默生动地说明"说话"的重要。不过,还未说明把话说好——"口语修辞"的重要。从社会效果看,说话有两面性。人的一生,有许多事,成在说话,败在说话;苦在说话,乐在说话。重视口语修辞,把话说好,可以使事业成功,生活幸福;不懂口语修辞,不会说话,要吃一辈子苦头。不管在哪里,不管干什么,不会讲话都难享受生活的温馨和成功的喜悦。

美国成人教育家卡耐基说:"一个人的成功,15%靠专业技能,85%靠口才交际做人处事的能力。"这是从对几十万人实际调查中得出的结论。

了解以上观点,可以提高口语学习的自觉性和积极性,但同时还必须掌握口语学、口语修辞学的理论知识和应用规律,如口语修辞的意义、特点、原则、标准、途径、技法等等。只有掌握口语修辞的理论和方法,才能自觉而有效地去学习,才能在学习中,目标明确、方法正确、措施得力、矢志不移,产生强大的动力和后劲,才能为"口语修辞"的教学、研究、应用及完善,做出积极贡献。

2. 树立成功心理

拿破仑·希尔的《成功学》告诉人们:心态决定命运。他总结了一条"黄金定律":"人与人之间只有很小的差异,但这很小的差异会造成很大的差异。很小的差异是,心态是积极的还是消极的;很大的差异是,成功和失败。"这一定律适应于每个人、每件事。

言为心声,说话是一个人心理状态的直接反映。一个人,不管是谁,不管职位多高、资格多老,没有积极心态就不可能把话说好。所谓成功心理,就是积极心态。只有在任何时候都具有积极心态,才能有效控制自己较好地适应语境,使口语交际获得成功。

例如,上世纪80年代初,北京香格里拉饭店招聘服务员,知识青年彭莉前往报名。许多年轻人在饭店门口排队应试。彭莉不愿在外边消极等待,她决定上楼直接找总经理。敲开总经理房门,是一个外国人。她使用准备好的英语自我介绍,并表明自己应聘的愿望。外国经理听后用汉语讲:"大概您就会讲这一丁点英语吧?"彭莉毫不怯懦地回答:"经理先生,大概您也就会这一丁点汉语吧?您会一丁点汉语,就可做饭店总经理,我会一丁点英语,就不能做饭店服务员吗?"总经理为彭莉的自信和开朗折服,当场决定录用。彭莉的成功,就因为心态积极,敢于同大人物对话。

再如,美国黑人福勒,小时家里很穷。母亲经常告诉他:"咱们家穷,不是上帝的心愿,就因为你父亲不想发财致富。"母亲的话在他心里扎了根,影响他整个人生,一心要改变贫穷命运。他在肥皂厂做工12年,积蓄2.5万美元。当时,肥皂厂以15万美元拍卖,他就决定买下。先缴2.5万元定金,并签订合同在10天内缴齐欠款。这时,他不得不四处借款。到第9天,还差1万美元。所有熟人朋友都借遍,只有向不认识的人去借。夜里11点钟,福勒在芝加哥61号街寻找借主。他走进亮着灯的一座楼房,是一家承包商事务所。简单自我介绍后,他问承包商:"您想很快赚1千美元吗?请您给我开一张1万元的支票!"这位承包商经过交谈,看到他的证件和可信神态,终于答应了。于是,他顺利买下了肥皂公司。不久,就发了财。后来,又陆续开办化妆、标签、报馆等7个公司,成为芝加哥有名的百万富翁。

席勒的成功,就因其心态积极,一心要发财致富,并敢于挑战自我,敢于同陌生人交往(借款)创造商机。如果他不敢同陌生承包商交谈,哪会有后来发展!

又如,第一次世界大战期间,美国一黑人上校军官在街上与一白人士兵相遇,士兵见对方是黑人,只看了一眼,便擦肩而过。这位军官转身叫住士兵:"请等一下!你刚才拒绝向我行礼,我并不在意。但是,你必须明白,我是美国总统任命的陆军少校,这顶军帽上的国徽代表着美国的光荣和伟大。你可以看低我,但必须尊敬它(手指军帽)。现在我请你向国徽敬礼!"这时,白人士兵不得不向威严的黑人军官行军礼。这位军官就是后来成为美国第一位黑人将军的杰明·戴维斯。这又是因心态积极——自尊、自信而获得交际和事业成功的实例。

可见,积极心态与口语交际的关系何等密切,何等重要!只有心态积极,树立成功心理,才能进行成功交际。任何成功和胜利,都属于心态积极的人。心态消极者,将永远与口才背离,与成功无缘。

3. 强化基础训练

口语修辞是一种复杂的言语活动和社会活动。要学好口语修辞,必须加强口语实践,强化基础训练。

古今中外著名演讲家,如德摩斯提尼、林肯、萧伯纳、孙中山、闻一多等,都有一段苦练口才基本功的佳话。他们之所以演讲出众,成就辉煌,就因为都经过一番苦练,都有扎实、深厚的口语表达基本功。事实证明,口才非天生,全靠苦练成。刻苦训练,是学好口语的关键。

口语基础训练,要注意"四个结合"。

第一,"外功"与"内功"结合。

口语表达,既要重视语音、语调、节奏、态势等"外功"修养训练,更要重视思想、知识、思维、心理等"内功"修养训练。"内功"是基础,要深厚稳固;"外功"是形体,要坚实过硬。二者互相依存,互为表里。不少人学口语,只重"外功"训练,忽视"内功"修炼,这是舍本逐来,违背口语自身发展规律。要把话说好,要提高口语表达效果,"外功"训练不可少,"内功"修炼尤为重要。所谓"言为心声"、"慧于心而秀于口",正说明了语言"内功"与"外功"的内在关系。

第二,"听说"与"读写"结合。

"听说"——是使用口语,"读写"是使用书面语。语言教学实验证明,"说"可以促"写","写"可以带"说","说"、"写"结合,互相促进,两条腿走路,才符合语文教学自身发展规律。事实上,口语训练也离不开书面语。如朗读、朗诵、演讲都是以书面语为表达内容。书面语是口语的加工形式,反过来对一般口语也有一定借鉴、规范和美化作用。有位优秀节目主持人说:"口语也需要有文采,会说必须会写。"这是经验之谈,很有道理。在口语训练中,应充分发挥"口语"与"书面语"的各自优势,使两者互相促进,协调发展,相得益彰。

第三,"理论"与"实践"结合。

"理论"与"实践"结合,是尽人皆知的道理。但对口语教学来说,从教材及实际教学情况看,这一问题远未完全解决。口语教学理论与实践结合的难点在于:如何做到更科学,更系统,更有实效;在于"理论"指导要到位,"实践"训练要到家;在于"理论"能促进"实践","实践"可检验"理论"。"口语修辞"作为实践性很强的学科,在教学中既不能没有理论,更不能空讲理论。衡量口语教学成败,既要看其理论深度,更要看运用理论提高学生实践能力的效果。因此,口语教学的"理论",必须精要、有用、有针对性;"实践"训练要有力度、有梯度、有时效度。这种"理论"与"实践"结合,应更科学、更严谨、更实用、更便于操作、更富有成效。

第四,"训练"与"检测"结合。

口语教学重在培养学生的口语实践能力,每个教学环节,都应安排足够的训练硬件。

各种训练,都要目标明确,要求具体,便于操作,便于检查。"训练"解决知识能力转化问题,"检测"解决目标要求落实问题。"训练"要科学、严格、到位;"检测"要有量化标准,有及时反馈。只有"训练"与"检测"密切结合并严格实施,才能构成科学完整的教学训练体系。

"口语修辞",是一门新兴的边缘学科。如何建立这门学科的理论体系和训练体系,还是亟待研究解决的重大课题。我们应当根据该学科的性质特点及应用规律,从大社会出发,从全方位思考,在实践中认识,在认识中实践,不断充实,不断完善,逐步建立符合汉语特点和现代社会教学需要的、科学的理论体系和训练体系,以圆满完成"口语修辞"创建工程,使语言研究与应用,在现代和谐社会建设中,显示实际效能,发挥应有作用。

第二节 "口语修辞"的原则

从古到今,人们日常说话大都是怎么想就怎么说,能怎么说就怎么说,很少考虑说话还要遵守什么原则。然而,研究口语修辞,要提高口语表达效果,就必须重视口语交际的客观规律,必须遵守口语修辞的基本原则。

口语表达作为一种言语行为和社会活动,要取得良好效果,必须遵守以下原则:文明、得体、和谐、有益。"文明",是口语表达的指导思想;"有益",是口语表达的目标归宿;"得体"、"和谐",是口语表达内容形式的具体规范。这四项原则是一个相互依存、渗透的统一整体。只有完全遵守这些原则,才可以使各种口语表达脱离自发状态,走出思想误区,成为一种自觉规范的社会交往活动,从而取得良好社会效果。

一、文明原则

文明是人类社会发展的必然趋势和共同追求。人们在同一社会生活,都希望有文明的生活环境。只有文明才能给社会带来温馨和幸福,野蛮只能给社会造成灾难和痛苦。在社会交往中,判断一个人言行好坏,首先要看它是否符合道德规范,是否遵纪守法、举止文明。

文明的内涵很广,从口语交际角度讲,主要包括:自尊自重、尊重别人、礼貌待人。

自尊自重,是现代人的文明品格,是有文化教养的标志。只有自尊自重,才可能受到别人尊重,才能在口语交际中显示良好的精神风貌和人格魅力。一个不自尊自重的人,说话办事必然粗俗放肆,与文明社会格格不入,很难得到别人的尊重和信任。

尊重别人,是现代人的文明态度,是社会和睦相处的基础。社会是由不同民族、性别、年龄及个性修养的人组成,每个人在人格上平等,都应互相尊重。一个不平等待人、不尊重别人的人,就不可能得到别人的尊重。要别人尊重自己,首先自己要尊重别人。

礼貌待人，是现代人的文明作风，是社会文明进步的反映。社会是由各种人组成的复杂群体。要想和睦相处，减少摩擦、促进合作、共同发展，就必须多一些礼貌，多一分宽容。礼貌用语是社会交往口语交流的润滑剂。正确使用礼貌用语，礼貌友好待人，是一个人文化修养文明素养的重要标志。一个不讲礼貌的人，经常到处碰壁，苦恼不尽；一个礼貌待人、尊重别人的人，必然会得到别人礼貌、友好的回报。这就是文明交往原则的镜子效应。

例如，北京103路电车模范售票员王桂荣，不仅有为乘客服务的满腔热情，还有能把话说到乘客心里的好口才，称得上是一位掌握文明交往原则的口语修辞高手。有一个星期天，王桂荣的车上乘客很多，在台基厂站上来一位抱小孩的妇女。她想为这位妇女找个座儿，于是对乘客说："哪位同志给这位抱小孩儿的女同志让个座儿！"她连讲了两次，无人响应。王桂荣没生气，也没着急。她缓缓站起来，用期待的目光看了看靠窗口的几位青年乘客，提高嗓音说："抱小孩的那位女同志，请您往里走！靠窗坐的几位小伙子都想给您让座儿，可就没看见您。"话音刚落，呼喇一声，几位小伙子都不约而同地站了起来。站在过道的乘客也自动闪开一条道儿，让抱小孩儿的女同志通过。这位女同志坐下以后，光顾喘气定神，忘记对让座儿的小伙子道谢，小青年面有冷色。王桂荣看到这情景，忙中偷闲，逗着小孩子说："小朋友！叔叔给你让了座儿，还不谢谢叔叔？"一语惊醒梦中人，那位妇女连忙拍拍孩子说："快谢谢叔叔，快谢谢叔叔！"那小青年听到孩子稚嫩天真的"谢谢叔叔"，连说"不客气，不客气。"车厢气氛，顿时十分活跃融洽。

一般服务员遇到这种情况，总是直来直去叫乘客让座儿，稍不如意便指责乘客不懂礼貌。这是引发车上争吵的主要原因。王桂荣同志关心爱护乘客，善解人意，掌握乘客心理。她充分尊重乘客，照顾每个乘客的自尊心，所以才能把话说到别人心理，使大家乐于接受，都欢喜满意。这是一则符合口语交际规律、遵守文明交往原则的典型实例。

二、得体原则

口语本身无所谓好坏，只要使用得体就好。

得体原则的主要内容是：口语修辞符合身份，适合对象，适应场合。符合身份，是口语表达成功的基础，它可显示口语表达者思想的合理与成熟。说话不合身份，往往显得幼稚轻率，使人难以正常应接，影响思想自然交流。适合对象、适应场合，是口语表达有的放矢、发挥作用的基本条件。不考虑场合、不适合对象的讲话，往往是无的放矢或信口开河，只能自暴其丑，不会有任何积极效果。

英国作家约瑟·艾迪生说："假如把人们头脑里的想法敞开，我们会发现聪明人和笨人的想法几乎毫无差别。差别仅仅在于：聪明人知道如何精选自己的一些想法和别人交谈，而笨人则毫不在乎地让自己的想法脱口而出。"聪明人和笨人的差别，从口语修辞角度看就在于：一个遵守得体原则；一个不懂并漠视得体原则。

请看，黄老汉搬家的故事：

某村黄老汉60多岁，一只眼失明，另一只眼勉强认识路，老伴双目失明，生活难以自理。七年前，收一养女叫黄凤，读小学三年级。老汉眼看村里人发家致富，日子越过越红火，而自己老弱病残，生活困难，心理焦虑不安。一天，老汉吵着要搬家。问他为什么要搬家，他说："我这个家，三个人三只眼，毛病就出在我住的这地方风水不好。你看，我家东邻姓陈，西邻也姓陈，什么人家能经得住这沉沉的东西，左边右边压着呀！住下去，非把我老黄家压坍不可！"听了他这番解释，不少人都觉得好笑。有人给他讲唯物主义道理，劝他破除迷信，他不听。全村人都来劝，他还是要搬家。气得支书气愤地说："都什么年月了，你还迷信，纯粹是吃饱了撑的。要在头二年，早就拉出去批倒斗臭了！"老汉一听反拽着支书的袖子撒泼，说："你小子有种，现在就把我拉出去批斗，游街、枪毙！"正在撕闹难解难分之际，一位三十多岁的农家妇女好言将黄老汉搀到自己家，端上绿豆汤，对老人说："黄大爷，支书是你眼皮子底下长大的，孩子嘛，还值得跟他生气！"老汉一边喝一边听，气消了许多。那妇女又说："您老别怪侄媳多嘴，你咋傻了呢！搬啥家，若是我呀，杀头也不挪开这个福窝！"老汉愣愣地望着她，仿佛在说：你咋把祸坑说成福窝呢！她又给老汉续了汤，随机问："你说东邻姓陈，西邻也姓陈，你可知道这是什么'陈'吗？"老汉丈二和尚摸不着头脑，答不上来。她接着说："那是文臣武将的'臣'。您老左有文臣，右有武臣，保护着你这黄（皇）帝。你放心吧，好日子在后头呢！"老汉激动地问："侄媳妇，这话当真？""这不明摆着么！你老两口儿才一只眼，你那宝贝凤丫头一个人就俩，比你这辈子强吧！她又聪明，又伶俐，黄凤，黄凤，就是凤凰嘛！遇上如今这好政策，用不了两年，双翅一展，任你东邻西邻再'沉'，也休想压得住呢！我说黄大爷，这是福地！说实在的，别人就是想住，也没这福分呢！"老汉越听越高兴，激动地说："好！你说得真好，说到我的心里了。"他乐呵呵从屋里走出来，以后再不提搬家的事了。

　　支书说的是事实，是真理，为什么会惹恼黄老汉，老人不听？侄媳妇讲的，多是瞎编的谎话，为什么黄老汉相信，解决了问题？这说明，说话是否善解人意、有的放矢、适合对象、心理相容，是交流成败的关键。看来，并不是只要有理，就能把话说好。说服劝导和各种口语表达，都必须知己知彼，量体裁衣，对症下药，必须适合语境，做到"得体"。说话不"得体"，就像裁缝做坏了衣服，医生开错了药方，轻则造成不适，重则会酿成大祸。这种事例，在生活中随处可见。因此，"得体"是口语修辞不可违背的重要原则和法规。

三、和谐原则

　　音乐、绘画艺术，讲究音调和谐、色调和谐。口语修辞作为一种语言艺术，也必须追求内容与形式完美结合的和谐境界。口语表达只有既得体又和谐，才称得为上乘，才能充分发挥口语艺术的感染力、感召力，把听者带入美的境界。这正是口语修辞所要追求的大目标和高档次。

　　和谐原则，主要指音意和谐、语调和谐、声态和谐。

　　音意和谐，指语言形式和思想内容结合自然；口语表达有感而发，言之由衷，思想有根，语音有情；思想深切，言语真切，言语形式与思想内容融为一体。

语调和谐,指语句同语调的各种变化协调一致,轻重、高低、快慢变化适宜,符合思想实际,能准确自然表情达意,形成真切感人的语音旋律。

声态和谐,指口语同态势语如眼神、手势、身姿等配合自然协调,能做到形神兼备、声情并茂,能显示口语音韵的弦律和节奏,使口语充分发挥其立体化传播信息的优势,可增强口语表达的说服力、感召力和艺术魅力。请看实例:

建国前,田汉应晓庄师范陶行知先生邀请,率"南国社剧团"前往晓庄师范演出。当天,师范全体师生和周围农民举行欢迎会。陶行知先生在会上致辞:

"今天,我以'田汉'的资格欢迎回汉。晓庄师范是为农民而办的学校,农友是晓庄师范的朋友,我们的教育是为种田汉而办的教育。所以,我是以'种田汉'代表的资格在这儿欢迎田汉……"

田汉先生致答辞:

"陶先生说,他是以'田汉'的资格欢迎田汉,实不敢当。我是一个假'田汉',陶先生是个真'田汉'。我这个假'田汉'能受到陶先生这真'田汉'以及在座的许多真'田汉'的欢迎,实在感到荣幸。"

陶行知先生采用"顺连法",就田汉的名字引出"我是种田汉","我以'种田汉'的资格欢迎'田汉'",体现了他对农民教育事业的热爱和对田汉的友好情意。致辞构思巧妙,情真意切。田汉的答辞称自己是"假田汉",称陶先生是"真田汉",表达了自己的谦逊和对陶先生的敬重,应答自如,意味深长。陶先生的欢迎辞和田汉的致答辞一呼一应,相映成趣,营造了一种十分和谐的情感交流气氛,因而博得全场热烈掌声。两人讲话,不仅使对方动情,也使听众感动,经久难忘。这正是讲话遵守"得体""和谐"原则所产生的修辞效果。

又如,1997年7月2日,大型文艺晚会《回归颂》在北京人民大会堂隆重举行。当艺术家瞿弦和以他那淳厚的男中音充满激情地朗诵《春天的故事》时,伴随着婉转悠扬的音乐旋律,一下子把观众带进了对世纪伟人邓小平的绵绵思念之中。由衷的感激、真挚的崇敬、深切的怀念,顿时在亿万观众心中掀起巨大波澜,产生强烈震撼。此时、此地、此情、此景,外语境和内语境,高度和谐统一。音意和谐、语调和谐、声态和谐,是产生如此巨大艺术感染力的重要因素。由此可见,"和谐"不仅是"口语修辞"的基本原则,也是产生口艺术美感效应的根基。

四、有益原则

语言具有两面性。人常说:"良言一句三冬暖,恶语伤人六月寒。"衡量口语优劣最重要的原则标准,就看它是"良言"还是"恶语",看它对社会是否有益。

有益原则,指口语修辞必须有益于社会,有益于个人。

有益于社会,指口语表达对社会有积极作用和积极影响。在思想上对人有启发;在生活上对人有帮助;对社会物质文明、精神文明建设能起到积极促进作用。

有益于个人,指口语表达必须传递积极信息,有利于增进交往、增进友谊;有利于增加知识、促进学习;有利于生活幸福及身心健康。

口语修辞要符合有益原则,关键在于:表达者要做有益于社会的人,要干有益于社会的事;要有正确的人生观、世界观、价值观。正如鲁迅先生所说,"从水管里出来的是水,从血管出来的总是血。"

例如,周恩来同志处理"西安事变"时的一段讲话。1936年"西安事变"中,张杨部下许多官兵强烈要求杀掉蒋介石,并要中共代表周恩来表态。周恩来面对激怒的官兵说:

"杀他还不容易!一句话就行了。可是杀了他以后怎么办?局势会怎么样?日本人会怎么样?国家民族的前途会怎么样?各位想过吗?这次捉住蒋介石,不同于十月革命逮住克伦斯基,也不同于滑铁卢擒住拿破仑。前者是革命胜利的结束,后者是军事失败的悲剧。现在虽然捉住了蒋介石,并没有消灭他的实力。杀了蒋介石,还会有'何介石'或别的什么'介石'。如果他们再煽动国民党军队打内战,后果将不堪设想。从另一方面看,在全国人民抗日高潮的推动下,加上美英也主张和平解决西安事变,所以迫蒋抗日是可能的。只要蒋介石爱国抗日,我们就不应该杀。这次我来西安前见到徐海东同志,他一家被国民党军队杀死了35口,只剩他一人,就这样他也不主张杀蒋介石。我们要爱国,就要从国家民族利益考虑,不计较个人私仇。"

张学良、杨虎城的青年军官强烈要求"杀蒋",周恩来先用"杀他还不容易"稳住张扬官兵。接着,一连用几个反问,启发官兵冷静思考。然后,提出"迫蒋抗日"的主张,通过摆事实讲道理,以理服人,循循善诱,终于使"一片杀声"的官兵恢复平静,心悦诚服。在历史紧要关头,周恩来的一段讲话,分辨是非,申明大义,力挽狂澜,转危为安,促使西安事变和平解决,促进了中国全民抗战。真可谓一言"重于九鼎之宝","强于百万之师",其积极影响和社会效益不言而喻。

又如邓小平同志1977年恢复工作后的一段谈话:

"前些日子,中央办公厅两位负责同志来看我,我对他们讲,'两个凡是'不行。按照'两个凡是'就说不通为我平反的问题,也说不通肯定1976年广大群众在天安门广场的活动'合情合理'的问题。把毛泽东同志在这个问题上讲的移到另外的问题上,在这个地点讲的移到另外的地点,在这个时间讲的移到另外的时间,在这个条件下讲的移到另外的条件下,这样做不行嘛!毛泽东同志多次说过,他有些话说错了。他说,一个人只要做工作,没有不犯错误的。又说,马恩列斯都犯过错误,如果不犯错误,为什么他们的手稿常常改了又改?改了又改就是因为原来有些观点不完全正确,不那么完备、准确嘛!毛泽东同志说,他自己也犯过错误。一个人讲的每句话都对,一个人绝对正确,没有这回事情。他说:'一个人能够三七开就很好了,很不错了。我死了,如果后人能够给我以三七开的估计,我就很高兴,很满意了。'"

"两个凡是",是极左时期加在人民头上的精神枷锁,是改革开放的最大障碍。1977年,许多人对"两个凡是"望而生畏,不敢批判,不知该怎么批判。邓小平同志批判"两个凡是",讲这么大的问题,举重若轻,用语浅近,论据充分,分析透彻,论证有力,使迷惑者豁然顿悟,使胆怯者信心十足,真不愧是一位马列主义理论大师。这段讲话,对经历十年动乱后的中国人民拨乱反正、解放思想,无疑是指点迷津,雪中送炭。不批判"两个凡是",就不能解放思想;不解放思想,就不会有改革开放。因此,这段话具有重大的时代意义和历史意义,对全国人民思想解放具有巨大推动作用,称得上是符合"有益原则"的理论精品。

遵守口语修辞"有益原则",符合口语交际客观规律。规律是客观存在,都有制约性,认识、遵守它,可走向成功;漠视或违背它,必将受到惩罚。

例如,1992年李雪健获电影鸡奖"最佳男演员奖",在颁奖晚会上,他讲了一句话:"苦和累都让一个好人焦裕禄受了,名和利都让一个傻小子李雪健得了。"话音一落,全场掌声雷动。因为这句话一褒一贬,一扬一抑,揭示了角色与演员之间的内在关系,蕴含着丰富的人生哲理。他幽默风趣、谦逊有礼、情理兼备,完全符合口语修辞"文明、得体、和谐、有益"原则。

又如,1997年著名电影演员张××,在上海参加"全鹰奖"颁奖活动。他对别人讲:"只有我才能演秦子雄。咱演了军人,别人就不能再演了。"

记者请他谈谈参加评奖活动的感觉,他说:"我一点感觉都没有。"请他谈谈主演的代表作,他眼里露出狡黠和不屑:"我全忘了。"上海一大报记者想为他拍照,他断然说:"我没空,我现在要回宾馆吃饭。"这位名演员,如此对待艺术事业,如此漠视观众和记者,怎能不使人心寒!不过,人心是称,舆论公平。1997年12月24日《文汇报》发表新闻报道,对张××言行进行暴光谴责。李雪健和张××都是名演员,都是参加领奖活动接见观众,但二人讲话效果和在群众心目中的位置却是天上地下。

由此可见,不管是谁,都不可违背口语修辞"文明、得体、和谐、有益"原则。否则,将受到惩罚,自食恶果。

但愿大家对原则、规律,都能多一点尊重和敬畏,但愿在口语交际中,能多一些自觉遵守口语修辞原则的明白人。

第三节 "口语修辞"的标准

"口语修辞"作为研究怎样提高口语表达效果的一门应用语言学和一种言语实践行为,必须有一个可以衡量及掌控的评判标准。

什么样的口语表达算好?什么样的口语表达不算好?如何评价一场报告、一篇演讲、一次谈话、一段朗诵?怎样衡量口语修辞实际水平?这都需要用科学标准检测评定。然而,多少年来,大家对口语水平的认定,多是一些感性的模糊的描述,在口语教学研究领域,尚缺少一种大家公认的口语表达评定标准。例如,已出版的演讲学论著,提到演讲评判标准,认识和要求多不一致。至于一些演讲比赛所制定的评分标准,更是形形色色,条目不一,不便操作,更难达成共识。因此,对口语表达水平进行科学评定,一直是口语应用研究的一个热点和难点。

研究口语修辞标准,不仅是检测的口语表达实际水平的需要,也是指导口语表达实践活动、有效提高口才素养的需要。然而,要制定一种大家公认的科学标准,还需要时间,需要实践,需要在口语应用实践中不断总结和完善。

口语表达作为一种综合性的社会现象,无论是交谈、演讲、还是朗读、朗诵,都是一定内容与一定形式严密结合的言语整体。为了科学测评口语表达的实际水平,必须把口语各组织要素分解开来,先逐一考查其质量档次,然后综合确定其整体水平。

根据口语的基本特点和应用规律,从量化考核角度考虑,我们将口语表达要求分解,进行等级划界,制定了"口语修辞三项一体等级标准":一、准确清晰;二、简洁流畅;三、优美动听。

"准确清晰",指口语信息的基本质量,主要指内容的含金量;"简洁流畅",指信息的运行效率,主要指语言的纯净度;"优美动听",指口语信息的整体效能,主要指口语的思想价值和艺术品位。根据口语表达的准确清晰度、简洁流畅度、优美动听度,可测定口语表达的实际水平。

从口语实践情况看,这三项要求,既是统一整体,又有层次区分。准确清晰,是基层,如树根;简洁流畅,是中层,如树干;优美动听,是高层,如枝叶果实。如果口语不"准",那么"简"与"优"就无从谈起。有的口语可达到"准",但不一定能达到"简"与"优";有的口语,可达到"准"与"简",但也不一定能达到"优"。这三项要求,正好构成一种相互关联、互相渗透、由低到高的等级层次。

根据口语测试实践经验和意大利科学家怕累托发现的"80/20法则"(该法则认定:在社会中,人和物的价值自然分成"重要的少数"和"不重要的多数"两部分。"重要的少数"占20%,"不重要的多数占80%。),这三项要求的比率可定为:三级("准确清晰")约占50%;二级("简洁流畅")约占35%;一级("优美动听")约占15%。如图:

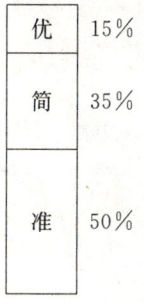

下面分别探讨口语修辞标准的具体内含。

一、准确清晰

准确清晰主要是从思想观点和语音水平方面进行考察。

口语表达的任务是传递信息,信息的价值在于准确。言之有物,中心明确,符合身份,切合语境,是准确有效口语表达的基本条件。如果一个人讲话言不及义,无的放矢,话不得体,肯定不会有什么积极意义。要做到准确清晰,关键是要思想准确,思路清晰,要实话实说,有真情实感。真情实感是思想之根,语句之魂。只有真情实感,才有交流价值;只有真情实感,才能引起听者注意,激发听者兴趣。任何空话、套话、废话、假话、谎话,却是准确口语修辞的天敌。

从口语形式上看,准确清晰还包括:语音标准(符合普通话规范),音节纯正,音量适中,不含混,无杂音,清清楚楚,明明白白。这是口语表达的物质基础。如果口语语音不准确、不清晰,其他口语技巧、口语艺术,都将失掉依托,无从谈起。

二、简洁流畅

简洁流畅主要是从材料安排及语句表达方面进行考察。

简洁流畅,是指口语表达简明扼要、精炼高效,能用尽量少的语句传递尽量多的信息。古人讲:"文约而事丰,此述作之优美者也。"(刘知己《史通·叙事》)高尔基说:"简洁是才智的灵魂,是天才的姐妹。"讲话是否简洁流畅,是一个人认识能力、思维能力与语言表达能力高下的标志。如果说书面语表达不简洁会浪费读者的时间生命,那么口语表达不简洁,不仅会浪费听者的时间生命,还会当面折磨听者神经,使人听觉受罪。例如,马克·吐温一次听牧师演讲,开始几分钟听得津津有味,很受感动,他准备把口袋里的钱全捐出来。可是过了10分钟,牧师还没有讲完,他决定留下整钱只捐零钱。又过了10分钟,牧师还在讲,他决定一分钱也不捐了。待牧师讲完到听众面前收钱时,马克·吐温不但没有给钱,还从盘子里拿了两元钱,作为占用他时间的补偿。此例最能说明讲话简洁的重要。

讲话不简洁,主要原因是思路不清,重点不明,因而造成选材及用语泛滥。口语表达绝不是多多益善。常言,过犹不及。讲话重复啰嗦,只能转移中心、模糊重点,使人厌烦。万绿丛中红一点,动人春色无需多,这是大家公认的美景佳境。讲话及写作都赞赏"简洁",是同样道理。

要做到语言简洁,必须从构思做起。思路清,则言语清;思想简,则言语简。从口语形式看,简洁流畅主要指:语句精炼,篇幅简短。应做到:句子可讲可不讲的,一律不讲;词语可用可不用的,一律不用。力求精要简短,流畅自然,干净利落。

三、优美动听

优美动听主要是从思想调节、心理调控、语调运用及态势配合等方面进行考察。

优美动听,指内容精当,构思巧妙,观点新,见解深,语言美,能给人以启发,使人警觉、振奋。同时,心态调控自如,感情真切,抒发自然,交流感强,能引起听从共鸣,有较强的感染力和艺术魅力。

从口语形式看,语调(重音、停顿、抑扬、快慢)和谐动听,态势(眼神、手势、身姿)自然优美,能使口语精美内容与精美形式自然结合,达到口语修辞的较高层次和理想境界。

口语表达有说、谈、讲、辩、读、诵等多种形式,但在表达传递知识信息方面,其基本目标是相同的,都可用"准确清晰、简洁流畅、优美动听"的标准去衡量。从信息传递角度看,各种口语表达形式,都可以先考察其"准确"度、"简洁"度、"优美"度的质量档次,然后针对整体表达效果,评定其实际水平。

下面,我们试用这一标准对几篇不同类型的口语作品进行衡量评折。

例一,中央电视台《综艺大观》100期,倪萍谈节目主持人与听众的关系:

在我众多的电视观众朋友中,有这样一位小朋友,她叫赵迎,是北京80中学的学生。我们的节目,她每次都看,场场不漏,一边看一边还录了像。我们第一次见面是获悉她得了晚期癌症的那一天。当我驱车赶往小赵迎家。推开虚掩着的房门,我惊呆了。墙壁四周贴了数十张自己在不同时期的照片。我发现在房间一角的床上坐着一个面色苍白但十分清秀的少女。不一会儿,小姑娘像见到久别的亲人那样猛地扑到我的怀里,"哇"的一声哭了起来。凄厉的哭声,像一把锋利的尖刀刺在我的心上。我紧紧搂住姑娘,眼中的泪水止不住地往外流。尽管我还没有做母亲的体会,但此时此刻我凝视着怀里不断哭泣的小姑娘,着实感到自己应该像母亲一样尽到一份职责。我真不能想象一个普普通通的主持人,竟会对这个小姑娘产生这样的影响。大约过了10分钟,小姑娘慢慢地平静了,她仰着脖子目不转睛地看着我说:"倪萍阿姨,我会死吗?"我心中顿时一阵酸楚,强忍着悲痛佯装笑脸,轻轻擦去她脸颊上的泪水,慢慢地说:"放心吧!倪萍阿姨一定会救你的。"

在以后的几个月中,我四处奔波,访遍了京城的名医,找来了各种治疗癌症的偏方,甚至还召集了一些闻名遐迩的气功大师。但这一切都无济于事。残酷的病魔使小姑娘一天比一天衰弱。当小姑娘病得不能动弹时,我正在南方录制节目,一时无法联络。小姑娘躺在床上喘着气,断断续续地对母亲说:"妈妈,我……可能……再也见不到倪萍阿姨了。你一定要……代我送一件黄毛衣……给她……因为……倪萍阿姨……在电视上……穿米黄色……最……漂亮!"等到我在南方得知小姑娘病危,星夜兼程赶回北京时,小姑娘已经匆匆走了。只留下给我的那件黄毛衣。

倪萍这段讲话,介绍自己与一小观众的交往经过,表达了主持人与一小观众之间纯真、至爱的深情厚谊。一开始,讲述热情可爱的小观众是癌症患者,一下子把听众带进一种不平常的气氛;接着,叙说小观众凄惨的哭声、酸楚的问话,令听众揪心;最后,讲自己为挽救小观众想尽办法四处奔波,特别是小观众临终遗言,更令人揪心动情。结尾"只留下给我的那件黄毛衣",以物寄情,睹物思人,情意不尽,耐人寻味。整篇讲述,思路清晰,语音标准,语调和谐,态势优美,情真意切,感人至深。是一篇完全符合口语修辞"准"、"简"、"优"标准的上等口语佳作。

例二,1977年,国际大专论辩赛决赛,辩论"真理是否越辩越明",首都师大代表队一辩崔卫珍的发言:

主席、各位评委、各位来宾、对方辩友:

大家好！

为政论政，在商言商，论辩会自然要涉及到辩。今天，我方的立场是，真理越辩越明。

真理是人们对客观事物及其规律的正确认识。所谓"辩"，则是以一定的逻辑基础为规则，通过摆事实讲道理的方式，对不同观点进行交流、交锋；而"明"，即清楚、明晰。"真理越辩越明"，就是说，真理在与其他思想的论辩中，更加清晰、明白。

人类的历史，是追求真理、探索真理、传播真理、进而摆脱蒙昧无知愚昧的历史。我们热爱真理，敬仰真理。正如亚里士多德所说："吾爱吾师、吾更爱真理。"然而认识真理的过程并非一帆风顺。它是一个去伪存真、去粗求精的过程。在这一过程中，论辩是一个必不可少的环节。人们为寻求真理，要同无知辩，同偏见辩；向未知挑战，与荒谬斗争，同强权抗衡。俗话说："鼓不敲不响，理不辩不明。"人们在长期追求真理的过程中，才认识到了真理越辩越明的道理。

当然，我们并不否认实践在探索真理与检验真理中的巨大作用。它是必要条件，我们认为，"辩"是使真理"明"的充分条件。第一，在认识真理的过程中，"辩"可以使认识从片面到全面，由含混到清晰，由肤浅到深刻。大千世界，万物运行，无数规律隐藏在表象背后，需要我们去探索，去检验。然而，人们认识水平是有限的。正所谓"人非生而知之者，孰能无过？"于是，人们用"辩"来辩明真假，用"辩"来裁决真理和谬误。在"辩"的过程中，真理逐渐从萌芽走向成熟。第二，在真理的传播过程中，"辩"可以使真理为大多数人所掌握。真知灼见产生之时，习惯与偏见就早已站在它的面前，它们的力量如此强大，以至于真理最初只为少数人所掌握。但，"星星之火，可以燎原"。正如古罗马里维所言："真理之火，有时变得暗淡，但它永远不会熄灭。"真理与谬误的争辩，终将以真理的胜利而告终，而真理之火必将照耀整个人类。谢谢大家！

这段论辩，先阐述什么是"真理"，什么是"辩"；接着说明"真理"为什么会越辩越明；最后，强调对"真理"进行论辩的重要意义。辩辞中心明确，思路清晰，语言规范，推论严密，节奏明快，言之有理，很有说服力。如果在理论联系上做得好一点，将会有更强的说服力、感召力。这是一篇符合口语修辞"准、简、优"标准较好等级的口语作品。

例三，山东一农村干部的天气预报：

现在播送下洼子村气象站咧天气预报。晚半晌有风，估计有个十来级，也差不离七八级。咱都把场院上的那些高粱啊、玉米啊、衣服哇、尿布片子啦什么的，赶快收拾好喽，别叫大风吹跑喽。尤其是看好各家的小孩儿。这万一让龙卷风把你那孩子捲巴走喽，你哭都来不及。你说要捲到日本、韩国，咱还算留了回洋，要捲到半道上风停哩掉到海里，可就叫天天不应，叫地地不灵啦。说到小孩啦，我就再说说咱村儿的计划生育的问题。说你那大柱家的，瞧你那五六个小崽子，泥猴似的，光着个屁股撒到大道上，也不怕丢咱村的人。说到丢人，咱再说说咱村的环境规划……

这段"天气预报"的主要问题是：使用方言土语，语音不准，重点不明，思路不清，漫无边际，信口开河。从思想内容和语言形式上看，既不"准确"，也不"简洁"，更谈不上"优美"。用口语修辞"准、简、优"标准衡量，当属于较低等级。

例四，一雄辩病人同医生的对话：

医生在门诊时遇到一位神经病人，他对病人说："请坐！"

病人说："为什么要我坐呢？难道你要剥夺我的不坐权吗？"

医生无可奈何，倒了一杯水说："请喝水吧！"

病人说："你这样热情让人怀疑，并不是所有的水都能喝。例如你如果在水里掺上氰化钾，就绝对不能喝。"

医生说："我这里并没有放毒药嘛。你放心！"

病人说："谁说你放了毒药呢！难道我诬告你放了毒药？难道检察院的起诉书上说你放了毒药？我没说你放毒药，而你说我说你放了毒药，你这才是比放了毒药还毒的毒药！"

医生毫无办法，叹了口气，换一个话题说："今天天气不错。"

病人说："纯粹胡说八道！你这里天气不错，并不等于全世界今天是好天气。例如北极，今天天气就很坏，刮着大风，漫漫长夜，冰山正在撞击。"

医生忍不住反驳说："我们这里并不是北极嘛。"

病人说："但你不能否认北极的存在。你否认北极的存在，就是歪曲事实真相，就是别有用心。"

医生说："你走吧！"

病人说："你无权命令我走。你是医生不是公安员，你不可能逮捕我，你不可能枪毙我。"

……

口才不仅在于能说，更重要的是善说。伶牙俐齿，强词夺理，顶牛抬杠，无理狡辩，不能算有口才。这位雄辩病人违反口语交际规律，自命不凡，盛气凌人，刺人成性，攻击成瘾，只想在言语上压倒别人，结果把一场交流沟通，变成无聊争辩。他是非不明，好坏不分，不懂人情，曲解人意，只能使人反感，遭人轻蔑。这类"雄辩"，用口语修辞"准、简、优"标准衡量，当属于最低档次，可称"口语次品"。

马克思、恩格斯说："语言只是因与别人交际的要求和迫切需要而产生的。"（《德意志意识形态》24页）语言的价值在于社会需要。评价语言，必须重视社会效果。口语修辞的社会效能和效果，才是检验口语表达水平的客观标准。

常言："人心是秤"、"群众的眼睛是雪亮的"。对口语作品的"上"、"中"、"下"，每个人作为观众，都有发言权，都能看得出。有不少大赛设群众评委，就是这个原因。因此，评判口语作品，我们相信群众的眼力，更相信评判员的眼力。只要明确口语修辞"准"、"简"、"优"等级标准，只要能客观、公正地对待口语表达效果，在评判时，斟酌等次，对号入座、评出口语作品的等级水平并不难。

当然，口语修辞"准"、"简"、"优"标准，只是初步设计，还需根据实际应用制定执行细则和实施规程，并在实践中不断检验、修订、改进，以求更精确、更科学、更实用。

第二章 途径

口语应用,作为一种反映心声、沟通思想、协调关系、促进发展的社会活动,它涉及表达者多方面的素质修养和智慧才能。其中,心理素质、思维品质、言语能力、态势素养,是决定口语交际成败的关键因素。因此,在各种口语表达中,对心理、思维、言语、态势,分别进行优化、强化、精化、美化等调节,是提高口语表达水平、增强口语修辞效果的基本途径。心理调节、思维调节、言语调节、态势调节,也是口语修辞的四项基本功。

第一节 心理调节

言为心声,要提高口语水平,必须注意语言源头,从心理入手。

人的心理,蕴藏着改变主观世界和客观世界的巨大潜能。心理调节,是指在口语修辞过程中优化心理,始终保持积极心态,为口语成功交际提供一种最佳心理境界。

一位心理学家说:"人的很小差异会造成人的很大的差异。很小的差异是,心态积极或消极;很大的差异是,成功或失败。"积极心态是成功的起点,是生命的阳光和雨露;消极心态,是失败的根源,是人生的克星和杀手。

例如,欧洲两位商人去非洲推销皮鞋。到目的地后,甲发现非洲人大部分不穿鞋,其心理反应是:"糟啦!皮鞋肯定不好卖,不如早点回家。"于是,原路返回。乙发现非洲人大部分没穿鞋,其心理反应是:"好哇!这可是推销皮鞋的好机会。在这儿好好做一番皮鞋生意。"于是,到处宣传穿皮鞋的好处,结果生意越做越好,发了大财。对同一现象,不同心态会产生不同反应,从而导致不同的结果。这是心态影响事业成败的典型例证。

心态不仅影响事业发展,还决定人生命运。

1983年,西南某重点大学,一新生入学不久突然自杀。死后,在他宿舍桌子上发现一张纸条:

"我的死谁都不怨。不知什么原因,上大学后我觉得十分孤独。我不喜欢找别人,别人也不喜欢找我,我也怕找别人。我只有到理想王国去寻找自己的欢乐。"

有多少青年学生,他们把上大学作为人生理想追求,考上大学,如同跳进龙门,成为青年中百里挑一的幸运儿,大都感到自豪,喜之不尽。然而,这位大学生的心态却反常,"不知什么原因",反"觉得十分孤独"。"孤独"使他"不喜欢找别人"、"也怕找别人",最后,自我孤立,自绝于世。如果他心态积极,能正确对待自己,注意与人交往交谈,就绝不会用自己的手扼杀自己最宝贵的生命。这是消极心态致命的血的教训。

心理是人脑对客观现实的反映。对客观世界有什么样认识,就有什么样的心理状态——感情态度。认知、情感、意识,是心理活动的三要素,是心理过程的三个主要环节。"认知"是起源,"情感"、"意识"是终端,三者紧密联系,互相推动,形成一种神奇、快速的互动圈。"认知"产生"情感","情感"加深"意识";"认知"产生"意识","意识"加深"认知";"情感"推动"意识","意识"推动"情感"。

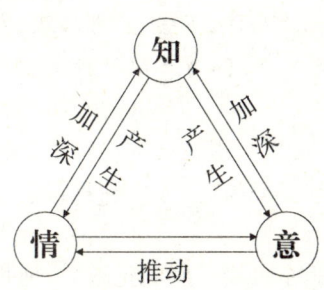

"知""情""意"关系示意图

一定的"认知"、"情感"、"意识",构成一定的心理状态。每个人的心理状态,即"知"、"情"、"意",在一定条件下都可以选择。所谓心理调节,就是指在日常生活和口语修辞中,要选择积极健康的"知"、"情"、"意",舍弃消极、不健康的"知"、"情"、"意"。这是成功交际和有效口语修辞的必要条件,也是古今中外所有成功人士构建成功人生的基本经验。

纳粹德国集中营一位幸存者维克托·弗兰克尔说:"在任何特定的环境中,人们还有一种最后的自由,就是可以选择自己的态度。"许多人都错误地认为,成功依赖于外在力量。其实,成功的钥匙就在每个人手中。成功者和失败者的区别,就在于能否用积极心态控制自己,能否用积极心态做正确选择。

英国作家瑟·艾迪生说:"如果把人们头脑里的想法敞开,我们会发现聪明人和笨人的想法几乎毫无差别。差别仅仅在于:聪明人知道怎样精选自己的一些想法和别人交谈,而笨人则毫不在乎地让自己的想法脱口而出。"

"口语修辞",从本质上讲,就是一种心理状态——内部语言的选择调节。

这里,仅从对己、待人、处事角度,谈谈口语修辞必须重视的几种心理调节。

一、自信与自卑

自尊自信,是做人的基本准则。一个不自尊自信的人,绝不能得到别人尊重和信任,绝不能自立于社会。

居里夫人说:"自信是一切成功的基石。"

社会交往,口语交际,更需要自信。只有自信能爬山,才能成为爬山的英雄;只有自信能游泳,才能成为游泳的健将。如果社会交往缺乏自信,感到自卑,肯定难以进行成功的口语交际。

请看两位青年的内心自白:

"今晚班里组织文娱晚会,当同学们引吭高歌尽情欢笑的时候,我照例悄悄离开了教室,以防别人拉我出节目。自己没有特长,不会讲话,在同学面前总觉得矮了半截。我干脆什么活动都不参加,生怕搞不好丢人现眼。有的同学说我孤僻,有的同学说我清高,可谁知道我心中的痛苦呢!"(一位中学生的《日记》)

"在交际场合,我总表现为局促、不安,变得沉默、内向和自卑,心理总有一种恐惧感。我和同宿舍同学关系总处不好,曾几次调换宿舍,但郁闷的心情总是摆脱不掉。"(一位大学生的《日记》)

这两位青年害怕交往,正是自卑心理在作祟。自卑、怯懦、孤僻等不良心态,是阻碍人际交往的大敌。只有克服自卑等心理障碍,才能胜利跨进社会交往大门,享受成功交际的喜悦和甜美。

英国作家萧伯纳年轻时也胆小自卑。刚到伦敦时,他拜访生人不敢敲门,常常要在人家门口徘徊二十多分钟。后来,他鼓起勇气参加了"论辩学会"。为了练胆量练说话,他不放弃一切机会同对手争辩。经过强化训练,终于战胜怯懦自卑,由害怕讲话,到喜欢讲话,到能言善辩,最后成为著名社会活动家和演讲家。萧伯纳一生共作过700多次成功的演讲。有人问他是怎样练口才的,他说:"我是以溜冰的办法学讲话。我固执地一味让自己出丑,直到习以为常为止。"可见,萧伯纳的成功,就因为他善于进行心理调节,善于用积极自信战胜消极自卑。

真正的自信是建立在科学的自知基础上。要树立自信就必须懂得:人人生来平等,人人都应自尊。家庭出身、性别年龄、职业地位、文化程度等,只能是社会成员自然具备的社会特色,绝不是区别人格高下的根据。我们觉得别人高贵,自己卑下,那是因为自己跪着仰视。只要站起身平视,任何人都只有一个脑袋,一张面孔。你绝不应该盲目抬高别人,贬低自己。要自信还必须懂得,都是世界上独一无二的,每个人都有自己的社会价值和智慧潜能,每个人都是一座待开发的金矿。

著名成功学家拿破仑·希尔曾做过一个"自尊、自信"的有趣实验。他做了八个假想"身份"卡,挂在八位学生胸前,要求他们认定8种"身份"的重要程度,并排出先后次序。结果,8种"身份"你推我挤,展开了一场严肃的位次争夺战。"太空人"首先站在前头,他说:"我应该排在最前面,因为我去过的地方,你们都没有去过。此外,我还要为人类寻找新的住处,因为现在地球太拥挤了。"(台下学生纷纷鼓掌)

这时,"摇滚歌星"走上来,把"太空人"挤到第二位,他说:"我早已到了'外太空',我赚的钱最多,我还可以把你买下来,让你担任我私人喷气机的驾驶员。""棒球选手"说:"我想,我应该排在最前面。我赚的钱,和'摇滚歌星'一样多,而且,在每个球季的晚上,都在广大观众面前比赛,从事健康活动,这对你们有莫大好处。"(学生欢呼声)"医生"说:"我应该排在第一,因为在你们受伤或生病时,我负责为你们医治,而且我赚的钱也不少。"(掌声)"律师"说:"我才是最厉害的,我能使你坐牢,或者不必使你坐牢,你们必须把所有的钱都付给我"。接着,戴其他"身份"卡的学生,也都说自己最重要,大家争论不休。最后,拿破仑·希尔总结:"我希望你们根据'身份'重要性安排自己的位置,不是要你们争抢第一,而是要你们明白,你们每个人同其他人一样,都有相同的价值。"

事实的确如此,每个人都很重要,每个人都应自尊、自信。因为,每个人都有一个智慧大脑,都有巨大潜能;人人都是一座金矿,都可以走向成功。这就是人人都应自信的理论基础和科学依据。

自信是一种思想推动力,是智慧与创造力的源泉。任何善于思考、创新、有作为、有成就的人,都必然充满自信。在生活中,只有自尊自信的人,才能有好口才,才能有大作为,才能创造惊人业绩,受人尊敬。

如爱国将领冯玉祥与洋人的一次较量:

冯玉祥任陕西督军时,有两个外国人在终南山打死两头珍贵的野牛,还肆无忌惮,不服管制。冯玉祥把这两个洋人叫到西安,责问道:"你们到终南山行猎,和谁打过招呼?领到许可证没有?"

对方回答:"我们打的是无主野牛,用不着通报任何人。"

冯玉祥一听更生气:"终南山是陕西的辖地,野牛是中国领土上的东西,怎么会是无主的呢?你们不经批准私自行猎,就是犯法行为。你们还不知罪吗?"

两个外国人狡辩:"这次到陕西,贵国外交部发的护照上,不是准许带猎枪吗?可见我们行猎已经得到贵国政府准许,怎么是私自行猎呢?"

冯玉祥反驳说:"准许你们带猎枪,就是准许你们行猎吗?若准许你们携带手枪,难道就可以在中国境内随意杀人吗?"

一个洋人继续狡辩:"我在中国15年,所到地方没有不准打猎的,再说,中国的法律也没有不准外国人在境内打猎的条文。"

冯玉祥厉声喝道:"没有不准外国人打猎的条文,不错。但是,难道有准许外国人打猎的条文吗?你15年没有遇到官府的禁止,那是他们睡着了。现在,我身为陕西的地方官,我没有睡着,我负有国家人民交给的保国卫土之责,就非禁止不可!"

至此,两个洋人不得不承认错误。冯玉祥将军面对两个洋人蛮横狡辩,义正辞严,寸步不让,步步紧逼,势不可挡,迫使他们不得不低头认罪。这段论辩,不仅显示了冯将军崇高的爱国精神和高尚品格,更显示了一位自尊自信中国人的凛然正气和卓越口才。如果没有自尊自信,冯将军怎敢如此对待不可一世的洋人?怎能如此压倒洋人的猖狂气焰?怎能赢得中国人的尊严,并令中国人扬眉吐气、拍手称快?自信是思想智慧之根,是杰出口才之魂。因为自尊自信,冯将军才能在同洋人较量中充分显示一位爱国将领的凛然正气、惊人胆识和雄辩口才,最后制服洋人。

自信,是一个人最宝贵的素质修养,是激发智慧潜能的法宝。在口语交际中,要保持积极心态,要丢掉自卑,树立自信,就应记住雨果的名言:"任何领域都不会对有才智的人关上大门。既然眼前有广阔天地,身上又有一对翅膀,那么你就有飞翔的权利。"(《论文

学》186页)

二、自制与任性

常言:"不如意事常有八九。"面对不如意事,精神不佳、情绪波动,是人之常情。问题是,对不良情绪必须自制,绝不可放任。自制是积极心态的必然选择和必备条件。

自制是理性思考,理智控制;任性是感情用事,为所欲为。自制、自律,是人性成熟的标志。

莎士比亚讲:"正是因为人类在自制方面的才能,从而划清了人和动物之间的界限。这种才能是人类品质中的精髓。"一位心理学家强调:"如果我们无法约束自己,那么只有依靠社会和自然来约束。"

不良情绪,如怨恨、愤怒、失望等,具有极大的破坏性和杀伤力。它会损害身心健康,恶化人际关系,丧失成功机遇,甚至酿成人生悲剧。请看一位冠军的愤怒:

1965年9月7日,世界台球冠军争夺赛在美国纽约举行。路易斯·弗克斯的得分一路遥遥领先,只要再得几分便可稳拿冠军了。

就在最后一场决赛开始不久,他发现一只苍蝇落在主球上,于是挥杆将苍蝇赶走。可是,当他俯身准备击球的时候,那只苍蝇又飞了回来。在观众的笑声中,他再一次扬起手赶走了苍蝇。

他的情绪已经被这只小动物破坏了。而且更糟糕的是,这只苍蝇好像有意跟他作对。等他一回到球台,苍蝇又飞落到主球上,引得周围观众哈哈大笑。

路易斯·弗克斯的心境恶劣到了极点,终于失去理智,愤怒地用球杆去击打苍蝇。不幸,球杆碰动了主球,裁判判他击球,因此他失去了一轮机会。

路易斯·弗克斯方寸大乱,接着连连失利。而他的对手约翰·迪瑞则愈战愈勇,一步步赶上并超过了他,最后夺走了冠军金牌。

第二天清早,人们在河里发现了路易斯·弗克斯的尸体。他因无法接受这样的结果而投河自杀了!

一只小小的苍蝇,竟然击倒了一位赫赫有名、所向无敌的冠军!这是一个不该发生的悲剧。其实,路易斯·弗克斯完全可以采取另一种做法:保持积极心态,专心击自己的球,不理睬苍蝇,不跟苍蝇斗气。这样,当主球飞速冲向既定目标时,那只苍蝇还能挡得住吗?他有夺取冠军的绝对实力。然而,一只苍蝇竟燃起他无名怒火,使他用任性的愤怒断送了自己的夺冠前程。更不幸的是,路易斯·弗克斯在失掉冠军后,对恶劣情绪,仍不加控制,任其发展,结果自己毁掉自己最宝贵的生命。这是消极心态放任恶劣情绪的惨痛教训。此例说明,自制——对自己不良情绪的控制,是何等重要。

西方有位诗人沾染了酗酒恶习,生活走向堕落,又无力控制自己。后来,他在《一个诗人的墓志铭》中写道:

第二章 途径

> 读者,请记住
> 无论你灵魂是翱翔于天空
> 还是附着于沉寂的大地
> 学会自我控制
> 这是智慧之源

一位评论家对这首诗的评价是:"这是一次严肃、彻底的自供,这是他遗嘱的公开声明,真诚的忏悔。"

美国总统华盛顿以其优秀而崇高的人格、人品闻名于世。即使处于最困难的紧要关头,他都有极强的自制力。人们都以为他那镇定自若的性格与生俱来,其实,华盛顿原来是个非常急躁的人。他那温文尔雅、宽容、幽默的品质,都是经过严格自我控制磨炼出来的。华盛顿的传记作家这样评价他:"他是一个极富激情的人,他的激情非常强烈,但他能在瞬间克制,这或许是他长期训练的结果。我们不能不佩服他这种罕见的力量。"请看华盛顿自制的实例:

1754年,华盛顿还是一位上校,他率领部队驻守亚里山大利亚。那里正在选举弗吉尼亚议会的议员。有个叫威廉·佩思的人反对华盛顿所支持的候选人。华盛顿在有关选举问题上与佩思发生激烈争论,说了一些冒犯佩思的话。佩思生气,把华盛顿一拳打倒在地。这时,华盛顿的部下马上开过来,准备替司令官报仇。华盛顿当场立即阻止,并劝部队返回营地。

第二天清早,华盛顿派人送给佩思一张纸条,要求某时到当地一家酒店相见。佩思按时前往,他是准备进行一场决斗。但去后感到很惊奇,他看到的不是手枪而是酒杯。

华盛顿站起来迎接他,并伸手笑着说:"佩思先生!犯错误乃人之常情,纠正错误是件光荣的事。我相信,昨天是我不对,你已经在某种程度上得到了满足。如果你认为到此可以了结的话,那么就请握我的手——让我们交个朋友吧!"

佩思十分感动,十分敬佩华盛顿。此后,成了一个热烈拥护华盛顿的人。

华盛顿靠理性自制,才有对佩思如此宽容,使佩思如此感动。理性的自制,使华盛顿在危难时刻化解矛盾,避免了一场一触即发、以牙还牙的决斗;理性的自制,使华盛顿在关键时刻化敌为友,把一位强硬政敌变成了最忠诚战友。理论的自制,来自他对个人和国家的责任意识,来自他的思想智慧和精神追求。华盛顿如果没有如此坚强自制力,如果在同佩恩发生冲突时感情用事,进行决斗,也许会赢得一时的心理满足,但也可能早受到致命的报复。无论如何都不会有后来的伟人华盛顿。这就是自制的神奇功能和魔力。

如果把人生比作一只航船,自制就是航船上的制动闸和方向盘。它可控制人生的今天,也可控制人生的明天,可帮助你绕过航程中的暗礁、险滩,实现人生目标,到达理想彼岸。

三、热诚与冷漠

热诚待人,是一种高尚品德,是口语交际的成功经验;冷漠待人,是一种不良作风,是口语交际的失败根源。

热诚待人,是中国人的传统美德。

20世纪80年代,25位诺贝尔奖获得者在巴黎聚会。他们在会议宣言中写道:"如果人类要在21世纪生存下去,必须回到2500年前去吸取孔子的智慧。"孔子智慧的核心是"仁"。热诚待人,就包含着"仁爱"之心。

热诚是一种高尚的品德素养,也是做人处世成功的法宝。只有热诚的人,才会有人格魅力,才会受人欢迎。

热情具有感染力,富有传染性。

戴尔·卡耐基说:"一个人脸上的表情比他身上的穿着更重要。"要表现热诚,就得懂微笑。

美国金融巨头查尔斯·斯瓦博说:"微笑是没有国界的语言,我的笑容价值百万美金。"

拿破仑·希尔这样总结微笑的力量:"真诚的微笑,其效用如同神奇的按钮,能立即接通他人友善的感情。它可告诉对方,我喜欢你,我愿意做你的朋友"。同时也在说:"我认为你也会喜欢我的。"

微笑的力量巨大而明显。它可以摆脱消极心态,引发健康情绪;可减轻生活烦恼,缓解环境压力;可打通交往通道,赢得成功机遇,改变人生命运。

请看因微笑而改变人生命运的实例:

威廉·史坦是百老汇的经纪人,因工作有压力,性格日益孤僻,18年来,他很少微笑,被称为"百老汇最闷闷不乐的人"。这使他失去很多可以做成的生意,失掉很多可以结识的朋友。因此,他苦恼不已。

他听过别人讲微笑的作用后,决定在工作中试试看。第二天早上梳头时,他对着镜子中的自己说:"你要微笑起来!"当他带着微笑和最近一位令他颇为头疼的客户谈生意时,意外地发现对方被感动了。这次谈判异常顺利,那位客户便成了他的朋友。那位客户后来讲,这是威廉·史坦第一次带着微笑同别人谈判。威廉·史坦微笑的时候,眼里充满慈祥,使他激动不已。

这次谈话使威廉·史坦对微笑的力量惊叹不已。从此以后,他和陌生人打交道,都带着微笑。他的人生观也变得积极起来。他不再只强调自己的需要,开始尝试着站在别人的角度看事情,并学着赏识和赞美别人。他孤僻的性格也慢慢变了。

微笑的力量竟如此神奇!它可在瞬间缩短人与人之间的心理距离,可优化人际关系,改变人生命运,提高人格魅力。此例又一次说明,热情具有传染性,富有感染力。这是心理学中"皮革马利翁效应"的又一例证。皮革马利翁是古希腊神话中的一个国王,他擅长雕刻。有一次,他精心雕刻出一个美女,并深深爱上了它。每天深情地凝视、抚摸它。结果,这个雕刻美女,在他的深情感染下,突然有了生命,变成一个真的绝色美女。后来,皮革马利翁国王终于娶了她做妻子。雕刻美女变成有生命有情感的妻子,是对皮革马利翁热情的回报。

皮革马利翁效应也叫"同理心"原则。即人同此心,情同此理。你对别人怎样,别人就会对你怎样。

有人慨叹:"做人难,与人相处难!"其实,只要多一份热诚,少一点冷漠,同别人和睦相处并不难,要得到别人尊重与关爱也不难。有个《天堂与地狱》的故事讲得好:

> 有人想知道天堂与地狱的区别,就去找上帝。上帝带他先去看地狱,地狱的人生活很痛苦。这里摆着一大锅饭,可是大家却饿得要命。因为他们手上拿着长柄勺子,柄太长,送不到自己嘴里,都吃不到食物。上帝又带他们去看天堂。天堂同样有一大锅饭,同样用长勺子吃饭,可天堂的人快乐而满足。为什么呢?因为他们都是用长勺子互相喂着吃。

这个寓言故事告诉人们:冷漠待人、自私自利,是痛苦的根源;热诚待人,关爱他人,是幸福的源泉。

热诚待人是高尚品德,是迈向成功和幸福之路的通行证。

为了自己和他人的成功与幸福,我们必须永远保持一颗热诚的心。在与他人交往和口语交际时,绝不可忘记"同理心"原理和"皮革马利翁效应"。

四、宽容与苛求

大千世界,充满矛盾和苦恼。人人都需要理解、宽容,而不喜欢苛求。

宽以待人是一种美德和智慧能力,是一种高尚人生境界。宽容别人,不仅会使人解脱,令人感动,也能使自己心灵美化,人格提升。

宽容,是为人成熟的标志。不经过一番潜心思考、身心修养、生活磨炼,绝不会达到"胸中天地宽,常有渡人船"的人生境界。

宽容的人属智者。遇事大喊大叫,或斤斤计较,争吵不休,必是修养不高,思想幼稚。

有容乃大,宽容出伟大。一个人心胸有多宽,事业及影响就能有多大。眼里容不得别人的人,绝不会站得高、看得远。不宽容别人,绝不可能威望出众,受人尊崇。

大千世界,百人百态;树林子大了,什么鸟都有。每个人要同各种人和睦相处,就必须懂得交往、学会交谈;每个人为了生活愉快、事业成功,都必须学会宽容。

1. 宽容不同观点

对同一件事,不同人站在不同角度,必然会有不同观点。不同观点是争论与战争的根源。争论与战争,很难改变一个人的思想观点,很难使任何一方在思想感情上获胜。因此,宽容不同观点,避免争论,心平气和,循循善诱,是化解分歧求得与人和睦相处的最佳途径。

美国第25位总统麦利金,总是宽容自己的反对者。有一次,他任命一位税务主任,遭到不少人反对。一位脾气暴躁的议员,当面漫骂他。面对无礼攻击,麦利金不争不辩,就像没看见似的。等议员激怒发泄过后,他温和地说:"你现在怒气应该消减了一些吧,照理,你是没有权利这样责骂我的。但是,现在我仍愿意向你详细解释……"气焰嚣张、不可一世的议员没想到总统会如此反应。当他理解总统的宽容后,从内心感到懊悔,感到无地自容,便连忙道歉。后来,提到这件事时,他说:"我记不清总统的全部解释,但只有一点可以报告,那就是,总统并没有错。"

麦利金面对激烈反对者,以大度胸怀宽容不同观点,避免对抗争论,也赢得了人心。正所谓,退一步心平气和,让三分海阔天空。麦利金对无理又无礼者如此宽容,必然会赢得更多人的敬重。

2. 宽容严重过错

宽容严重过错,比宽容不同观点更难。然而,这种宽容在关键时刻能给人以转机,能使人洗心革面,获得新生。这时,宽容者也将得到更高回报。

如楚庄王宽容犯严重错误的大臣。

春秋时期,楚庄王宴请群臣,美酒佳肴,轻歌曼舞,直到天色已晚仍未尽兴。楚庄王命令侍从点烛夜宴,并叫自己的爱妃向文臣武将敬酒。忽然,一阵风吹灭了蜡烛。这时,一武将在劝酒中,借酒兴调戏了楚庄王的爱妃。妃子在情急中扯下那人帽顶上的缨带,到楚王面前告状,要求查找对自己不轨的人。但楚庄王并没有让人点燃蜡烛去查找,反而大声说:"今日设宴,诸位一定要尽欢畅饮。为了让大家更尽兴,请诸位都把帽缨扔掉。"听楚王命令,大家都把帽缨摘下。这时,楚庄王才叫侍从再点上蜡烛,并让群臣尽兴而散。宴会后,爱妃怪楚庄王不给她出气。楚庄王说:"此次君臣宴饮,旨在狂欢尽兴,融洽君臣关系。酒后失态乃人之常情,若追究其过错,加以责罚,岂不大煞风景?"七年后,楚庄王与郑国开战,一名战将主动率军出征,拼力死战,直杀到郑国国都,大败敌军。战后,楚庄王论功行赏,才知此战将名唐狡。但唐狡却不要赏赐,并主动承认七年前宴会上对楚王爱妃无礼之人就是他。今日之举,就是为报楚王七年前不究之恩。这就是关键时刻宽容犯严重过错者所产生的强大的政治效应。没有昔日的网开一面,哪有今日的戴罪立功?没有过去的宽宏大量,哪有今天的感恩大报?

莎士比亚说:"宽容像天上的细雨,能滋润大地,带来双重祝福,祝福施予者,也祝福被施予者。"

3. 宽容敌对行为

干大事者目光远大,胸怀宽广,在前进道路上不为小事计较,懂得宽容的重要。因为宽容可减少矛盾和内耗,能为事业成功赢得时间,积蓄力量。

许多名家伟人,大都有宽容敌对行为的博大胸怀。人称"圣雄"的甘地,堪称最能宽容的典范。

甘地,是20世纪印度国大党首领,印度民族独立运动的领袖。他赤诚爱国,待人谦恭,信念执著,意志坚定,反对民族歧视和宗教偏见,提倡人的精神完善与社会和谐。他的"非暴力运动精神"不仅在国内深入人心,也使英帝国主义占领者束手无策。

1907年,甘地的非暴力反抗运动遭到激进分子抵制,有人对他辱骂,甚至大打出手。一次,甘地在街上遭一群暴徒毒打,直打得快要断气。然而,不管遇到多大打击,不管是在狱中服刑,还是在狱外服苦役,他都坚持以非暴力方式争取印度独立解放,不改初衷。

甘地最有名也令人最赞赏的诗句是:

惠我杯水,报以美食。

与我寒暄,报以长揖。

锱铢之贻,重抵万金。

善小必为,其酬十倍。

以德报怨,其乐无边。

这正是他一生不懈追求的"宽容"信仰。甘地以博爱与宽容赢得印度不同民族不同阶层广大群众的爱戴、景仰,被尊为"神的化身"、"真理代言人"。这位印度人民的"圣雄",堪称道德修养的楷模,施行宽容的楷模。在他身上,我们可以看到"宽容"的神奇威力和效应。

施行宽容,是接近神灵本性的行为。

宽容绝不是名家伟人独有的品行,宽容是一种人人都可修得的高贵品德。没有人会穷困到无机会、无能力表示宽容的地步。没有什么人,能比施行宽容的人更高尚、更光荣,更能令人肃然起敬。

在心理调节时,我们不要忘记:

宽容别人是一种接近神灵的品行。必要的宽容不仅会给社会带来和谐、安宁,更能给自己带来快乐、幸福。

五、认真与随意

毛泽东讲:"世界上怕就怕'认真'二字,共产党就最讲认真。"这是成功者的宝贵实践经验。世界上各项事业、各种工作,都是认认真真、踏踏实实干出来的。工作随意,马马虎虎,决干不出什么成绩。这是简单而又深刻的永恒哲理。

认真,必须有事业心。有对事业的忠诚,有明确人生目标,把工作当作生活和生命内容,绝不马虎随意。

认真,必须有责任感。人生的责任和使命就是工作。只有认真工作,做好工作,才能履行自己的社会责任,实现自己的人生价值。

认真,必须有主动性。主动性是事业心、责任感的体现。只有具备主动性,才会有积极性、创造性,才能保证工作不断进步、创新,取得优异成绩。

决定工作成败的因素很多,最重要的是看目标是否明确,态度是否认真,方法是否对头。

谈到工作态度时,林肯曾讲过一个铁匠的故事:

有个铁匠,把一条圆锥形的铁柱放进炭炉里烧得通红,然后取出来放到铁砧上,把它锤成一把剑。剑是打成了,可是他一点也不满意。于是,他把剑放进炉火里再烧,拿出来再锤。由于损耗,已不可能再打成一把剑了,他就做了一个马蹄铁。但他仍是不满意,就把马蹄铁再放进炉里烧。这次,拿出来时,连马蹄铁也做不成了,就打成一根铁钩。但他还是不满意,又把铁钩放进炉火里烧。当他取出后,铁钩完全变形,他已不知再能把它打成什么器物了。在毫无头绪之下,他把这块铁放进水里,热铁在水里发出嘶嘶声。铁匠说:"结果,我只能使它变成水泡泡!"

如果,工作像铁匠如此随意,没有明确目标,没有认真态度,人生就只能"变成水泡泡",与成功无缘。

请看摄影家邓伟靠"认真"成功的经历:

邓伟毕业于北京电影学院摄影系,是张艺谋的同学。他作为电影摄影师初次拍摄电影,就获得广泛好评。这时,产生一个梦想,要做人像摄影,为世界100位文化名人拍照。这个梦想对当时的邓伟来说,无异于天方夜谭。既无资金,又无名气,谁会理他,谁会轻易支持他!但他认真执著,坚信只要有百分之一希望,就要尽100%努力。

他开始给一些文化名人发函,希望拍摄他们的肖像,以流芳百世。但三年期间没有一人响应。后来,收到香港船王包玉刚回函,内容还是拒绝拍摄。这时,父亲鼓励他:"任何事情敢就是成功了一半。"

不久,英国一所学校邀他去作摄影讲座。讲座结束后,他留英国打工,为实现梦想积累资金。他做油漆工、搬运工、熨衣工。由于熨衣活重,还留下手疼后遗症。

其间,他不断向名人发函,但仍没有回复。这时,他决定主动出访。

首先,他选定新加坡总理李光耀,便直飞新加坡。下飞机后,要求的士司机带他去李光耀家。的士司机觉得他有问题,不愿意。他答应多付一些钱,司机就把他拉到李光耀家附近。车不能再往前开,司机告诉路线,让他自己去。他遇到几道哨兵阻拦,都尽力解释请求获得通过。到李光耀住房前,他把信交给一服务人员,那人说:"如果相信我,就由我将信转给李光耀,有消息再通知你"。几天后,终于如约给李光耀拍照成功。

给李光耀拍照后,他将李光耀照片附在函件里,又向一些名人发函。此后,同意拍照的人开始增多。但也有不少名人拍摄很不顺利。为了给以色列总理拉宾拍照,他几次写信,锲而不舍持续了四年。开始拉宾寄来一张自己签名的近照,不同意再拍。邓伟又写信说,这张像并不好,他可以拍得更好,拉宾为他执著、认真的精神感动,终于又拍了新照。

经受常人难以承受的困难、压力,邓伟终于把天方夜谭式的梦想变成现实,完成了世界 100 位文化名人摄影。他耗资了 300 多万元,全是他省吃俭用打工赚来的钱。为确保摄影质量,拍出名人个性神韵,他写的笔记有 20 多本。他说,每一次摄影,都是一个故事,都可以写一本书。

张艺谋对邓伟做了精彩总结,说他"读书时就是'一根筋',也只有他这样一根筋的人才能办成这样的事"。

邓伟的"一根筋",就是对工作倾力投入,特别"认真"。邓伟靠"一根筋"的认真,放弃了电影摄影,选择了人像摄影;靠"一根筋"的认真,感动了李光耀,感动了拉宾,感动了 100 位世界名人;靠"一根筋"的认真,才倾其所有、不遗余力,完成离奇的不朽事业,使其梦想成真。

可见,各项工作只要认真,持之以恒,百折不回,就可使美梦成真。

六、刚毅与犹疑

刚毅与犹疑,是两种对立的心态。刚毅,是成功者必备的工作精神;犹疑,是失败者常有的性格习气。

刚毅者,有坚定的理想信念。理想信念坚定,可使人站得高,看得远,在世界风云复杂变化中目标明确,不迷失方向。

刚毅者,有坚韧的毅力。毅力坚韧,可使人在艰难困苦面前,神态自若,勇往直前,始终充满活力,不达目的决不罢休。

刚毅者,有坚强的意志。意志坚强,能使人把理想信念融于思想深处,化为日常行动,形成生活习惯,能认准目标,百折不挠,激发智慧潜能,最大限度发挥工作主动性和创造性。

请看台湾作家刘侠刚毅心志的经历:

2003 年,台湾作家刘侠去世,凤凰卫视制作《天使走人间》播出后,岛内外广大观众受到强烈震撼。人们惊叹:"刘侠是天使创造的奇迹。"

刘侠笔名杏林子,生于陕西省扶风市杏林镇,1949 年随父母移居台湾。她 12 岁患怪病。这是一种因身体免疫系统不全引发的慢性病,完全无药可治。而且,在死前还要忍受"疼痛、更疼痛、更加疼痛"的凌迟。

生病之后,她看着自己的关节一个个坏掉,渐渐不能走,不能跳,身体非常痛苦,心理更加痛苦。她想:"像我这样没念过多少书,又瘫痪在床上的病人,到底有什么用?我活着到底是干什么?仅仅为了自己受苦、拖累家人吗?我真的要在病床上躺一辈子,永远做一个废人吗?"于是,自己决定,如果三年还不康复,就不要活了。好不容易熬了三年,还没好。她想:"好吧,再延长三年,如果再不好,就绝对不活了。"

好在 16 岁那年,刘侠找到了上帝,或者说上帝找到了刘侠。她对人生有了新的感悟,对生命有了新的诠释。她认为上帝和魔鬼最大的不同是:魔鬼千方百计只想叫人死,上帝千方百计只想叫人活,而且要人活得更好,更快乐。上帝给人信心、希望、勇气,还有爱。

他教导人们在痛苦中保持信心,在灰心时保持希望,在危难中保持勇气。他不断用爱滋润人们饱受创痛的心,让人的生命重新充满生气,勇敢地活下去。刘侠有了人生信仰,决定用快乐武装自己,与痛苦和平相处。

她的右手腕有一堆密集的针眼,医生每次注射或抽血都摇头叹息,举着针管一次再一次,就是找不到血管。有些护士,一针又一针"失败",弄得满头大汗,手在发抖。刘侠总安慰说:"不要紧,慢慢来!我是O型血,人们说O型血的人都很勇敢。"

刘侠不仅顽强地与病痛作斗争,还开始学着怎样去爱,怎样去付出。原来活不下去的原因是,她不知道病何时会好,不知道生命有什么意义、有什么价值。有人生信仰后,她对生命有了新的诠释:每个生命,不管老弱残疾或贫富贵贱,都是珍贵的。每个生命都有特定的价值。人看人是看外表——看容貌、看财富、看地位。但上帝是看内心,看我们有没有对自己的生命尽了本分。她认为,自己虽然不能走动,但思想清晰,心中有爱,必须表达出来。于是,在腿上架着一块木板,用两个指头颤巍巍地夹着笔开始写作。每写一笔就像举重一样,都要忍受巨大痛苦。她靠坚定的信念、坚韧的毅力、坚强的意志,一点一点磨炼自己。几年时间,写出几百万字作品,写成20多本励志书。这是"一字一痛、一字一爱"谱写的生命之歌,是她以"无用之躯"送给弱势者、身心残障者,以及无数跌倒过、在长夜里痛苦过的人的礼物。

一个12岁就被病魔缠身的人,凭着乐观心态和坚韧毅力,终于成为风靡台湾、香港和东南亚的著名作家。她的作品被编入中学课本。《杏林小记》《生之歌》《生之颂》几十年来都是台湾中学生的指定读物。《另一种爱情》获文艺奖。在当代华人作家中,没有人比杏林子更励志,没有人能像她顶着一个毁坏的身体以文字见证生命的坚韧、热情和美丽。她创办了台湾最大、最有影响残疾人组织——伊甸园。她自己遭受不幸,却总在想法帮助别人。在按摩院,她发现两位盲人按摩师有音乐天分,就热情鼓励,精心培养,使他们成为台湾有名的音乐组合——"双福之音"。

杏林子创造了奇迹。从心理学角度看,杏林子的经历,就是乐观心态及刚毅品格创造的奇迹。她自己遭遇不幸,严重残疾,却要忍受巨痛为别人创造欢乐,传输大爱。这是何等感天动地的刚毅人生之歌!杏林子的人生可让我们懂得什么是真正的刚毅。

以上,从对己、待人、做事角度,讲了口语修辞的几种主要心理调节。从理论上讲,一个人的大脑完全属于自己,只要"认知"可以选择控制,"情感"、"意识"就完全可以选择控制。一个人只要善于选择积极的"认知"、"情感"、"意识",善于控制消极的"认知"、"情感"、"意识",就一定可以通向口语修辞的成功之路,并拥有成功的智慧人生。

第二节 思维调节

思维,是语言载体,是人脑反映客观世界的机能。

思维能力,即内部语言能力,是智能的核心,是创新的动力,是一个人诸多能力中最基本、最重要的能力。人的各种能力都离不开思维能力。

思维能力(内部语言能力),直接决定口语表达的质量和效率。思想正确、中心明确、条理清晰、反应敏捷的思维能力,是口语表达成功的决定因素和重要前提。

爱因斯坦说:"高等教育必须培养学生学会思考探索问题的本领。人们解决世界上的所有问题,是用大脑的思维能力和智慧,而不是照抄书本。"孔子说:"学而不思则罔。"韩愈说:"行成于思,毁于随。"这都说明思维和思维能力的重要。

良好的思维能力是各种人才的基本素养和必备条件。有人说:"不愿思考的人,是蠢人;不能思考的人,是笨人;不敢思考的人,是仆人。"只有敢于、善于思考的人,才是聪明人。

要提高口语修辞能力,必须注意培养良好的思维品质和思维能力。良好的思维品质,具有明确性、开阔性、条理性、敏捷性等主要特征。为使口语修辞具有坚实而可靠的基础,必须注意思维训练和思维调节。

思维调节,主要有以下几种。

一、明确与含糊

语言明确源于思想明确,思想明确源于思维明确。只有想清楚,才能说清楚。以已昏昏,想使人昭昭是不可能的。

口语表达,首先必须做到:思想明确,思路清晰,判断正确,推理严密。这样,口语交际才有意义,有价值。不然,就是胡言乱语。

语言混乱,反映思维杂乱;语言清晰,源于思维清晰。请看陈毅的答记者问:

1937年末,陈毅从赣南游击区到南昌参加国共和谈,接受记者采访。

一记者问:"社会传闻共产党是不要家庭的。以将军盛年,尚未成家,又与父母久违,且不通音讯,似乎恰证此说。吾意,国家者,家国也;不爱家,焉爱国?不知陈将军对家庭人生的真谛,有何感想?"

陈毅听后放声大笑,他对那位记者讲:"问得有趣!我以为共产党是最爱家庭,最富人生情趣的了。我们的战士可以告诉你,他们是为了眼前的活路和未来的幸福才投身革命的。你大约不曾想到,在过去那种日搜夜剿的生活中,居然有共产党人在寒风中举行婚礼。这也是我们所说的投身革命即为家吧!今日之事,外寇入侵,京沪沦陷,国之不存,家又安在?至于我本人,十余年遭逢革命,无暇他顾,倒是父母家庭,无一刻不挂记。因为种种限制,音书断绝。今国共合作,我自然会投书告慰双亲,这本是情理中事。但我还是要说,国难当头,共御外侮,国事未决,家事难问。如果这就要被指为'不要家庭',那么,我请问,贵记者的意思是不是,要国人个个只爱家,不爱国,任中华民族为他人做奴隶呢!"

陈毅的解答和反问,使那位记者面红耳赤,无言以对。

国民党记者有意曲解爱国与爱家关系,提出共产党"不要家庭",向陈毅发难。陈毅开怀大度,胸有成竹,立即亮明观点:"共产党是最爱家庭,最富人生情趣"。接着,紧扣论题,从战士参加革命动机、从"共产党人在寒风中举行婚礼"、从自己对"父母家庭"时刻挂记等三方面说明论证。用例恰切、生动,语言简炼、有力。再接着,讲国与家的关系,强调共产党人"国难当头,家事难问"的爱国精神。最后提出反问:如果共产党人如此爱国也遭指责,岂不是要中国人"只爱家不爱国,任中华民族为他人做奴隶?"面对如此深刻、尖锐、势不可挡的反击,国民党记者只有招架之功,毫无还手之力。陈毅答问,观点明确,思路清晰,论证严谨,气势宏伟,震撼人心,使这位记者情理皆输,只能感到羞愧。这段讲话,堪称思路清晰,论述明确有力的范例。

又如,一大学生的即兴演讲《蓝色》:

今天,我给大家说说,我为什么喜欢蓝色。理由有两个:第一,我喜欢大海,蓝色的大海令我陶醉;第二,我喜欢天空,蓝色的天空令我浮想联翩。为什么呢?大海浩瀚宽广,我们的心理如果能这样,该有多好!天空辽阔高远,我们的理想如果能这样,该有多好哇!我也喜欢红色、绿色,但我更喜欢蓝色。谢谢大家!

这段小演讲,先提出论题:为什么喜欢蓝色。接着摆论据:因为"喜欢大海","喜欢天空"。最后小结:"我更喜欢蓝色"。演讲者思路清晰,论证严密,语言简洁,颇有新意。良好的思维品质和思维能力,正是这段小演讲获得成功的主要原因。

以上两例,之所以能成为口语修辞佳作,就因为表达者有良好的思维品质和逻辑思维能力,能做到:思想明确,思路清晰,判断正确,推理严密。这正是口语修辞必备的思维基本功。

二、开阔与闭塞

思维开阔则思想开阔,思维闭塞则思想闭塞。思路开阔是良好智能标志。思路越开阔,思想越丰富,才智越杰出。

刘勰在《文心雕龙·神思》中说:"寂然凝虑,思接千载,悄然动容,视通万里。"陆机《文赋》讲:"观古今于须臾,抚四海于一瞬。"这都是对大智者思维开阔性的形象描述。

多角度、全方位、跨时空思考,是思维开阔性的基本要求。发散、聚合、逆向、纵深等是思维轨迹的主要形态。

口语修辞,必须了解思维特点,掌握思维形式及其运转规律。

1. 发散思维

发散思维又称辐射思维,即从一思维点出发,通过联想想象,引发出多种结果的思维形式。这是一种求异思维,信息源始终如一,思维轨迹呈辐射状。

如景克宁《时间篇》演讲:

我在思考时间,时间在我的思考里是这样三个形象:

时间——伟大的创造者。

整个宇宙自然、人类社会的编年史,都是以时间为序列的。在时间这个伟大的创造者手中,人类产生了,社会出现了,历史构成了。

时间——严峻的裁判者。

有什么比时间这个法官更公正呢?任何一个人都是它的臣民,它对每个人都无一例外地作出审判和裁决:谁是历史的功臣,谁是社会的罪人?谁是英雄,谁是奸佞?谁是智者,谁是庸人?谁是强者,谁是懦夫?谁应坐在历史的荣誉席上,谁应被钉在历史的耻辱柱上?总之,真善美与假恶丑、崇高与渺小,一一判定,毫不含糊。

时间——无情的盗窃者。

世界上有形形色色、大大小小的盗窃者,但时间盗窃者是最冷酷的。所有的盗窃者,只盗窃人们的财物,可时间这个盗窃者的职业是特殊的,它专门盗窃人们的生命。

演讲者围绕"时间"这一概念,通过联想想象,引发出三种形象:"创造者"、"裁判者"、"盗窃者",又从每一形象引出更深一层的评论。这就形成一种多角度、多层次的辐射,形象而深刻地说明时间的价值和性能。三个判断,三种形象,内含丰富,喻义深刻,引发听众多种思考,使人回味无穷,经久难忘。这正是发散思维的巨大功能。

又如学生演讲《"0"的遐想》:

"0"是一无所有,荒凉而神秘,但在改革者眼中,它又是待开垦的处女地。

"0"没有质量,没有体积,只有位置,——一个起点的位置。"万丈高楼平地起",任何伟大的事业,无不是从无到有,从小到大,以"0"为起点。

"0"是分界线,右为正,左为负。以"0"为界,一东一西,一南一北,一前一后,一左一右,两个方向,两种前途,差之毫厘,谬以千里。

"0"虽然可大可小,但绝非可有可无。在数字王国的三维空间里,它极其活跃而又可以变化无穷,犹如一个充满生命活力的小精灵。

在生活中,我们每个人都应该与"0"为友,时时牢记"千里之行,始于足下",只有时时以"0"为新起点,才能不断摆脱历史因袭的重负,才能在人生旅途上轻装前进。

通过联想想象,演讲者从多角度阐发"0"符号的内含、作用,使听众对"0"有了更加丰富而深刻的理解。如果进一步展开联想想象,还可把"0"当做更多更多的形象,并进一步阐述它们的性能作用。联想想象越丰富,想出的形象就越多,就会对听众越有启发。这就是发散思维的特点和实用功能。

2. 聚合思维

聚合思维又称集中思维,是由若干不同信息得出一种认知的思维类型。常见的聚合思维形式有"散点联缀"、"模式构思"等。

①散点连缀

这种思维形式,是把几个散点拢向一个中心点。中心点可以在前,也可以在后。如演讲《扬起生命的风帆》:

同学们，你们应该特别珍惜现在的年龄。岁月的流逝是绝对无情的。前些年社会上还称我为青年画家，转瞬之间，我已四十八岁。难怪李太白在《春夜宴桃李园序》中讲："夫天地者，万物之逆旅；光阴者，百代之过客。"诗人凭着他浪漫的幻想，道出了时间在哲学上一度性概念。古往今来的一切有识之士，都是十分珍惜光阴的。写出了《悲惨世界》、《笑面人》的法国伟大作家雨果，为了写作，谢绝了一些宴会和酬答的交际，他把自己的头发剪掉一半，把胡子剪掉，又把剪子扔到窗外。这样他就不好出去会客，不得不留在家里。齐白石有一方图章"痴思以绳系日"，"他们对生命都有一种紧迫感。人来到地球，就像一个匆匆的过客，在过路时，过这村就没这站。在相当年龄该干的事不干，以后补就困难了。

这段演讲，第一句话"珍惜现在的年龄"是意核，即中心点。以下几个思维点——李白、雨果、齐白石的事例，都是围绕中心点论述。由于思维趋向明确、聚合有力，听完这段话，能使听众有一种清晰认识：必须珍惜时间，珍惜青春年华。这正是运用散点连缀聚合思维取得的修辞效果。

②模式构思

即根据固定模式进行叙事或说理的思维形式。一般讲话，总是围绕中心先提出问题，再分析说明问题，最后解答或解决问题。这种模式可概括为：是什么、为什么、怎么做。

美国演讲家把一般思维模式归纳为四步骤：a. 喂，请注意；b. 为什么要费口舌；c. 举例子；d. 怎么办。

可见，各国人常用思维模式大同小异。

如，一位中学生的"课前三分钟演讲"：

我走上讲台，许多同学发笑。我知道大家在笑我穿的花裙子。但我请大家不要嘲笑，要多一分理解。

这件花裙子，我穿上的确不好看，因为样式太老。过去，妈妈总劝我穿，都被我堵了回去。昨天，妈妈又把这裙子取出来，说再不穿就更小了，如果当旧衣服处理掉，一次也没穿上身怪可惜的。我说："你就知道省钱，一点审美观也没有。"

妈妈愣住了，缓缓地叠起裙子，把它收到一个包里。当她转身时，我看到她眼里闪出泪花。昨天夜里我很久没有睡着，我觉得太对不起妈妈一番苦心了。

今天早上，我自己把这裙子扒出来，穿在身上就来上学了。我知道，这裙子包含着妈妈的一片爱心。我穿上它，妈妈会高兴。这也算对她的一点回报吧。

同学们，我们的父母可能思想赶不上潮流，也可能还有些小气，但他们对子女的爱，是永远不会改变的。我们眼下还不能挣钱养活他们，那就至少做些让他们高兴的事吧。哪怕干这事会很难堪、很痛苦，会被人嘲笑。但一想到这是对父母的回报，不就能感到一种自豪吗。

学着去理解父母，尝试着去回报父母，这是我们成熟的表现。大家说不是吗？

这是一位中学生讲自己穿花裙子的一段经历和感受。开头，是提出问题，引起大家注意；接着，具体说明为什么要做这件事；最后，结合自己感受，郑重提出"学着去理解父母，尝试着去回报父母",对问题作了圆满解答。这种结构布局,完全符合"是什么"、"为什么"、"怎么做"一般思维模式。由于感受真切、认识深刻、加上思路清晰、语言流畅,又是现身说法,更显得真切感人,所以能引起同学们的感情共鸣和由衷称赞。这是一篇由分到总成功运用聚合思维的演讲佳作。

3. 逆向思维

逆向思维,是指打破思维定势,从相反方向思考问题的一种思维形式。对问题反过来想一想,变肯定为否定,或变否定为肯定,可以使观点出新,表达与众不同的见解。掌握逆向思维方法,有利于冲破旧观念束缚,有利于思想更新。

如,一大学生即兴演讲《"愚公移山"成语反思》:

"愚公移山"精神一向被人肯定和称赞。如果反过来想一想,愚公只因为王屋山挡住了他家的去路,就下决心要把山搬走,这样简单的想法和做法,未免太不科学了。解决"出路"问题,除搬山之外,为什么不去修路?修路可以绕山,还可以打洞,这都比搬山劳动量小。还有,要解决生活问题,为什么不能想办法靠山吃山,发展山区经济?为什么不能根据山区特点,开发山区旅游资源,改变山区贫穷面貌?退一步想,如果路不能修,发展山区经济无望,搞旅游也没有人愿意看,这就证明此地没有什么经济价值,那就更没有必要在这个地方祖祖辈辈挖山不止白受罪,可以把家搬走了事,另图发展。然而,愚公只知用自己和一家人的力量移山,不仅自己一辈子受苦,还要世世代代像他一样白受苦,这不是太愚不可及了吗?

"愚公"精神,长期受到人们推崇,被完全肯定。这里通过逆向思维进行反思,发现愚公只有吃苦精神,缺乏辩论思想及科学理念,并提出不少新见解,且言之成理,有积极意义。如修路、搬家等,都不失为解决民生问题的正确出路与科学决策。没有逆向思维,就不会有解决愚公生计问题的新理念、新思路、新方案。这正是逆向思维的合理意义与科学价值。

又如,一大学生的即兴演讲《话说竹之三病》:

青青翠竹,素以"三德"(干直、心虚、节硬)被世人所喜爱、景仰。我却以为竹之"三德"实为"三病"。

竹,无风时表面干直,风一起则随风摇摆,看似堂堂正正,实则见风转向,奴颜媚骨。

竹,皮厚而腹中空,以一个坚硬的外壳来掩藏自己内心的空虚无知。

竹,表面多节而硬,内部既薄又脆,轻轻一捅便可一贯到底,不堪一击。

竹子,一向被文人倍加推崇,说它有人的高尚品德。然而,自然景物的形态个性,都是由人外加的。人的心理感受不同,自然景物在人们心目中的形态个性就不一样。正向思考,竹子很像正人君子;逆向思考,竹子何尝不像势利小人。本篇短评通过逆向联想讲出新意,且论据充分,思路清晰,言之成理。没有逆向思维,哪会有这样观点翻新、发人深思的口语新作!

4. 纵深思维

纵深思维是使认识向纵深发展的一种思维形式。这种思维,能使人对问题进行深入思考,从普通小事或一般认识中发掘深刻含义,以揭示事物的本质。

如一大学生演讲《"8"的深思》:

近年来,数字"8"身价倍增,电话号码、牌照号码、商品标价,一沾上"8"就备受青睐。

这是历史进步的标志之一。中国人不再认为"越穷越革命",在经济生活日渐好转的情况下,终于堂堂正正地喊出"想发财"的心声,这适合商品经济发展需要,无疑体现了历史的进步。

对"8"的狂热迷恋,又表明了追求者精神的空虚。一些"先富起来的""大腕",在幸运号码拍卖现场炫耀攀比,一掷千金万元,不知道发财后应怎么办,充分暴露了自身人生观和价值观方面的弱点。

"8"之所以受欢迎,与当今中国脑体倒挂、管理体制不完善,使一些人发财无视规律有关。商界瞬息万变,财运难以把握,使有些人将希望寄托于冥冥,寄托在"8"字上。

"8"的受宠,从更深一层分析,说明中国人传统心理定势并未改变。一些人信"8"信"发",信天信地,就是不敢信自己。

其实,只想"发"而没有"发"的能力,不知怎样去"发",不要说"发"不会从天而降,即使降下来了,自己也把不住,握不牢。

面对激烈地商战竞争、科技竞争、人才竞争,如果中国人再这么沉浸在"8"的迷梦中,敢问"发"在何方?

该演讲第一段是提出问题,先简述"8"备受青睐的社会现象。第二、三段是一般现象分析:第二段从历史发展变化角度讲;第三段从个人心理反应角度讲。第四、五、六、七段是纵深分析:第四段,深入分析"8"之所以受欢迎的政治经济原因;第五段,讲"8"受宠的思想精神根源;第六段,指出只想"发"而没有"发"的能力的幼稚性;第七段,强调沉浸于"8"的迷梦中的危险性、危害性。演讲者围绕"8"字受宠这一社会现象,由表及里,由浅入深,步步深入,层层剖析,最后使听众对数字"8",由现象到本质有了科学而深刻的认识。可见,纵深思维在揭示并深刻认识事物方面,很像功能巨大的钻探机、开掘机。善于纵深思维,不仅可以最大限度扩展视野,还有利于探求事物内在规律和奥秘。

三、有序与无序

有序与无序,是讲思维的条理性。条理分明,是高思维品质的主要特征。

讲话不仅要中心明确,更要条理清晰,言之有序,言之有理。只有言之有序,才能言之有理;只有言之序、言之有理,才能突出中心,表达主题。思维有条理,叙事说明才能清晰、明确、有力。

常见的思维条理有:并列式、递进式、总分式、因果式、例证式、综合式等。

1. 并列式

并列式,各思维点独立,互不包含,常用序词作标志。如,一作家杂谈《活着的滋味》:

有的人说:"活着太累了。没完没了的解释,无休无止的小心,成年累月地为别人活着。看别人眼色,避免别人忌讳,讨别人喜欢,给别人好感,为别人摇旗呐喊,插科打诨。不想笑要笑,哭不出来要哭。累了,累了,活得太累了。"

第二个人说:"我活得腻味了。爱过了,恨过了,哭过了,笑过了,苦过了,乐过了。金银财宝,身之物;功名利禄,过眼烟云。香酥鸡、肯得鸡、道口烧鸡、德州扒鸡,大同小异。长城饭店、昆仑饭店、建国饭店、国际饭店,千篇一律。台球、保龄球、高尔夫球,无非是球。人生不过如此,该收场了。游戏人生,我够了。你们爱玩,玩去吧!别拉扯上我。"

第三个人说:"怎么能这样看待生活!怎么能说活得太累?怎么能说活得腻味?在这大变革的年代,难道你就没有一点社会责任感?人生在世,难道就只为自己活着?我们的国家能有今天,这容易吗?同志们!振兴中华,匹夫有责。改革开放重担落在你我肩上,我们应该对社会负责,对国家负责,对后代负责。否则,就是犯罪。振作起来吧,前进!"

第四个人说:"你有什么资格教训别人!你是活得有滋有味,轻松自在,坐公家小车,住公家小楼,吃公家宴会,三天两天上电视,三月两月出趟国。你当然可以大谈社会责任感。可你自己呢,你有什么社会责任感?"

第五个人说:"何必那么激动!你以为当官的都是那么快活,你以为当官的都活得轻松?没有那事儿!官场不好混!左右逢源,上下照应,按下葫芦起来瓢。没有金钢钻,真揽不了这磁器活儿。别瞧见当官的就有气,别瞧见当官的发号施令就腻烦,人家也有一本难念的经。就说社会责任感,他当官的不说,谁说?"

第六个人说:"算了,算了,都别嚷嚷了。树林子大,什么鸟都有。人跟人哪能都一样!把社会责任感挂到嘴上的,有的有社会责任感,有的确实没有社会责任感。嘴上不说社会责任感,也不一定没有社会责任感。"

第七个人说:"管他呢!反正都得活着。活着就得吃喝,吃喝就是消费。消费就刺激生产。更何况吃了喝了,还得拉,还得撒,拉了撒了就是为社会增加肥料。走,喝二两去!"

一群人议论"活着的滋味",各人根据自己的生活体验,谈自己的感受。各人立场不同,认识不同。每人都有自己的见解,还时有交锋。七个人,一人一段,并用序词标记,条理十分清晰。这种表述形式有利于听众对各种思想观点的理解、比较、分析。这是一种典型的并列式思维诉说。

2. 递进式

递进式,即思维点内含依次增多,或依次加重、加深。

如,俄罗斯故事《一位老人的自述》:

我3岁的时候,有一次弄湿了裤子,父亲要打我,妈妈袒护说:"你怎么不害臊,他还是个小傻瓜呢!"

我12岁的时候,从母亲的钱包里拿了两毛钱买冰淇淋。母亲要拿皮带打我,爷爷袒护我说:"别打他,他还是个孩子,不懂事,长大了就知道了。"

我30岁的时候,进了工厂做工,生产上出了废品,厂里因为我没有完成生产计划,要兑现处罚。工会主席替我说情:"他刚来不久,没有经验,要带一带。"

我40岁的时候,一次与同伴喝酒喝得酩酊大醉,满街上都听到我扯着嗓子唱歌。退了休的人向着我说:"嗨,年轻人嘛,我们像他这个年龄不也是这种样子!"

我60岁的时候,鬼知道是怎么搞的,把自己的钱和公款弄错了。有人告发了我,硬是叫我赔了钱。也有人说:"你们还拿他怎么样,他都60岁的人了,糊涂了!"

如今我70岁了,早就领了养老金。前天,我那12岁的小孙子,从他母亲的钱包里拿了两毛钱买口香糖,他母亲要拿皮带打他。我为小孙子讲了话:"你也不害臊!他还是个小孩子,不懂事,长大了就明白了。"

老人讲自己的经历,从3岁到70岁,分6个阶段。随着年龄增长,别人对他袒护的程度也有增无减。前5段是别人为他袒护,最后一段是他为小孙子辩护,在情意上进了一层。巧妙地回环照应,情意递增,说明对缺点的袒护,会使一个人惰性难改,一事无成。故事中心明确,讲述条理清晰,情意层层递进,富有情趣,发人深思。这是递进式思维成功运用的实例。

3. 总分式

总分式,指先总述后分述,或先分述后总述的思维形式。

如,1974年,法国莫尔莱市电视塔倒塌的新闻报道:

1974年2月13日深夜,随着一声惊天动地的巨响,位于莫尔莱市的法国广播协会218米高的电视塔,突然倒塌。自2月14日起,布列塔尼半岛上30万台电视机顿时成了废物。这座电视塔再次修复矗立起来,足足花了一年时间。这一年中,在布列塔尼居民生活中,出现了许多奇妙的变化。

其一,患感冒的小学生大减。布列塔尼雾多、雨多、气候条件相当恶劣。以往孩子们一放学便扑到电视机前,闭门不出。现在没有电视看,他们在家里也呆不久,经常外出玩耍。户外活动,使孩子们体质明显增强。

其二,宴会时间延长。布列塔尼人喜欢社交,不论过年过节,还是红白喜事,人们爱聚在一起,久久不散。但自从电视节目吸引观众之后,人们不愿再参加一般的聚会,即使赴宴,中途也频频看表,生怕误了电视节目。现在,电视一旦消失,人们的活动恢复正常,宴会时间也可延长了。

其三,书店收入猛增。以前人们习惯于把电视作为了解世界获取知识的窗口,现在开始转向书刊。

这段报导反映电视业大发展后,不可避免给社会带来的一些消极影响。记者从儿童教育、社会活动、文化生活等方面说明电视塔倒塌后所发生的"奇妙的变化"。报导先总述,后分述,并以序词"其一"、"其二"、"其三"作为思维路标,条理十分清晰,从而突出中心,加深了人们对电视消极影响的认识。

4. 因果式

因果式,先讲原因后讲结果,或先讲结果后讲原因。
如,一位爸爸的观察体会:

五岁的儿子跑来异常兴奋地对我喊:"爸爸看!苹果里的星!"我扭头一看,他手里拿着拦腰切开的半个苹果。我眼前出现的由苹果核构成的星,那样富有层次感!奇怪,我怎么从来就未发现过苹果里有这样美丽的星呢?沉思后我明白了。从我的父母教我切苹果那天起,我就习惯于一种切法。也许父母和他们的父母都习惯于竖切。儿子只不过换了一种切法——横着切,就有了新的发现。于是我就想,对生活是否也应尝试着换个角度,换种剖析方法呢?

这位爸爸介绍自己在观察孩子行为时所悟出的生活道理。先讲儿子发现"苹果里的星",然后讲为什么儿子会有这种发现。这是因果推因。最后,讲自己受到的启发,又是由因得果。此例说明,应当学会"换个角度"看问题。讲述有根有据,因果关系明确、合理。

5. 例证式

例证式,即用事实或事例证明理论认识。
如李燕杰演讲《国家、民族与正气》:

爱国主义,就是对祖国的热爱,就是千百年来巩固起来的对自己祖国的一种最深厚的感情。这种热爱和感情根深蒂固地埋植在人民的心里成为道义上的一种巨大力量。翻开世界史,有哪个国家的人民不主张爱国,又有哪里国家的人民不把爱国精神看作是一种伟大而崇高的心灵美?举世闻名的波兰音乐家肖邦,出国携带一个装满祖国泥土的银瓶。他病危时,要求朋友把伴随他多年的波兰泥土撒在他的墓穴中,把他的心脏带回波兰。大音乐家贝多芬,坚决拒绝为侵略维也纳的军官演奏。我国古代著名的爱国诗人屈原,热爱祖国,竭诚尽智,"虽九死而犹未悔"。我国民族英雄文天祥,在被拘禁时,决心与祖国生死与共,写了慷慨悲壮的诗句。在现今社会,一位历经磨难的归侨,在海外有人为了报恩准备接他出国享福,他拒绝了。有位十九岁的学生写了一首情深意笃的诗:"不管母亲多么贫穷困苦,儿女对她的爱绝不会含糊。我只喊一声'祖国万岁',更强烈的爱在那感情深处。"古今中外无数事例证明,爱国主义是一种伟大的崇高的心灵美。

这段演讲,先讲什么是爱国主义,然后列举中外著名爱国者的事迹,举例说明。用事实说话最有说服力。列举生动实例,符合听众欣赏兴趣,也符合人们由具体到抽象的认知规律。李燕杰演讲成功的原因,就在于善于运用生动事例说理。"例证式"思维,在议论说理中,是最能吸引听众注意力的有力武器。

6. 综合式

综合式,指多种思维形式一起使用的思维序列模式。

人类思想复杂多样,其思维形式也自然是多种多样。为了表达比较复杂的思想,往往需要同时运用多种思维形式。如,郭沫若《在萧红墓前的演讲》:

年轻人之所以为年轻人,并不是单靠着年纪轻。我们倒看见有好些年纪轻轻的人,却已经成了老腐朽,老顽固,甚至活的木乃伊——虽然还活着,但早已死了,而且死了几千年。

反过来,我们在历史上也看见有好些年纪老的人,精神并不老。甚至,有的人死了几千年,而一直都还像活着的年轻人一样。所以,一个人的年轻不年轻,并不是只靠着生理上的年龄,而主要的还是精神上的年龄。便是"年轻精神"充分的,人老而精神不老,人死而精神不死;"年轻精神"丧失的,年纪虽轻而人已死了。

那么,什么是年轻精神的品质呢?

第一,是真理的追求者。第二,是博爱的实践者。第三,是勇敢的战士。这三种年轻精神的特征,每一个年轻人都是有的。假如他把这些特征保持着,并扩大着,那他便永远年轻,就死了还年轻;假如他把这些特征失掉,比如年纪轻轻做狗腿子的事,那他不仅不年轻,而且老早是一个死鬼了。

就在这样的认识之下,我们向"年轻精神"饱满的青年朋友们学习,使自己年轻,使中国年轻。

郭沫若讲什么是"年轻精神",前两段思维是并列关系。三、四段,讲"什么是年轻精神的品质",比一、二段深入一层,前后思维关系属于递进。第四段,具体讲年轻精神的品质,先分说"第一"、"第二"、"第三",后进行总体评论,思维关系,当属总分。整篇演讲的思维序列形式应是总分套递进,套并列,套总分。也正是这种多层而严密的思维序列结构,才使演讲者对"年轻精神"讲得如此细致、深刻,具有独到见解;才使演讲者道出这么多格言式的名句,使广大听众和读者深受启发,经久难忘。

四、敏捷与迟钝

敏捷性,是高思维品质的重要特征。

口语的主要特点是:双向交流,即席表达。口语表达必须思维敏捷,反应快捷。在社会交往中,即席发言、现场答问、紧急应对、公务谈判、求职面试、述职答辩等,都需要敏捷的思维能力和应变能力。在这方面,许多名家伟人都给我们提供了成功的范例。他们面对公众即席讲话,能触景生情,出口成章;面对记者采访,能机智回应,对答如流;面对发难挑衅,能幽默反击,技高一筹。在各种紧急关头,他们都能敏捷构思,机智应对,以杰出口才变被动为主动,变不利为有利,立于不败之地。因此,训练思维的敏捷性,应该是提高思维品质和思维能力的重点。

下面介绍几种常见的敏捷思维形式。

1. 意核扩展

意核扩展,即根据意核(中心词语),运用发散思维,由点到线到面的快速构思方式。

如,曲啸即兴演讲《谈演讲的"真"》:

演讲的生命在于真实,演讲员也应该是求真的典范。这里的真,指的是:

真理——讲的一切,都必须符合事物发展的客观规律。

真情——言必由衷,以真情实感使台上台下奏出一首惊心动魄的协奏曲。

真言——不说假话、大话、空话、套话。用真言真语去震动听众的心弦。做到语不惊人死不休。

真态——即演讲者态势语言,包括仪表、风度、眼神、手势、动作等等,都不要矫揉造作,要实在自然。

这段演讲,由意核"真",扩展到"真理"、"真情"、"真言"、"真态",再分别扩展成四段话,从而对演讲的"真"作了全面而深刻的概括。曲啸讲"真",由点到面,由浅入深,语言精练,见解深刻,成为演讲学"求真"的权威理论。这是通过意核扩展快速构思的典型实例。

又如一班主任上任的即席演讲:

亲爱的同学们:

当我登上这讲台,不,应当是舞台,我似乎觉得两侧的紫色帷幕正缓缓拉开。最富有生气的戏剧就要开始了。

我想,我这个班主任首先应该是一名合格导演。我渴望导演出充满时代气息的戏剧来。团结、紧张、严肃、活泼是它的主调;理解、友爱、开拓、创新,应当是它的主要内容;爱着这个集体和被这个集体爱着,是它的主要故事。

这舞台是你们的,你们应当是主角,我甘心情愿地做一名配角,尽我的力量,竭诚为主角服务,效劳。而在你们成功的演出中,我只想默默地分享一点点成功的快慰。

不仅如此,我还要做一名虔诚的观众,为你们精诚的演出微笑、流泪、鼓掌、欢呼。我愿意握住每一个人的手,诚心诚意地道一句:祝贺你的成功!

三年之后,当你们最后与自己的中学时代告别,将要登上人生的大舞台时,你们会深深地感到这小舞台所给予你的一切是多么珍贵;这是一段多么难忘的人生旅途!

三年之后,当我们高一(2)班的戏剧舞台徐徐落下帷幕的时候,我愿意听到你们这样评价我的工作:"老师,你是我们满意的导演,也是一位不错的配角,更是我们喜欢的观众。"(掌声)

谢谢大家的掌声。从掌声中我感到了你们的理解和支持。

预祝我们合作顺利成功！

新上任的班主任，由"讲台"想到"舞台"，再想到"导演"、"配角"、"观众"，然后深入想象，扩展成篇。他思维敏捷，善于联想，通篇采用比喻说理，思路清晰，语言流畅。几个比喻都具体生动，且一脉相承，自然得体，前后呼应，耐人寻味。整篇演讲比喻新，道理深，感情真，可谓事理情结合，真善美同在，具有极强的感染力。这是通过形象思维意核扩展快速构思的成功案例。

2. 板块组合

板块组合，即围绕中心观点，对资料分类提炼，排列组合，连接成篇。常见组合形式有："并列组合"、"正反组合"、"递进组合"等。

①并列组合

如《世界也有我们的一半》演讲分三块：a.女人没有获得自己的"一半"；b.女人应有自己的"一半"；c.女人应争得自己的"一半"。

②正反组合

如《指挥员与口才》演讲分两块：a.指挥员口语表达不当贻误战机，教训深刻（举例）；b.良好口才使指挥员形象确立，威信增强，提高战斗力。

③递进组合

如《理解万岁》演讲分三块：a.人与人之间需要理解；b.从我做起，主动去理解别人；c.只有从团结愿望、事业全局出发，才能真正主动去理解别人。

3. 借题发挥

借题发挥，指根据眼前事物或情景，不受约束，胸有成竹地发表自己的见解。

如，周恩来总理的答记者问：

1961年，一外国记者以挑衅的口吻问周总理："中国这么多人口，是否对别国有扩张领土的要求？"总理答："你似乎认为，一个国家向外扩张是由于人口过多，我们不同意这种看法。英国的人口在第一次世界大战之前，是四千五百万，不算太多，但是英国在很久时间内，曾经是"日不落"殖民帝国。美国的面积略小于中国，而美国的人口还不到中国的三分之一，但是美国的军事基地遍及全球，美国的海外驻军达一千五百万人。中国人口虽多，但是没有一兵一卒驻在外国的领土上，更没有在外国建立一个军事基地。可见，一个国家是否向外扩张，并不决定于它的人口多少。"

面对外国记者挑衅，总理没有跳入对方设问的圈套。他思维敏捷，胸有成竹，把英、美拉来与中国比较，让事实说话。英、美人口都比中国少，但英国是有名的"日不落殖民帝国"，"美国军事基地遍全球"，而"中国人口虽多"，却"没有一兵一卒驻在外国"。确凿的事实论据，使这位记者的观点不攻自破，无话可说。周总理不仅思维敏捷，而且知识渊博，智慧超群。没有丰富的知识、深厚的阅历，惊人的记忆，也难以有这样的借题发挥。

4. 幽默应对

幽默应对,指运用富有情趣而意味深长的幽默语言,回答各种提问或诘难。

幽默,是思想智慧的火花,是高思维品质的体现。幽默口才,不仅可以活跃气氛,融洽关系,增加语言魅力,还可以化解矛盾,化险为夷,进而实施有效反击,驳倒对方的责难、攻击。幽默思维口才,在紧急、紧要关头,常具有独特的表意功能和艺术魅力。

① **幽默解脱例:**

清代纪晓岚,学识丰富,才思敏捷,能言善辩。一次,他在翰林院编《四库全书》,因盛夏酷热,光背伏案阅稿。忽然,乾隆皇帝从前院走来,他来不及穿衣,急忙藏到桌案下。皇帝落座后,示意大家保持安静。过了一会儿,屋内无异常动静,纪晓岚便问身边人:"老头子走了吗?"乾隆听后动怒,立刻质问纪晓岚:"你凭什么叫我老头子?"纪晓岚连忙跪下解释:'老头子'是对皇帝您的简称。皇帝万岁,岂不为老?皇帝乃国家之首,岂不为头?皇帝乃真龙天子,岂不为子?"乾隆听后笑道:"好个能言善辩之徒,虽苏秦、张仪再生也不不及也。赦汝无罪,起来吧!"

"老头子",是对老者的俗称,纪晓岚用来称乾隆皇帝,这是犯上,当定死罪。然而,纪晓岚思维敏捷,面对皇帝追问,立即新编一套解释,巧妙掩饰,使自己解脱。乾隆明知这是编造,但觉得应对巧妙,言之有趣,又不失敬意,因赞赏其智慧口才,也就对其冒犯不加追究。是纪晓岚的敏捷思维和幽默口才,使他在危急时刻化险为夷。这是幽默语言化解危机,解脱困境的典型例证。

② **幽默反击例:**

马克·吐温发表《竞选洲长》小说后,偶然在街上遇到纽约州州长霍夫曼。霍夫曼见到这位大名鼎鼎的小说家极端仇视。他气势汹汹地说:"马克·吐温,你知道世界上什么东西最坚固吗?什么东西最锐利吗?我告诉你,我防弹轿车的钢板是最坚固的,我手枪里的子弹是最锐利的!"马克·吐温听了微微一笑说:"先生,我了解的跟你不一样啊。我说,世界上最坚固、最厚实的是你的脸皮,而最锐利的还是你的胡须。你的脸皮那样厚,可你的胡须居然能刺破它长出来,还不锐利吗?"

霍夫曼声色俱厉,却外强中干,在充满智慧和幽默才华的文学家马克·吐温面前,显得十分拙笨、愚蠢。马克·吐温接过其挑衅话题,快速联想,顿生新意,巧妙应对。既回击了霍夫曼的挑衅,揭露其无能,又文雅风趣,不失名作家的身份气度。如果没有高深的思想修养、语言修养和机敏的思维应变能力,马克·吐温的话绝不会讲得这么巧妙,这么有力!这是用幽默语言反击挑衅的成功实例。

③ **幽默自嘲例:**

美国总统里根访问加拿大,在发表演讲时遭一群反美示威者起哄,加拿大总理皮埃尔·特鲁多对本国人这种无礼感到难堪。面对这种局面,里根面带笑容说:

"这种情况在美国是经常发生的。我想这些人一定是特意从美国来到贵国,可能他们想使我有一种宾至如归的感觉。"

里根出访遇群众示威,是十分尴尬的事,不仅自己扫兴,受访国领导人也感到难堪,脸上无光。面对这种情况,里根以积极心态控制不良情绪,以超常逆向思维,异化不良信息,化解不良感受,于是产生了自嘲式的幽默语言。一句"可能他们想使我有宾至如归的感觉",一下子缓解了尴尬状态,消除了不良情绪。听了这番话,皮埃尔·特鲁多顿时眉开眼笑。如果没有宽容大度的积极心态,没有超常联想的敏捷思维,里根就难有如此奇妙的幽默语言,也难以营造如此皆大欢喜的轻松气氛。这是敏捷思维幽默自嘲摆脱困境的经典实例。

思维是思想的母机。在生活交往中,重视思维调节,注意培养明确、开阔、条理、敏捷的思维品质及能力,不仅可以提高口语修辞效果,更可以提高生活品位、工作效率和生命效益。

比尔·盖茨说:"人与人的差别,主要在脖子以上的部分。"这是讲人的大脑语言能力,也是讲思维能力和思想智慧。不同的思想智慧,来源于不同的思维品质及思维能力。只有提高思维品质和思维能力,才能提高语言能力和口语修辞水平,才能丰富思想智慧,构建成功人生。

第三节 言语调节

一、言语内容调节

言语内容,主要指口语表达的事、理、情。各种口语表达,都离不开事、理、情,都要叙事、说理、抒情。事是口语主体,理、情是口语内含,事中有理,事中有情。各种事、理、情的质量品位及其结合等级层次不同,口语表达水平及效果便有明星差异。如,有的事新,理深,情真;有的事旧,理浅,情假;有的事、理、情结合严密得体;有的事、理、情组合散乱扭曲。口语修辞言语内容调节,就是要求事新,理深,情真,避免事旧,理浅,情假,以符合口语交际的基本要求和认知规律。

1. 新与旧

新与旧,主要指事实整合的新旧调节。

求新、创新,是社会发展的动力,也是口语修辞适应社会发展进步的一般规律。

口语交际,要求言之有物,讲究用事实说话。事实、事例是口语立体,是理论的依据,感情的根基。只有选择新颖事实、事例,才符合听众审美兴趣,才有吸引力。为什么大家不喜欢听祥林嫂讲阿毛的故事,并把讲话重复啰唆的人称作"祥林嫂"? 就因为这种人违背人们的求新思维和认知规律。有人说,第一次把花比美人的,是天才;第二次把花比美人的,是庸才;第三次把花比美人的,是蠢才。人们之所以厌恶这样的庸才、蠢才,也是因

第二章 途径

为他们不会动脑,不懂创新,违反了求新、创新的思想原则和思维规律。

口语表达,只有做到事新、有新意,才有交流价值,才能引起注意。

例如,关于书籍重要性的各种表述:

书是人类进步的阶梯。

书籍是屹立在时间汪洋大海中的灯塔。

热爱书籍吧,它是知识的源泉。

一本好书就是一个社会,它能陶冶人的感情与气质,使人高尚。

读一本好书,等于和许多高尚的人说话。

书是智慧的钥匙。

政治家说,书是时代的生命。

经济家说,书是致富的信息。

文学家说,书是人类的营养品。

学生说,书是不开口的老师。

迷惘者说,书是心中的启明星。

探索者说,书是通往彼岸的船。

奋斗者说,书是人生的向导。

急于求知者说,书是饥饿的美餐。

书乃药也,善读之可治愚。

书是先辈的精神遗训。

书是智者的心声,是智慧的翅膀。

这组语句之所以使人喜闻乐见,就因其比喻有新意,以事说理,事新理深,符合人们的求新思维和认识规律。

选取新颖事例说理,用事实说话,最有说服力。如美国经济学家萨克斯与总统罗斯福的一次谈话。

1939年10月11日,美国经济学家萨克斯受爱因斯坦等科学家委托,说服罗斯福总统重视原子弹生产,抢在纳粹德国之前制造出原子弹。

他先向总统面呈爱因斯坦的长信,接着读了科学家们关于核裂变发现的备忘录,可是,罗斯福听不懂艰深生涩的科学论述,反应十分冷淡。

第二天早上7时,总统与萨克斯共进早餐。总统把刀叉递给萨克斯,又说:"今天不许再谈爱因斯坦的信,一句也不许谈,明白吗?"萨克斯看了总统一眼说:"我想谈一点历史",他说:"英法战争时期,在欧洲大陆上不可一世的拿破仑,在海上屡战屡败。这时,一位年轻的美国发明家富尔顿来到这位法国皇帝面前,建议把法国战舰的桅杆砍断,撤去风帆,装上蒸气机,把木板换成钢板。可是,拿破仑却想,船没有帆就不能动,木板换成钢板就会沉没,于是,他把富尔顿轰了出去。历史学家们在评述这件事时认为,如果当时拿破仑采纳了富尔顿的建议,19世纪的历史就得重写。"萨克斯讲话时,目光深沉地注视着总统。罗斯福被打动。他沉思了几分钟,取出一瓶拿破仑时代的法国白兰地,把酒杯递给萨克斯,说道:"你胜利了!"萨克斯热泪盈眶。

后来,负责实施制造美国首批原子弹计划的总负责人格罗夫斯少将,在提到这次会谈时说道:"总统为萨克斯的论证所打动,才决定成立一个铀顾问委员会。"

关于造原子弹一事,罗斯福看了爱因斯坦的"长信"和科学报告,"反应十分冷淡",而萨克斯只谈了"一点历史",就使罗斯福被打动,决定成立铀顾问委员会。萨克斯之所以能说服罗斯福,就因其善于以事说理,而且事例选得新而准。这一真实历史事实,使罗斯福不得不认真思考:在英法战争中,拿破仑不接受富尔顿建议,最后因战船落后而惨败;在同纳粹德国交战中,如果不采纳爱因斯坦等人的建议,后果会怎样?难道自己要重蹈历史覆辙,成为历史罪人?这一历史事实,可比性极强,有极大的震撼力,足以使罗斯福不得不下决心接受爱因斯坦建议。萨克斯劝说罗斯福的实例说明,以事说理,用事实说话,具有立竿见影的说服力。

又如,陈毅抗战时期的一段演讲:

我叫陈毅,耳东陈,毅力的毅。刚才司仪先生称我为将军,实在不敢当。我不是什么将军,当然叫我将军也可以,那说明我是受全国老百姓的委托,去"将"日本鬼子的"军"。这一"将",直到把他们"将"死为止……

皖南事变后,陈毅任新四军军长,这是他在一次群众集会上演讲的开头。这段开场白,有意对"将军"一词新解,把军队职称当作下棋的述语,借代十分自然,说理生动、深刻。不仅表现了陈毅乐观、开朗、幽默、豪爽的人格个性,更表现出一位新四军将领奋勇抗战的坚强意志和赤胆忠心的爱国精神。没有"将军"的活用,就不会有如此新颖、生动、丰富多彩、幽默传神的表达效果。可见,陈毅不仅是一位老革命,一员武将,也是善于讲话,善于以事说理的口语修辞高手。

用事例说理,之所以会取得较好的修辞效果,就因其表达浅近新颖,听者易于理解,乐于接受,符合人们求新求实的认知规律。

2. 深与浅

深与浅,是指思想理论深度的调节。

理论是思想的根基,行动的指南。

在日常生活中,人们对"好"、"坏"、"对"、"错"的议论,都是价值理论判断。各种口语表达,都有一定的思想理论根基。各种思想理论,都有正误、深浅差异。只有深刻的思想理论,才能使口语之树根深叶茂,充满生命活力,具有说服力,感召力,并对社会产生积极影响。

口语修辞说理,当避浅求深,并须有新意,有说服力,能解决问题。

如,邓小平1992年视察南方的一段说话:

"改革开放迈不开步子,不敢闯,说来说去就是怕资本主义的东西多了,走了资本主义道路。要害是姓'资',还是姓'社'的问题。判断的标准应该主要看,是否有利于发展社会主义的生产力,是否有利于增加社会主义国家的综合实力,是否有利于提高人民的生活水平。"

20世纪90年代,中国改革开放事业正处于起步关键时期。改革向何处走?改革什么?怎么改革?到底什么是社会主义,什么是资本主义?当时,各方面矛盾丛生,方向不明。邓小平统观全局,经过调查研究,提出"三个有利于"的标准,一下子使人思想解放,眼界豁然开朗。

邓小平这次讲话,使中国大地自南向北迅速掀起改革开放高潮。几年后,深圳由一个小渔村变成几百万人的大都市,就是"三个有利于"理论的产物。"三个有利于"标准,像指导中国改革开放航船前进的灯塔,过去、现在、甚至将来,都会闪闪发光,熠熠生辉。此例最能说明深刻理论的强大功能。

又如,郭沫若《在萧红墓前的演讲》对"年轻人"的论述:

> 年轻人之所以为年轻人,并不是单靠年纪轻。我们倒看见,有好些年纪轻轻的人,却已经成了老腐败、老顽固,甚至活的木乃伊——虽然还活着,但早已死了,而且死了几千年。

> 反过来,我们在历史上也看见,有好些年纪老的人,精神并不老,甚至有的人死了几千年,而一直都还好像活着的年轻人一样。所以,一个人的年轻不年轻,并不是专靠生理的年龄,而主要的还是精神上的年龄。便是"年轻精神"充分的,人虽死而精神不死;"年轻精神"丧失的,年虽轻而人已死了。

郭沫若悼念萧红,对"年轻人"进行了深入思考探讨。他联系当时社会实际,从哲学思想高度,对"年轻人"重新界定,提出自己独到的见解。他认为,"年轻人""并不是单靠着年纪轻",只有"年轻精神充分的",才堪称"年轻人"。"一个人的年轻不年轻,并不是专靠着生理上的年龄,而主要的还是精神的年龄。""年轻不年轻",本是一个极其简单、无须争辩的话题,但郭沫若先生提出,看一个人"年轻不年轻",不能只看"生理上的年龄",主要的还是要看"精神上的年龄"。这就引导人们由表及里,由浅入深,把感性认识提到理性认识的高度,从而加深了对"年轻人"和"年轻精神"的理解。接着,演讲者从思想品德、行为各方面,对"年轻精神的品质"进行具体分析论述,并号召大家"保持"、"扩大""年轻精神","使自己年轻,使中国年轻"。悼念青年作家萧红,就要学习"年轻精神",弘扬"年轻精神",从而"使自己年轻,使中国年轻",正是这篇演讲的主题。这篇演讲的过人之处,就在于,演讲者能透过现象看到本质,结合实际揭示规律,提出的思想理论,有深度,有新意。因而,它不仅在当时引起强烈社会反响,成为我国近代史上的演讲名篇,而且直到现在,对广大读者仍有很强的现实教育意义和感召力。这正是深刻理论在演讲中的修辞效能与长效作用。

理论深刻,不仅是口语表达者文化素养、智慧水平的重要标志,也是口语作品能否引起积极反响并产生长效作用的关键因素。因此,思想深、理论深,应成为我们口语修辞的重要目标和不懈追求。

3. 真与假

真与假,指对感情价值的调节。

人是感情动物。真诚正直,是做人之本,是口语交际和人生事业成功的根基和动力;假情虚伪,是做人大忌,是人际关系的腐蚀剂,是口语交际及人生事业失败的内因和病根。

曾经打败过拿破仑的俄国元帅库图佐夫在给卡捷琳娜公主的信中说:"您问我靠什么魅力凝聚着社交界如云的朋友,我的回答是:真实、真情、真诚。"可见,真情是凝聚人心具有人格魅力的法宝,也是口语交际和事业成功的秘诀。

感情具有传染功能和镜子效应。口语缺乏真情,像苍白的月光缺乏热能,只能使人感到冷漠。有了真情,语言才能使人感动,才能激发真情,引起共鸣。

如,一位农村教师的演讲《永远的第11位教师——致故乡母亲》:

今天,我读了一个故事,一个真实的故事——一所偏远的小学校,因为办学条件很差,一年内已经先后走了七八位教师。当村民和孩子们依依不舍地送走第十位教师后,人们寒心地说:再不会有第11位教师能留下来了!乡里实在派不来教师,只好临时请了一位刚刚毕业,等待分配的女大学生,来代一段时间的课。三个月后,女大学生的分配通知到了。在女大学生含泪告别纯朴的山民走下山坡的时候,她背后突然意外地传来了孩子们朗朗的读书声:"离离原上草,一岁一枯荣;野火烧不尽,春风吹又生……"那声音在山谷间低回传诵,久久不绝。那是她第一节课教给孩子的诗。年轻的大学生回头望去,顿时惊呆了:几十个孩子齐刷刷地跪在高高的山坡上——谁能受得起这天地为之动容的长跪呀!她顷刻明白了:那是渴望知识的孩子们纯真又无奈的挽留哇!女大学生的灵魂就在那瞬间的洗礼中得到了升华。她毅然决然地抛弃了山外的诱惑,重新把行李扛回小学校。她成了山里的第11位教师。以后的日子,她从这所小学校里送走了一批又一批的孩子,去读初中,念高中,上大学……这一留,就是整整20年。后来,这位教师积劳成疾,被送往北京治疗。当乡亲们把她接回山村时,人们见到的,只有装在红色木匣内的她的骨灰!从此,这个小山村就有了一个不成文的规定:无论谁来接班,永远都是第11位。这是所有能在那里工作的教师的光荣!……这个故事让我流泪了!此时,我仿佛听见远山传来童稚的声音:"离离原上草……春风吹又生……"这声音真叫人感动!亲爱的故乡母亲,我怎么突然觉得,您就是那小山村,我就是那位女教师。是的,第11位教师应该得到永生!

演讲,以讲故事形式介绍一位山村老师的感人事迹。这一真实故事,震撼人心,感人至深。演讲者深受教育,深受感染,以浓烈的真情宣讲故事,使听众感动,使天地为之动容。

从感情表达看,讲述有三个高潮。

第一个高潮,是在女教师听到孩子们的读书声时。当女教师代课完毕,含泪告别纯朴的山民时,突然听到"离离原上草……"孩子们朗朗的读书声。这是作为第11位教师,在第一节课教给学生的古诗。此刻,朗朗书声,是对她工作成绩和人生价值的肯定。第一次亲身体验到事业成功的喜悦,她心情怎能不激动?

第二个高潮,是在女教师看到学生为她下跪时。当女教师看到孩子们齐刷刷地跪在高坡上为她送行,她惊呆了。这不仅是孩子们对她的崇敬、感激和挽留,也是山村父老乡亲对她的尊重、感激和祈求。山村不能没有学校,打开山村通往外界的大门不能没有第11位老师呀!看到此情此景,她怎能不动情!

第三个高潮,是在山民们看到第11位教师的骨灰盒时。为了山区教育事业,女教师抛弃山外的各种诱惑,承受难以想象的艰难困苦,毅然扎根山村。整整20年,培养了一批又一批山里孩子,为贫困山区积蓄了力量,带来了希望。她成功了,但也累倒了。当山民期待自己的恩人和功臣——第11位教师治病归来时,人们看到的却是一只红色的骨灰盒。面对如此无私、善良的恩人,如此爱孩子、爱山民、爱山村的好老师永远离开人间,纯朴的山民怎能不悲痛万分!这真是感天动地的悲壮场景,使山川为之震撼垂泪。

演讲者讲述这位教师,由于内心动情,思想带"情",语句充满真情,才使听众深受感染,产生强烈共鸣。

"感人心者,莫先乎情",这是古人对口语交际成功经验的总结。以真情说理,不仅可使听众感动,还可使听众思想感情升华,产生强大的社会凝聚力、推动力。因此,口语修辞内容调节,必须把"情真"放在重要地位,力求言必由衷,以真情取胜。

口语修辞要做到"情真",还必须注意以下几点:第一,要自然,忌故作多情;第二,要适度,忌感情放纵;第三,要健康,忌消极悲观,误导听众。只有自然、适度、健康的真情,才能在口语交际中发挥积极作用,产生理想修辞效果。

二、言语形式调节

言语形式,主要指口语语音形式,包括音素、音节、语调、节奏等。语言形式是口语内容的载体。有什么样的内容,就有什么样的形式。内容与形式总是一定的统一体。然而,语言内容和形式,也有相对独立性。一种思想内容,可以采用多种语音形式表达;一种语言形式,也可以表达多种思想内容。口语修辞的任务,就是根据语境情况需要,通过语音调节,选择最恰当的语音形式,以取得最佳表达效果。

语音调节的基本要求是:音素正、音节精,语调准,节奏明。

1. 正与误

正与误,是指音素及音节调节。

汉语音素、音节的标准是普通话。普通话是全国通用的法定语言,有最广泛的群众基础,广大群众喜欢听,能听懂,而且有明确的规范标准和审美标准,容易判定正误评定水平等级,最适于作口语修辞语音标准。在正式场合说话、演讲、朗读、朗诵,群众不欢迎方言土语及"港台腔",就因为这类语音表达效果不好,违反汉语规范标准和审美标准。只有标准、纯正的普通话语音,最爱群众欢迎。

汶川地震期间,有一首诗以普通话和英语两种录音,在网络上广为流传,许多人听了都禁不住泪流满面。请看原文:

"孩子,快!抓紧妈妈的手。
去天堂的路,太黑了,
妈妈怕你碰了头。
快,抓紧妈妈的手,让妈妈陪你走。"

"妈妈,怕!
天堂的路太黑,我看不见你的手。
自从,倒塌的墙,把阳光夺走,
我再也看不见你柔情的眸。"

"孩子,你走吧。
前面的路,再也没有忧愁。
没有读不完的课本,和爸爸的拳头。
你要记住,我和爸爸的模样。
来生还要一起走。"

"妈妈,别担忧!
天堂的路有些挤,有很多同学朋友。
我们说:'不哭!
哪一个人的妈妈,都是我们的妈妈;
哪一个孩子,都是妈妈的孩子。'
没有我的日子,你把爱给别的孩子吧!
妈妈,妈妈!你别哭。
泪光照亮不了我们的路。
让我们自己慢慢地走。
妈妈!我会记住你和爸爸的模样。
记住我们的约定,来生一起走!"

这首诗,当时让许多人听了,"都禁不住泪流满面",不仅是因为诗句内容好,也因为语音感人,用普通话朗诵得好。诗歌真切而生动地反映了地震中伟大的母爱与母子真情。听着普通话语音清晰而真切的诉说,听着意想中母子真切而动情的呼唤、关爱、叮嘱,联想地震中生离死别的悲惨场景,听众怎能不心酸、流泪!怎能不触动、震撼!优美、动情的诗句,激起听众对灾区人们更深切的同情,更强烈的关爱。这正是成功的普通话朗诵,在特殊语境所产生的社会效应。如果不用普通话朗诵,或朗诵语音不准(带方音、有误读),其表达效果将大打折扣,绝不会有如此广泛传播,更不会产生如此强烈震撼人心的表达效果。

2. 精与粗

精与粗,主要指音节调节。音节应立求精当避免粗杂。

音节是语音的自然单位。汉语音节的特点是一字一音。音节精当,是指音节形式整齐,和谐动听,含金量高,表现力强。汉语音节使用灵活,组词简便,这就给口语修辞音节调节提供了特有的优越条件。

王力先生曾说:"语言的形式之所以是美的,因为它有整齐的美、抑扬的美、回环的美。这些都是音乐所具备的。所以,语言的美也可以说是语言的音乐美。音乐和语言都是靠声音表现的,声音和谐了就美,不和谐就不美。"(王力《略论语言形式美》)王力先生提出的"声音和谐",应成为口语修辞语音调节的原则和规范标准。

请看裴多菲《自由诗》的两种译法:

"自由、爱情,我要的就是这两样。为了爱情,我牺牲了我的生命。为了自由,我又将爱情牺牲。"

"生命诚可贵,爱情价更高。若为自由故,二者皆可抛。"

前一译法,由于采用散文句式——一般音节形式,不顺口,不好记,知道的人不多。后一译法,采用五言诗形式,音节整齐押韵,读起来顺口,记起来容易,因而广为流传。后一译法深受读者欢迎,就因为采用诗歌韵文形式,音节整齐,和谐押韵。可见,是否注意语音音节调节,效果截然不同。

中国的"对联"和"对句",最讲究音节整齐、对称。

如,"八国联军"在议和会议前,一代表为显示其侵略者威风,抛出"上联"要中国代表对"下联"。其"上联"是"琵琶琴瑟八大王,王王在上"。

"琵琶琴瑟"四字上共八个"王",隐喻八国联军。"王王在上",显示其至高无上,不可一世。

当时,清政府代表的秘书愤然站起,高声应对:"魑魅魍魉四小鬼,鬼鬼犯边"。

"魑魅魍魉",对"琵琶琴瑟";"四小鬼",对"八大王";"鬼鬼犯边",对"王王在上"。对句严格、工整、巧妙、传神,内容针锋相对,形式臻于完美。"对句"给侵略者以有力反击,打击了敌人嚣张气焰,维护了中国人的尊严,使在场八国联军代表惊恐失色,相对无言。这一"对句"不仅显示了中国文人崇高的爱国思想境界和高超的应变能力和语言功力,同时也充分体现了汉语修辞语言艺术的威力和魅力。

中国古代律诗,以音节整齐和严格对仗、押韵著称,其语音修辞效能尤为明显。如清代纪晓岚的《巧赋一字诗》:

一篙一橹一渔舟,
一个梢头一钓钩。
一拍一呼还一笑,
一人独占一江秋。

相传乾隆南巡过江时,见一渔船划过,命纪晓岚当即赋诗,要求诗中必须用十个"一"字。才思敏捷的纪晓岚,果然当即吟出这首七律。短短四句诗连用十个"一",把诸多景物和动态排在一起,有动有静,有声有色,有景有情,情景交融。读起来,音节对仗,上下呼应,和谐押韵,余味无穷。这首诗不仅显示了纪晓岚高超的诗才、文才、口才,也体现了汉语音节调节的巧妙修辞特色。

汉语语音音节调节,在演讲中,同样具有明显的修辞作用。请看李燕杰的一段话:

"一时成败在于权和力,千古成败在于情和理。我手中一无钱,二无权,为什么我的演讲还能受到欢迎?一靠情——真情,二靠理——真理。二者结合,必然产生良好效果。情,要体察民情,要将心比心,从群众的切身利益出发。理,要实事求是,要以马列主义为指南,结合群众实际,把道理讲通。做到上述两点。方能赢得群众。"

演讲家李燕杰谈演讲,介绍自己演讲成功的经验:"一靠情——真情,二靠理——真理"。头一句,讲"情与理"的重要,是他立论的根据。最后两句,具体介绍什么是真"真",什么是真"理"。头一句,两个分句是"对偶","千古"对"一时","情与理"对"权和力"。中心论点"一靠情……"与"二靠理……"是较宽松的"对偶"。这段话之所以给人印象明显、深刻,跟成功地运用了几个音节整齐的对偶句有直接关系。由于音节整齐对称,声音和谐动听,大大增加了语言的表现力和感染力。比例可充分显示"对偶"音节整齐的修辞功能。

再看歌德的一句话:

"你若失去了财产,你只失去了一点;你若失去了荣誉,你就失去了许多,你若失去了勇敢,你就失去了一切。"

这是讲"勇敢"的重要。歌德鼓励人们保持"勇敢"精神,要积极上进,奋勇向前。这句话之所以引起读者和听众注意,就因为语句音节整齐,用了排比及层递修辞格。三个分句是排比兼层递(递增)关系,通过排比、递增,语音重点落在最后一个分句。在这里,歌德不仅说明了"勇敢"的重要,同时揭示了"财产"、"荣誉"、"勇敢"三者的关系及内在规律。这句话,由于音节整齐,已成为易读易记的名言警句。

再看一大学生《把青春献给党的教育事业》演讲中的一段:

"在我踏上征途的前夕,我明白了许许多多。社会核心不仅仅是'我',也不仅仅是'你'。我作为社会上的一分子,时时刻刻要想到'我们'、'你们'、'他们',时时刻刻想到'我'给予'你们'、'他们',给予社会的是什么。"

这段演讲词中的"许许多多"、"不仅仅"、"时时刻刻"等叠音词,节奏明显、声音和谐,能突出词义,深化内含,强化了演讲者献身党的教育事业的真挚情感和思想境界,增强了语言的感染力。如果分别改用"许多"、"不仅"、"时刻",就不会有这样强的表现力。这正是运用叠音进行音节调节的修辞效果。

音节调节,除押韵、对偶、排比、叠音外,还有摹拟、拟声等。各种音节调节,都是为了使语句音节整齐,声音和谐,声情并茂,以增强语句的表意功能与声音美感。

3. 准与差

准与差,指语调准确度调节。

语调(重音、停顿、抑扬)是语句的个性特征,是语意的重要因素及表达手段。

口语语调表达,靠语音(重音、停顿、抑扬)变化;书面语语调表达,只能靠标点符号。

请看以下例句:

① 我赞成他也赞成你怎么样
    a. 我赞成他,也赞成你,怎么样?
    b. 我赞成,他也赞成。你怎么样?

② 亲爱的爸爸妈妈欢迎您
    a. 亲爱的爸爸妈妈:欢迎您。
    b. 亲爱的爸爸:妈妈欢迎您。
    c. 亲爱的:爸爸妈妈欢迎您。

③ 妈妈说我不对
    a. 妈妈说我,不对。
    b. 妈妈说:"我不对。"

④ 你好哇
    a. 你好哇!
    b. 你好哇?

例①,可表达"我赞成他和你",也可表达"我和他都赞成"。例②,可表达"欢迎爸爸妈妈",也可表达"欢迎爸爸",还可表达"欢迎亲爱的"。例③,可表达"我错了",也可表达"妈妈错了"。例④,可表达"关心"、"称赞"、"感激",也可表达"冷漠"、"讽刺"、"仇恨"等等。然而,在一定语境中,准确的语调语意只有一种。语调调节,就是根据语境对句子语调选择定位,找到准确的语调形式。在朗读、朗诵等再现型口语表达中,语调调节尤为重要。有的小学生朗读诗文,习惯于照字读音,字音正确却很难感人,就因对作品缺乏理解,语调调节不到位。

语调调节,最能体现口语表达者的文化素养和语言功力,也最能显示口语修辞的社会效果和艺术魅力。

如,一大学生演讲《新时代的流行色》:

当今时代,是探索的年代,竞争的年代,改革的年代。↓我们的时代,需要人们|顽强拼搏,勇于创造,毛遂自荐,敢于冒尖。我们欣喜地看到,一大批有理想、有抱负的青年,凝聚着|自尊、自信、自强、自立的时代精神,在社会需要的时刻,挺身而出,接受挑选,并在各自岗位上作出了贡献。↓这种精神,不正是当今时代|应该大力推广|大力提倡的|"流行色"吗?↑

这段演讲,"探索"、"竞争"、"改革",概括当今时代特点;"顽强拼搏"、"勇于创造"、"毛遂自荐"、"敢于冒尖",说明当今时代需求;"自尊"、"自信"、"自强"、"自立",反映当代青年的精神风貌。这些词语,都是语意重点,是整个演讲的"点睛"词语。演讲者有真情实感,善于语调调节,特别善于重读,讲得重点突出,铿锵有力,很有感召力。因而,该演讲在"全国十城市青年演讲赛"获一等奖。

又如,艺术家为叶挺的《囚歌》所作的深情的的朗颂:

为人│进出的门‖紧锁着,
为狗│爬出的洞‖敞开着,
一个声音│高叫着:
——爬出来吧,给你自由!

我│渴望自由,
但我│深深地知道——
人的身躯│怎能从狗洞子里│爬出!↑

我希望│有一天,
地下的烈火
将我│连这活棺材│一齐烧掉,
我应该│在烈火与热血中│得到‖永生!↓

这首诗表现了革命者坚贞不屈的战斗意志和勇于牺牲的高贵品质。听过艺术家朗诵,我们都深受感染、深受教育。该诗朗诵基调凝重而坚定。第一节,揭露敌人威逼利诱的卑劣伎俩。"人"和"狗"、"门"和"洞"、"紧锁"和"敞开",内含丰富,对比强烈。语调停顿、重音等变化,不仅突出语意重点,更显示了革命者的坚定、沉着、自信和对敌人的轻蔑。第二节,表现革命者的思想境界、伟大人格和高尚品德。第三节,表现革命者的理想信念和战斗决心。语调停顿和最后一处重音压低加重,低中渐强,充分表现了革命者勇于牺牲的壮志豪情和英雄气概。朗诵《囚歌》,表现叶挺烈士的高尚品格、革命意志、坚定信念等,主要靠朗诵者在把握诗作主题内容的基础上,对诗句语调形式的正确选择和调节。由于停顿、重音调节得好,大大增加了诗歌的凝重、深沉气氛和感人效果。

又如,闻一多《最后一次演讲》:

今天,这里│有没有特务?↑你│站出来!↓是好汉的│站出来!↓你出来讲!↓凭什么│要杀死李先生?↑……

民主人士李公朴遭国民党特务暗杀,闻一多先生在追悼会上演讲,严词痛斥国民党特务。几个短句("问句"加"命令句"),抑扬起伏有力,充分表现了闻一多先生难以抑制的满腔怒火与对国民党特务的蔑视与痛恨。充满蔑视与痛恨的责问、训斥、反问,如火山爆发,排山倒海,势不可挡。这正是语调抑扬变化所是显示的修辞效能。

在口语表达中,词语的表意作用重要,但也有不确定性,只有在一定语境中带上语调,词语才具有实际意义与生命力。语调是语句的灵魂,是对语句个性的最终界定,是语句生命力和表现力的决定因素。

因此，各种口语表达都离不开语调的限定与调控。如果没有驾驭语调进行语调调节的能力，就不可能掌握准确的语言要素，也难以表达语句的真切情态和真实内含。

4. 清与混

清与混是指口语节奏清晰度的调节。

口语节奏，是指语句高低、强弱、轻重、缓急等有规律地变化。节奏可表达语句和语段、篇章波澜起伏、丰富多彩的思想感情，可体现语言的和谐感、音乐美，充分显示口语的感情特色和艺术魅力。

请看下面例句的高低、强弱变化：

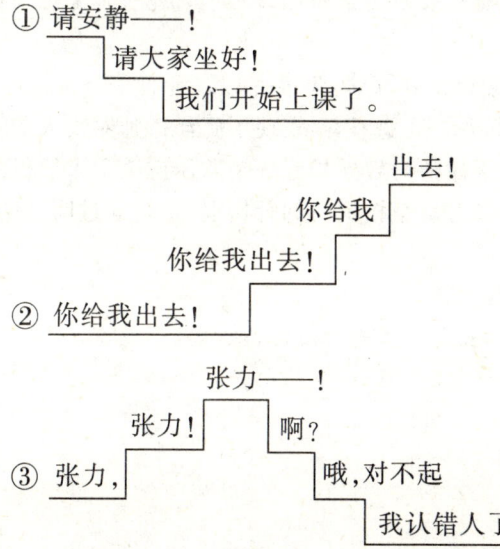

①例，语音由高到低，由强到弱，是一位老师在喧闹的教室维持课堂秩序。②例，语音由低到高，由弱到强，是一位激怒的大人驱逐犯错误的孩子。③例，语音由低到高再低，由弱到强再转弱，是一位青年在人群中找同伴喊错人，并向被喊错者道歉。

以上三例思想情态变化，主要是通过语句节奏变化实现的。节奏反映语段（句群）的思想感情变化，没有语段各句高低、强弱等节奏调节，绝不可能表达如此丰富而复杂的思想感情。

口语节奏的主要功能，是表达动态的思想感情，它与表达者的思想、心态、个性密切相关。

常见的口语节奏有：轻快型、沉稳型、舒缓型、强疾型等。轻快型，音调多扬少抑，声轻而不着力，时有跳跃感，常表现高兴、欢快、诙谐、幽默等思想感情及生活场景。沉稳型，音调多抑少扬，语势平稳、凝重，常用于表现庄重、肃穆、沉重、悲伤等思想感情和场景。舒缓型，语速较慢，气轻音长而不着力，常表现喜悦、舒畅的感情及和谐、柔美的场景。强疾型，音调较高，语速较快，语势强劲有力，常表现激动、强烈的感情及紧张、激烈的场景。

如电影《红色风暴》中施洋律师的辩词：

"工人兄弟们！哪个父亲不爱儿子？哪个儿子不爱父亲？父亲被谋杀了，做儿子的能俯首帖耳不表示抗议吗？不能。但是江有才的儿子还未满周岁，他不会说话。他生在穷苦的工人家里，吃不饱，穿不暖，他现在病在母亲的怀抱里，他除了干嚎之外，做不出任何表示。工人兄弟们，工人兄弟们！哪个妻子没有丈夫？哪个丈夫没有妻子？她（指江妻）没有了丈夫。她的丈夫江有才被魏处长的父亲谋杀了。她难道甘心俯首帖耳不表示抗议吗？不能。但是，她毕竟不敢有所表示。她从小受尽了有钱有势人的压迫，她从小过着牛马不如的生活。她体弱，她胆怯，她现在除了悲痛啼哭之外，作不出任何表示。这难道是公道的吗！这难道是公道吗？我们难道不该为死者申冤吗？我们难道不应该要求魏处长的父亲和他的儿子魏处长负责赔偿死难家属的一切损失吗？"

这段辩词中，直线（____）表示沉稳型节奏，音调低缓、深沉，慢而稍重；曲线（　　）表示强疾型节奏，音调强劲、疾速，激昂有力。沉稳节奏，表现了施洋律师对工人苦难生活及不幸遭遇的深切同情；强疾节奏，表达了律师对魏处长等统治欺压虐杀工人罪行的愤怒控诉。施洋律师对穷苦工人的真切关爱和对富豪权贵的刻骨憎恨，正是通过明显的沉稳、强疾等节奏变化才得以充分显现。

又如朱自清《荷塘月色》朗读片断：

"忽然想起采莲的事情来了。采莲是江南的旧俗，似乎很早就有，而六朝时为盛。从诗歌里可以约略知道。于是又记起《西洲曲》里的句子：

采莲南塘秋，

莲花过人头；

低头弄莲子，

莲子清如水。

今晚若有采莲人，这儿的莲花也算过人头了。只是不见一些流水的影子，是不行的。这令我到底惦着江南了……"

这段朗读，虚线（　　）表示舒缓节奏，语速较慢，声轻音长而不着力。朗读者通过舒缓的口语节奏，给听众描绘了一位采莲女子在南塘采莲神态专注、怡然自得的生动画面。如果不用舒缓节奏，便难以将《西洲曲》与作者前后的叙述分开，更难以表现诗句如此清新、柔美、迷人的诗情画意。

再如寓言诗《烤天鹅的故事》朗诵：

一阵阵馋人的香味透出厨房，

热烘烘的烤炉里在吱吱作响。

"大嫂，在烤什么山珍海味？"

窗外的田鼠对窗里的蛤蟆大声叫嚷。

"他大哥，不是鸡雏也不是麻雀，

是一只仙鸟，羽毛跟白雪一样。"
　　"怎么，弄到了一只天鹅吗？"
　　　您真有通天的本事，不比寻常！"

　　　田鼠的话蛤蟆打心眼里爱听，
　　　她打开话匣子拉起了家常：
　　"看你说的，我也没什么本事，
　　　事在人为嘛，还不是靠朋友帮忙……"

　　这段朗诵，曲线（～～～）表示轻快节奏，语气轻松，语速较快，音调多扬少抑，声轻而不着力。一个人高兴得意时，说话节奏多轻快。

　　《烤天鹅的故事》是一篇诗歌体的寓言故事。诗歌借蛤蟆大嫂通过各种飞禽打通关节终于吃到烤天鹅的故事，讽刺社会上拉关系走后门的不正之风。

　　蛤蟆大嫂，贪婪、油滑，热衷吃喝拉拢、逢迎拍马，是一位拉关系走后门高手。故事开头，就是介绍蛤蟆大嫂走后门得手，马上就要吃到天鹅肉的得意情态。朗诵者表述蛤蟆大嫂的话，采用轻快型节奏：音调轻而较快，且不着力。其节奏运行，像在舞场快舞，飘飘然，乐不可支。如果不采用轻快节奏，就难以塑造自视聪明、自我卖弄、喜形于色、得意忘形、浅薄轻狂的蛤蟆大嫂形象。在这里，节奏调节已成为塑造人物形象的基本条件和重要手段。

　　音素、音节、语调、节奏，都是语句思想感情的外衣，都应是口语表达者真情实感的自然流露。在原发型口语表达中，一般讲，因为语言直接来自真情实感，所以语音大都比较自然、真切，具有真实性、生命力和表现力。在再现型口语表达中，由于书面语与作者原始语音形式脱离，要找到语音形式与真情实感的结合点就不大容易，常常会出现语音对接错位，出现虚假音调。虚假音调，会直接破坏口语的真实性和生命力，是口语交流之大忌。口语修辞的任务，就是要通过语音调节，做到语言形式与真情实感的最佳对接，找到最符合口语实际，最能表达真情实感的语言形式。因为，只有能反映真情实感的语言形式，才最有生命力、表现力和艺术魅力。

第四节　态势调节

　　态势（眼神、手势、身姿）是辅助口语表情达意的重要手段。由于态势具有传递信息的功能，所以通称态势语言。态势调节，是指在口语表达中选择态势，优化神态，使眼神、手势、身姿更好地辅助口语表情达意。这是口语交际成功的基本条件。

　　费洛拉·戴维斯在《怎样识别形体语言》一文中指出："心理学家阿尔比特·梅拉比安发明了这样一个公式：信息总效果＝7％的文字＋38％的声音＋55％的面部表情。当你认识到即使'我恨你'这几个词也能使人听起来带有爱昵的情意时,声音和面部表情的重要性就显而易见。"(转引自1984年《戏剧学习》)心理学家这一公式,充分说明态势语言在口语表达中的绝对地位和重要功能。

古希腊哲学家苏格拉底说:"高贵和尊严,自卑和好强,精明和机敏,傲慢和粗俗,都能从静止或运动的面部表情和身体姿势上反映出来。"(见凡禹《沟通的技能训练》183页)

态势语言,可以直接折射一个人的心理状态、思想素养和智慧才能。清代曾国藩,就擅长通过态势语言判断一个人的人品和能力。

有一天,三位客人拜见曾国藩,寒暄之后退出大帐。有人问曾国藩对三人的看法。曾说:"第一人,态度温顺,目光低垂,拘谨有余,小心翼翼,乃一小心谨慎之人,适于做文书工作。第二人,能言善辩,目光灵动,但说话时左顾右盼,神色不端,乃属机巧狡诈之辈,不可重用。唯有第三人,气宇轩昂,声若洪钟,目光凛然,有不可侵犯之气,乃一忠直勇敢的君子,有大将风度,其将来成就不可限量。只是性格过于刚直,有偏激暴躁倾向,如不注意,可能在战场遭遇不测命运。"这第三者,便是后来立了赫赫战功的大将罗泽南。此人,果然在一次战斗中中弹身亡。

曾国藩之所以能如此准确了解一个人的品行,并预见其命运,就因为态势语言是一个人个性、人品、气质、才能的真实折射与有形印记。同有声语言比较,态势语的真实性、可靠性更强。特别在情感、态度、气质的表现方面,态势语更有一种执著而顽强的显示功能。

良好的、成功的态势语,不仅可以强化口语表达效果,还可以显示表达者的精神风貌和人格魅力。如电影《列宁在1918》中列宁演讲的态势:当起义工人、士兵攻占冬宫之后,列宁快步登上讲台,他面向台下群众,上身稍向前倾,双目眺望远方,左手卡腰,右手掌向前上方果断有力地推出。这时,沸腾的冬宫立刻鸦雀无声,伟大革命家列宁的声音开始传向世界。列宁的光辉形象,也开始在世界人民心目中深深扎根。这一态势,已被许多艺术家用各种艺术形式定格,成为历史的永恒印记。

蹩脚的、失败的态势语,不仅无益于口语交际,还会直接暴露表达者的病态心理和人格缺陷。如前苏联最高领导人赫鲁晓夫,在一次联合国大会上因不满别人发言,突然脱下皮鞋,在讲桌上狂敲。在如此庄重的国际场合,作为国家领导人怎能如此不注意礼节,不讲礼貌?这一举动,当时使在场各国首脑惊讶、反感,事后成世界笑谈。

由此可见,在社会交往中,态势调节不仅决定口语交际的质量效率,还直接影响表达者的形象声誉。

态势调节的目标是:"得体、自然、和谐"。

"得体、自然、和谐",是对态势语选择运用的总体要求。态势语眼神、手势、身姿同口语表达配合,须做到既"得体",又"自然"、"和谐"。这一要求,也可当作衡量口语修辞态势调节效果的等级标准。

"得体",指态势选择符合个性,适合语境,能配合口语正确表达情意。这是态势调节的基本要求与合格标准。"自然",指态势选择在做到"准确"的基础上,与口语配合舒展大方,伸缩有度,收放自如。这是态势调节的较高要求与良好等级。"和谐",指态势选择在做到"准确"、"自然"的基础上,与口语配合协调优美,有情意,有韵味,符合审美要求,能给人以美感。这属于态势调节的最高要求与优秀等级。

态势调节的总体要求是:立求"得体、自然、和谐",避免"失态、别扭、局促"。

一、得体与失态

这一部分,着重研究"眼神"及"面部表情"调节。

法国作家罗曼·罗兰说:"面部表情是多少个世纪养成的语言,是比口语复杂千百倍的语言。"(引自《口语交际艺术》187页)面部表情主要靠眼神。表演艺术家都非常重视眼神和面部表情。眼神和面部表情调节,最能显示表演艺术家的语言功力和艺术水平。一著名演员提出:"上台全凭眼,一眼有神满场皆活。"这是因为,人物的喜、怒、哀、乐、娇、痴、呆、傻、怒、恨、骄、横、羞、媚、俏、灵等各种复杂表情,都要靠眼神表达。在人际交往中,眼神会自觉不自觉地显示一个人的感觉意向和内心隐秘。眼神犹如一面聚焦镜,凝聚着一个人的感情百态和气质神韵。所以大家都公认,通过一个人的眼睛,可以看到一个人的心灵。

一位外国记者兼播音员说:"会话,只靠言词是不够的,还需要表情来传递彼此的意思,表情能增进彼此间了解。有表情的说话,比较容易与对方沟通。面无表情的说话,往往令人觉得虚伪。例如,在议员们开会时,有人说'我觉得很难过',其实,脸上并没有难过的表情。他们说'我很高兴'及'我很难过',表情并无两样。这种脸孔不是令人觉得太虚伪了吗?"

这是一位职业记者兼播音员,在工作实践中,对眼神调节的经验之谈。态势语的眼神调节,实际上是一种心理调节。有什么样的心态就会有什么样的眼神和面部表情。只有心真,才会情真,才能使眼神和面部表情正确定位。口语交际,必须做到眼神表情得体,必须真心相待,用心说话,言行一致,表里如一。

眼神调节,要做到准确得体避免涣散失态,当注意以下几点:

第一,注意眼神类型。

常见眼神类型有:正视、斜视、仰视、俯视、盯视、虚视等。一般情况,正视表示庄重,斜视表示轻蔑,仰视表示得意,俯视表示忧伤,盯视表示执著或憎恶,虚视表示等待或探询,闭目表示思念或绝望。眼神调节,必须根据口语内容和语境,把握感情态度,对眼神种类正确定位。

第二,注意眼神投向。

目光投向不同,表示感情信息自有差异。如亲人注视与社交注视,目光投向不同,可表示彼此亲疏关系。亲人注视,目光投向对方双眼与胸部间的三角区;社交注视,目光一般要投向对方双眼及全身。前者,投向距离近、范围小,后者,投向距离远、范围大。即使是亲人间的注视,注视爱人、子女、姐妹,眼神投向也有区别。日本人谈话习惯注视对方颈部,不注视面部;南欧人常把注视对方当成冒犯。因此,眼神投向不仅要注意口语内容、语境,还得注意民族习惯。

第三,注意眼神时距。

在人际交往中,目光关注对方时间的长短很有讲究。美国一位心理学家在研究报告中指出:"若想与别人建立良好的默契,应有60~70%的时间注视对方,这会使对方也开始喜欢你。"(亚兰·皮兹《人类行为语言》)如果在交谈中长时间不关注对方,则经常被理解为"不屑一顾"的冷落或轻蔑。但如果长时间死盯着对方,也会被理解为不懂事、不礼貌,或蓄意挑衅。影片《列宁在1918》中,捷尔任斯基要卫队长看他的眼睛,对方因胆怯心虚始终不敢看,连短时间注视也没有勇气。可见眼神的时距控制,在人际交往中具有何等强大威力。

眼神调节,必须重视并正确使用微笑。微笑眼神,是面部表情的积极要素,是成功交际的促合剂。有一首诗写道:"微笑,是心灵上无声的问好……微笑是沉静的美,微笑是文明的桥。"微笑,能美化自我形象,能改善交际环境。微笑能使"强硬的"变得温柔,"困难的"变得容易,"刁难者"变得通融,"对立者"变得亲密。在人际交往中,微笑具有惊人的魅力和魔力。

要正确使用微笑,必须注意心理调节,从"心"开始。要做到热情、真诚、有真情善意。要做到自然、得体,符合个性,适合语境,笑得恰到好处。不能"皮笑肉不笑",无笑装笑;更不能为笑而笑,无节制地傻笑。只有懂微笑,善微笑,才能在人际交往中架起通向成功之路的金桥。

二、自然与别扭

这里,着重讲手势调节。

手势,是口语表达最常用的辅助手段。从形式看,有手指手势、手掌手势、拳头手势;从内容与功能看,有指示手势、象征手势、情意手势。古罗马政治家西塞罗曾说:"一切心理活动都伴有指手画脚等动作。手势恰如人体的一种语言,这种语言甚至连最原始的人也能理解。"(见《语言交际的艺术》198页)有人说:"手势是口语表达的第二张脸",这话有道理。只要看看聋哑人的手势语,就不难发现手势所能表达的情意是何等丰富,就不难了解手势表情达意的功能是何等的强。

手势不仅可辅助口语表情达意,在语言不通时,还有替代口语的功能。如《台北的"伸手帮"》描述一美国女孩的手势:

"一批台湾油漆工到士林美国学校工作,一个大约十五六岁的美国女孩向大伙走来,语言不通,但表情丰富。她用手演示数钞票的样子,然后伸出两只手比划。一名油漆工掏出三十块钱给她,那洋姑娘心满意足地跑开了。"

台湾油漆工不懂英语,美国姑娘也不懂汉语,双方要直接沟通,只能用手势。虽然手势表情达意有点难,但毕竟可以超越语言障碍,进行沟通。因为世界各民族语言不同,但人情事理相通。

第二章 途径

在日常生活中,手势的内涵十分丰富。如:招手,表示呼唤;挥手,表示告别;举手,表示支持或发问;摇手,表示拒绝或否定;鼓掌,表示欢迎、称赞、感谢,还可表示不满、喝倒彩;两人握手,可表示友好、欢迎、鼓励、祝愿、谅解、感谢、告别等等。可见,手势在人际交往中,真像富于表情的面孔。

请看手势运用实例:

抗日战争时期,毛主席去重庆谈判,在延安机场与送行军民告别。机场上人群静静地站立着,千百双眼睛随着主席高大的身影移动。人们不知道怎样表达自己的心情,只是拼命挥着手。这时,主席也举起手来,举起他那深灰色盔式帽,举得很慢,很慢,像是在举一件十分沉重的东西,一点一点地,一点一点地。等举过头顶,忽然用力一挥,便在空中一动不动了。

这一挥手告别手势,包含为深厚的思想情意。"举得很慢,很慢",体现毛主席在革命重要关头,对重大决策严肃认真的思考过程,同时,也反映了毛主席同人民群众的亲密关系和依依惜别之情。"忽然用力一挥",表现了毛主席的精明果断和一往无前的英雄气概。毛主席在接受群众送行过程中,一句话没讲,但他的手势动作胜过千言万语。这一手势动作,正是对态势语言表情达意强大修辞功能的生动展示。

一个人的一种手势,往往会给人留下久久难忘的印象。有人是这样介绍戴高乐的:

"当他进行公开演说时,他的习惯动作是,两臂向上在空中画'V'形。在记者招待会上,他的动作比较节制,其目的只是为了加强语气,把话说得形象些。'揉面'一词经常在他的词汇里出现。他模仿揉面的动作,用胳膊不断在空中画弧形,两只手微微弯曲成杯形,好像他真的在揉和文字和宇宙这两块面团似的。"(克洛德迪隆《戴高乐在爱丽舍宫》)

这段回忆录,着重介绍戴高乐如何使用情意手势和象征手势。"两臂向上在空中画'V'字形"的情意手势,表现戴高乐乐观进取争取胜利的积极心态;"摸仿揉面的动作"是象征手势,具体描绘有关行为的形态,以加深听众对有关词义内容的理解。这些手势,无疑会增强词义内容的表现力,拉近与听众的思想感情距离,增加语言的交流感与亲合力。戴高乐在法国人民中享有崇高威望。法国人民经常怀念他。他的演讲和谈话给听众留下美好而深刻的印象,就与成功运用态势语(手势)有直接关系。

手势调节,要做到准确、自然,当注意以下两点:

第一、不可滥用。

态势语的手势,像口语中的词句一样,在使用中应以准确、简洁、自然为好。各种手势必须符合语境需要,能积极促进语意交流。有些人讲话,不顾口语内容需要,总习惯性下意识地不断使用同一种手势动作,甚至一句话一挥拳或一句话一劈掌。如此不顾内容需要滥用手势,不仅无助于口语表情达意,还会引起听众反感。如果误用不恰当、不文明的手势,后果会更坏。如:

美国前总统门罗在白宫举行宴会,招待常驻美国和来美国访问的外交官。法国外长德·塞胡赫尔伯爵坐在英国外交大臣查尔斯·沃恩爵士的对面。查尔斯·和恩

发现,自己每讲一句话,法国外长总要咬一下大拇指。沃恩越来越感到气愤。后来他实在忍无可忍,便问德·塞胡赫尔:

"你是在对我咬指头吗,先生?"

"是的。"德·塞胡赫尔回答。

说时迟那时快,两人拔剑各自冲向对方。就在两位外长快交手之际,门罗总统的剑立即架在中间,才制止了一场恶斗。(见徐行舟《外交趣闻录》)

这里,两国外长在外交场合刀剑相见,就与误用态势语直接有关。

第二、不要生硬。

口语交际运用手势,必须注意与口语词句恰当配合,协调一致。手势摆动幅度要适宜,不可过大或过小。过大会显得浮躁、轻狂,过小会显得拘谨、笨拙。手势出示时间也要适宜,不可过早或过晚。过早会显得慌乱,过晚会显得迟钝。正确、优美的手势,应像音乐伴舞或乐队指挥,每一动作都要与语句情意自然融合,密切关联,同步运转,相得益彰。

总之,手势调节必须准确、自然,做到情真、意切、形美,以取得最佳修辞效果。

三、和谐与局促

这里,主要讲身姿调节。

身姿(包括坐姿、站姿、步姿)同眼神、手势一样,都是口语交际传递信息的重要手段。比如,同是站姿,挺身直立、昂首向上,可表示坚强勇敢、无所畏惧;上身前倾、微微低头,可表示礼貌、谦虚、恭敬、顺从。同是坐姿,男性两腿分开,显得自信、洒脱、豁达;女性双膝并拢,显得庄重、矜持、有教养。同是步姿,步履轻快会表现喜悦兴奋;步子迟缓会表现心事重重。可见身姿不同,所传递的精神信息就不一样。

我国古代礼仪很重视身姿规范,讲究"站有站相、坐有坐相","坐得端,行得正","站如松、坐如钟",这都是讲身姿的精神标准。如果说眼神是心灵的窗户,手势是人的第二张脸,那么也可以说,身姿是一个人的精神名片。

例如,当列宁率领起义工人、士兵占领冬宫后,快步登上讲台,身体稍向前倾,双目眺望远方,左手卡腰,右手掌向前果断有力地推出,就像一支庞大乐队的指挥。这一身姿,正是列宁个性、思想、精神、作风的形象展示,充分显示了革命家列宁的战斗精神和思想风貌。它已作为列宁精神"名片",永远镶嵌在世界人民的心目中。

其实,每人每时每刻都在用自己的身姿形象,展示自己的气质修养。如,有人坐火车,一人占几个人的位子,旁边站着老人、小孩,也冷眼相待,坐得心安理得;有人排队买票,站着不安分,东张西望,稍有空隙就往前加塞;有人进站时,强悍勇猛,不顾别人,连挤带拥,直往前冲。像这些常见的"坐姿"、"站姿"、"步姿",也是这类人素质修养的"名片"。这类身姿都是社会现状的不和谐因素,应作为口语修辞身姿调节的反面教材。

身姿最能反映一个人的个性气质和精神风貌。所谓"坐有坐相,站有站相""坐得端,行得正",就是指身姿必须符合一定精神规范,合人情,合事理。如果不合人情,不合事理,身姿必然是不和谐,不文明,不得体。

身姿调节,选择坐姿、站姿、步姿,必须合人情、合事理,和谐、得体,能反映健康的精神风貌,表达积极的情态含义。

身姿调节,还应注意以下几点:

第一,把握空间。

身姿(坐姿、站姿、步姿)都展现在一定的空间。把握空间距离,是正确运用身姿的重要条件。每个人在一定的社交环境都有自己的"个体空间",都会维护自己的"个体空间"。如,公交车上只有两三个互不相识的乘客,他们绝不会挤在一张椅子上,一定要分开坐,拉开彼此间的空间距离。空间界域传达一种社交信息,反映人际关系情感距离。如两人在一起,由对面交谈,到并肩而坐或并肩而行,再到互相拥抱,这种不同空间距离,便反映了两人关系情感的远近。

国外心理学家将空间界域分为四类:亲密界域(夫妻)、较亲密界域(父母子女)、社交界域(同学、同事、朋友)、大众界域(指一般交往或陌生人之间)。在口语交际中,既要保护自己的空间,又不能侵占别人的空间,就必须根据不同人际关系调整空间距离。

第二,注意应变。

语境是变动的,身姿是活动的,在一定的语言环境,一个人很难自始至终保持一种身姿。要使身姿适应语境需要,就得注意身姿应变。如,颁奖会上,获奖者到主席台前领奖,领奖者由"坐"到"站",到"走",每一身姿的形态必须准确、规范,同时各种身姿变换,也必须自然。有的领奖者,在这种场合因激动慌乱,坐不端,站不直,走不稳,往往身姿失调失态,引人发笑。这都因心理素质不佳,缺乏身姿应变调控能力。

第三,保持个性。

各人身姿,因性别、年龄、职业等不同,自然有不同的形态特征。即使在同一语境,老人与小孩、男性与女性,各人各种身姿都有明显差异。甚至性别年龄相同,走路的姿势、声响也不相同。如,同一宿舍同学,往久了谁从外边回来,单从脚步声就可猜到。因为步姿的声响有明显个性。社会是由不同个性的人群组成,社会人群因个性不同才显得丰富多彩,富有情趣。在社交活动中,有的大人学小孩行走,有的男生学女生走路,硬要抹煞自己个性,都会使人感到别扭难受。因此,在身姿调节中,必须注意保持自己的身姿个性。只有既适会语境,又符合个性,又能表达善意的身姿,才最美,才会受欢迎,才有助于口语修辞和社会交际成功。

以上,从"心理"、"思维"、"言语"、"态势"四方面,论述"口语修辞"的"途径"。这并不是说,口语修辞的"途径"只有这四个方面。口语形式多种多样,口语学作为一门综合性社会科学和现代边缘学科,涉及问题很多,因此学习和研究"口语修辞",可以有更多途径。应该说,从"心理"、"思维"、"言语"、"态势"入手,只是"口语修辞"学习研究不能回避的几条主要途径。这四方面,涉及口语表达的基本素养和基本功。"心理"、"思维",属于口语表达的"内功";"言语"、"态势",属于口语表达的"外功"。在各种口语表达实践中,只要注意内外兼顾,多管齐下,作到心态积极、思路清晰、言语精炼、态势得体,口语交际必将步入一种科学发展轨道,"口语修辞"也必将迈入良性发展的理想境地,可达到"慧于心而秀于口",得心应口,大见功效。

第三章 分类

口语形式有多少种类,口语表达应怎样分类,在口语教学研究领域至今仍无定论。然而,"口语修辞"要研究怎样使口语表达取得最佳效果,就必须对口语形式进行明确分类。因为判定口语表达优劣及水平高低,首先要看其口语形式是否符合该口语类型的性质特点和规范标准。

从口语使用情况看,不少口语表达者水平不高,效果不好,都与对口语种类的特点缺乏理解和把握不准有关。因为口语形式和内容是有机统一体,如果对口语形式把握不准,语音形式错位,语意表达就不可能到位。

如,一些领导干部接受记者采访,一字一句读事先写好的稿子,往往句子过长,语调生硬,神态死板,缺乏和谐的交流。这就是不了解"读"与"说"区别,以"读"代"说"的结果。又如,一些中小学语文教师为了追求所谓"生动"、"形象"的教学效果,他们朗读课文,总喜欢绘声绘色摹拟课文中不同人物的对话和形体动作,常引起学生哄堂大笑。老师这类表演,不仅无助于学生对课文内容的理解,还会破坏正常教学气氛,对学生认知造成误导。这些都是因为不了解"朗读"与"朗诵"的区别。再如,有的演讲比赛,一些选手经常拖腔拉调背诵别人代写的讲稿,频频使用夸张的手势进行表演。这种表演,破坏了演讲的真实性和真切气氛,难以与听众自然交流,往往引起听众反感。这也是由于不了解"演讲"与"朗诵"的区别。

由此可见,在口语实践中,区分口语不同类别并正确把握口语形式种类特点十分重要。

口语表达形式,可从不同角度按不同标准进行分类。按表达内容属性,可分表达本体思想的原发型口语和表达客体思想的再现型口语;按表达形态,可分一人表达的单表达型口语和双方交替表达的对表型口语;按表达用途,可分用于实际生活的现实型口语和用于表演欣赏的艺术型口语;按表达风格,可分语境气氛严肃的郑重型口语和语境气氛宽松的平易型或活泼型口语。此外,还可按其他标准进行分类。

口语表达形式,从社会使用情况看,最常见的有:"说"、"谈"、"讲"、"辩"、"读"、"播"、"诵"、"演"等。

口语分类比较表

标准\类型\种类	内容属性		表达形态		实际用途		语境风格	
	原发型	再现型	单表型	对表型	现实型	艺术型	郑重型	平易型
说（说话）	√		√		√			√
谈（交谈）	√			√	√			√
讲（演讲）	√		√		√		√	
辩（论辩）	√			√	√		√	
读（朗读）		√	√		√			√
播（播音）		√	√		√		√	
诵（朗诵）		√	√			√	√	
演（表演）		√	√			√	√	

此表，是从不同角度，按不同标准，对口语形式进行分类。重在区分界定各种口语形式的种类特征。从分类标准看，按内容属性区分，较重要、实用。因为内容是口语的核心，与口语表达联系紧密。了解口语的内容属性，有利于掌握口语种类的特征和应用规律。

这里，着重说明"原发型"口语与"再现型"口语的区别。

"原发型"，是指口语内容属原创言语形态，都是现想现说，临场即席表达。"再现型"，是指口语内容属已有书面语形态，须表达者通过阅读理解，用自己的语言、态势再次表现出来。"原发型"口语与"再现型"口语根本区别在于：前者表达本体原创思想内容，无文字依托；后者表达客体已有思想内容，有文字依托。有无文字依托，是区别"再现型"口语与"原发型"口语的主要标准和明显标志。

原发型口语（说、谈、讲、辩），是口语的主体和源头；再现型口语（读、播、朗、演），是口语的回归和升华。运用原发型口语，要"说"得清，"谈"得拢，"讲"得深，"辩"得明，必须具有良好的文化素养、思维品质、心理素质和应变能力；运用再现型口语，要"读"得通，"播"得顺，"诵"得美，"演"得真，除应具备以上条件，还必须具有良好的思想知识素养、丰富的社会生活阅历和熟练的口语艺术技巧。总之，运用好哪一种口语形式，都必须认真学习和严格修练，必须具有坚实的口语理论修养和实践能力。

本章着重研究"说"、"谈"、"讲"、"辩"、"读"、"播"、"诵"、"演"的意义、特点及修辞要领。

第三章 分类

第一节 说

一、"说"的意义

"说"是一种原发型、单向性、现实体口语。"原发型",指无文字依托,现想现说;"单向型",指单人说,无需听者回话;"现实体",指现实人说现实的事理情。

"说"是最常用、最有用、最实用的口语形式。一个人一天可以不用或少用其他口语形式,但天天都离不开"说"。"说"是人人生存与发展的需要,是生命和自由的象征。所以,对人最大的惩罚,就是不许他"说"。

"说"的常见形式有:"诉说"、"叙说"、"解说"、"评说"等。善于"诉说",可以把自己的心理感受"说"得真真切切,令人感动;善于"叙说",可以把自己的所见所闻"说"得绘声绘色,令人神往;善于"解说",可以把事物事理事情"说"得栩栩如生,使人眼界开阔;善于"评说",可以把事、理、情"说"得明明白白,令人心悦诚服。

"说",是口语的基本形态,是各种口语形式的基础。从表达形式上看,"谈"、"讲"、"辩",都是"说"的变形与扩展。"谈",可看作是两个人的"说";"讲",是一个人扩大了的"说";"辩",是不同观点双方针锋相对的"说"。从口语运用情况看,"说"的修养和能力,是其他各种口语表达的根基。只有善"说",才有可能善"谈"、善"讲"、善"辩"。因此,要提高口语修辞能力,首先要提高"说"的能力,要掌握"说"的特点和修辞要领。

二、"说"的特点

1. 切实性

切实,是指"说"的内容特点。"说"的内容,多是一个人亲身经历的事理情,因而真切、实在。作为原发型、现实体口语,"说"与表达者的真实思想距离最近,可以直接、快捷地反映一个人的真情实感。一般说来,只要听一个人说一段话,就可大概知其思想为人及品性修养。这也是许多单位聘用人要增加"口试"的原因。

从口语修辞角度讲,"说"的内容必须切实。成功的"说",必然是切实的,必然能反映表达者的真切思想、真情实感。只有真切思想、真情实感,才有交流价值,才受人欢迎,才能引起听者共鸣。人们喜欢听真话、实话,而不喜欢假话、空话,就因为真话、实话"切实",符合"说"的特点和修辞要求;而假话、空话,因其不"切实"才遭人厌恶。只有"切实"的"说",才能"说"出新意,引起听众兴趣;只有"切实"的"说",才能"说"得感人,才能显示一个人的口才智慧。

请看"李準说哭常香玉"的故事:

  作家李準曾自负地说:"没有几下绝招,难得当个作家。我的看家本领是:三句话叫人落泪,三分钟过戏,把读者心放在我手心里揉,叫他噙着眼泪还得笑!"此话在文艺界广为流传。时逢"常香玉舞台生涯五十周年庆祝会",文艺界名流前来祝贺。电影导演谢添拉住李準说:"李準,我想当众试试你。你说三句话能让常香玉哭一场,我才服你!"

  李準摊摊手为难地对常香玉说:"香玉,你看老谢!今天是你大喜的日子,他偏偏让你哭,这不是难为人吗?"

  常香玉说:"你今天能让我哭,算你真有本事。"

  谢添说:"或者签字认输也行!"

  李準为难地说:"香玉,咱们能有今天,老不容易啊!论起来,你还是我的救命恩人哩!我十岁那年,跟着逃荒的难民群到了西安。眼看人们都要饿死了,忽然有人喊:'大唱家常香玉放饭了,河南人都去吃吧!哗——人们一下子都拥去了!我捧着粥,泪往心里流。想,日后见了这个救命恩人,我给她叩个头!哪想到'文化大革命'中,你被押在大卡车上游街,让你'坐飞机'!我站在一边,心里又在流泪。我真想喊一句,让我替替她吧,她是俺的救命恩人哪——"

  "老李!你……别说了!"

  常香玉猛然打断李準的话,捂住脸,转过身。满脸泪水,打湿了手巾。

  大厅里没有一点声息。众人望着李準,沉浸在他讲的故事里,忘记了这是在打赌。连谢添也在轻轻地吸了一下鼻子……

  李準之所以能说哭常香玉,主要在于他叙说内容切实,能用两件亲历实事触动常香玉。

  一是,灾年常香玉在西安大放饭,救济河南难民,包括救过李準。李準在人们快饿死时"捧着粥",激动得"泪往心里流"。当时就想,日后一定要给"救命恩人""叩个头"。二是,文化大革命中,常香玉被押游街,"坐飞机",李準看见,当时难过得"心里又在流泪",真想代救命恩人受罪。这两件事令人心灵震撼,终生难忘。面对李準如此真切而动情地叙说,面对如此真切的感激与尊敬,常香玉回首当年刻骨铭心、惊心动魄的场景,怎能不感慨万千、动情落泪!

  李準以自己特有的真切经历,激起常香玉内心真切感受,才使这段叙说具有强大的感染力。切实的内容与切实的激情,正是李準说哭常香玉的重要原因。

2. 单向性

  单向,是指"说"的方式特点。各种"叙说"、"诉说"、"解说"、"评说",都是一人单向表达。在"说"的时候,不需要也不许别人对接。如有对接,则变成"对话"或"交谈"。这是"说"与"谈"的根本区别。

  "说"是一对一或一对众的言语活动。"说"的单向性,决定了"说"的独立自主性。

"说"可以不受交流对象直接制约,话题、语句、态势都有充分调节空间和自主权。可以独立构思、自主设计、尽情表达、尽力发挥。当然,"说"的单向性并不是可以不看对象,不顾听众。"说"的单向性,恰恰要求表达者必须面向听众,必须有明确的对象感、交流感。衡量"说"的优劣高下,正是要看表达者对象感是否到位、交流感是否到家。只有明确对象,把话完全"说"清,使听众完全接受才算"说"得成功。

如邓小平南方讲话:

> 1984年我来过广东。当时,农村改革搞了几年,城市改革刚开始,经济特区才起步。八年过去了,这次来看,深圳、珠海特区和其他一些地方,发展得这么快,我没有想到,看了以后,信心增加了。
>
> 革命是解放生产力,改革也是解放生产力。推翻帝国主义、封建主义、官僚资本主义的反动统治,使中国人民的生产力获得解放,这是革命,所以革命是解放生产力。社会主义基本制度确立以后,还要从根本上改变束缚生产力发展的经济体制,建立充满生机和活力的社会主义经济体制,促进生产力的发展,这是改革,所以改革也是解放生产力。过去,只讲社会主义条件下发展生产力,没有讲还要通过改革解放生产力,不完全。应该把解放生产力和发展生产力两个讲全了。
>
> 改革开放要胆子大一些,敢于试验,不能像小脚女人一样。看准了的,就大胆地试,大胆地闯。深圳的重要经验就是敢闯。没有一点闯的精神,没有一点"冒"的精神,没有一股气呀、劲呀,就走不出好路,走不出新路,就干不出新事业。不冒点风险,办什么事情都有百分之百的把握,万无一失,谁敢说这样的话?一开始就自以为是,认为百分之百正确,没有那回事……

1992年,邓小平南方讲话,对身边人讲自己的见闻、感受、思考、见解,是对中国改革开放事业及发展形势最精辟、最精到的评说。评说肯定了改革开放的成绩、方向,明确了社会主义市场经济的发展道路,澄清了干部群众的糊涂观念,提出了"三个有利于"发展标准,因而,是奏响中国改革开放事业跨越式大发展的战鼓和号角。有了这次评说,才有了中国经济二十年震惊世界的大发展。邓小平南巡讲话已成为指导中国改革开放事业胜利前进的光辉旗帜和思想武器。它不仅符合"说"的一般特点要求,从表达方式、效果和影响看,堪称口语"评说"经典。

3. 平易性

平易,是指"说"的形式特点:平常简易,贴近生活。各种"说",都是说话人思想感情的直接快捷反映,其语言形式都是表达者平常自然形态,不需要、也不允许有任何刻意加工。这是由"说"的内容和语境所决定。因为,"说"表达原发思想感情,其语言形式以原发自然形态为美,不许错位。

如果把口语形式比作服装,"说"像便服,在日常生活中使用;"讲"像礼服,在正式场合面向听众说理时使用;"诵"像艺术装,在舞台上向观众表演时使用。同"讲"和"诵"比较,"说"的表达形式平易自然,朴实无华,不仅可反映表达者原发思想的自然形态,也最能显示表达者的真实自我。

如,李开复关于"人生目标"的一段叙说:

有一次,在新浪网的聊天室里,一个网友问我:"你的人生目标是什么?"

我记得当时是这样回答的:"人生只有一次,我认为最重要的是有最大的影响力(Impact)——也就是说,我希望能更好地帮助自己、帮助家庭、帮助国家、帮助世界、帮助后人,能够让他们的日子过得更好、更有效率,能够为他们带来幸福和快乐。"

我回答这个问题是脱口而出的,不需要任何思考。因为我从大学二年级起,就把"影响力"当作自己人生的目标了。如果说得更详细一些,那就是:无论在科技领域里面对软件用户,还是在教育方面对中国的青年学生,我都要使自己的正面影响力最大化。

到底什么是"影响力"呢?我读大学二年级时,有位哲学老师在讨论人生意义时,用了很简单的三个英文单词:"Make a difference"。对我而言,这三个英文单词就正好对应于那三个掷地有声、催人奋进的汉字——"影响力"。

有个别同学误以为"影响力"代表的是个人的势力或权力。其实,我所说的"影响力"与势力或权力毫无关系。我认为,只要人的一生对这个世界有些许贡献,无论这种贡献是老师教育了学生、医生护士帮助了病人、还是清洁工美化了城市环境,它们都是个人施加于这个世界的"影响力";只要曾经真心帮助过别人,无论这种帮助是拯救了一个人的生命,还是为他人带来了欢笑或幸福,都是个人施加于这个世界的"影响力"。

人生在世,如白驹过隙,转瞬即逝,每个人都不想虚度此生。如果在即将离开这个世界的时候,回首往事,心里能够有一种"世界因我而更美好"的欣慰和自豪,人生就俱有了足够的"影响力",就曾经"Made a difference"。只要曾经为世界创造过价值,就是一个有价值的人。

李开复博士,是世界著名信息技术研究专家,是当代信息产业发展的领军人物。1998年,他在北京创办"微软中国研究院",后更名为"微软亚洲研究院",历任世界多个信息技术公司高级领导。在推动科技事业蓬勃发展同时,他满腔热情不遗余力培养激励中国青年,传播成功理念。他开办"开复学生网",经常和青年倾心交谈。这段"说",就是他回答网友问题,介绍自己怎样做人做事的成功经验。

他先概括说明自己人生目标是"要有最大的影响力"。然后,具体解说什么是"影响力",并说明这种想法产生的经过。接着,更深一步解释他所说的"影响力",与势力和权力毫无关系","只要人的一生对这个世界有些许贡献","都是个人施加于这个世界的影响力"。最后,他深情地强调:"每个人都不想虚度此生。如果在即将离开这个世界的时候,回首往事,心里能够有一种'世界因我而美好'的欣慰和自豪,人生就俱有了足够的'影响力'"。

李开复是精通信息科技、学贯中西、蜚声中外的领军人才。他对青年朋友叙说"人生目标",实事求是,平易近人,切实诚挚,感人至深,催人奋进。其做人见解之深,精神境界之高,在当今科技界实属少见。中国前国务委员宋健讲:"若干年后,人们尊敬开复的不仅是他的科学贡献、领导能力、事业成就,更有他对青年一代的热忱、爱心和奉献。"(宋健《传承爱心》)

李开复强调他这段话"是脱口而出的,不需要任何思考"。这正好体现了"说"的平易性特点和要求。一位世界著名科技界精英,面对青年学生,神态如此热诚率真,说话如此平和、平实、平易近人,这也正是这段叙说,能使人入脑入心、感受深切的主要原因。

三、"说"的要领

"说"是各种口语形式的基础和总根。从表达内容、方式、形式看,"说"的修辞要领在于:"内容清晰"、"表达坦诚"、"语言简明"。衡量"说"的优劣高下,主要看"说"得是否清晰、是否坦诚、是否简明。

1. 事理清晰

信息传递的基本要求是:清晰。"说",作为原发型口语,传递表达者的原创信息,首先要注意清晰。无论是叙事还是说理,都必须思路清晰,条理清晰,语言清晰。先说什么,接着说什么,最后说什么,要把事理"说"得清清楚楚、明明白白、毫不含糊。

许多人说话,叙事不清说理不明,主要是思路不清,内部语言不清,没有把事理想清。"说"的难度也在于即席表达,临时面对听众,要把事理想清说清不容易。因此,要"说"清晰,必须强化内部语言和思维基本功训练,增强思维的明确性、条理性、严密性和机敏性。

从口语修辞效果看,只有把事理"说"清,听众才能听懂,才愿听,因而才有意义,有价值。不然,再漂亮的"说",都只能是对牛弹琴,无效劳动。因此,事理是否清晰,是衡量"说"的重要标准,把事理"说"清,是口语修辞最重要的基本功。

请看海灯法师"评说"中国军队:

海灯法师曾任成都军区武术总教练,在出访美国期间,一美国记者问道:"法师,您和您的高徒担任成都军区武术教练,而成都军区担负着打越南的任务,这岂不犯了你们佛教的杀戒,坏了佛门的规矩?"

海灯法师笑道:"朋友之言须作些修正。不能称打越南,而当谓之自卫还击,此其一;其二,我佛慈悲,善恶须分,惩恶扬善,佛门之义。越南当局忘恩负义,不断骚扰我边境,杀害无辜,岂能坐视。中国兵士乃再现之罗汉,深受黎民百姓信赖,老衲愿效绵薄之力,聊表寸心。"话音刚落,记者又问:"法师说中国军队值得信赖有何根据?"

海灯接着说:"敝人坐守佛门,天下之事了解很少,不过中国军人之德行,还有一点发言权。如上所述,惩治越寇,保卫山河,中国军人抛头颅洒热血,在所不辞,吃尽苦头,也心甘情愿,此为一宗;1981年四川发大水良田民房遭淹没,妇孺老幼危在旦夕,在这存亡之秋,千军万马犹如天兵天将,迅即赶来救援,普度众生,此乃第二宗;为庶民生活更上一层楼,几千军人和民兵活跃在李白故乡四川江油青莲乡,修建水电站……宗宗为国为民义举,功德无量,善哉,善哉!"

记者听后连说"有理",无不钦佩。

海灯法师访美答记者问,面对西方人对中国军队的误解和攻击,他思想明确,思路清晰,沉着应对,有理有据。对最棘手、最敏感的难题,也能正本清源,实事求是,"说"得清清楚楚,入情入理。如,关于佛门"犯杀戒"、"坏规矩"之说,他先为之正名,说不能称"打越南",应叫"自卫反击"。接着,摆出佛家经典"我佛慈悲,善恶须分,惩恶扬善,佛门之义",说明中国军队"自卫反击"的合理与正义。

对于"中国军队值得信赖有何根据",他从自卫反击战、拯救四川灾民、参加水电站建设等多方面,说明中国军队乃一心为民的正义之师,其为民义举"功德无量"。

海灯法师对中国军队的评说,条理清晰,论说有力;既合佛法,又合公理。他用佛教语言澄清西方记者对中国军队的误解和曲解,能把最敏感的难题"说"得如此明确、得体,我们不能不佩服法师清晰说理的思想智慧和语言功力。

2. 表述坦诚

"说"的好坏,不仅要看说的内容,还要看表达是否坦诚。"说话",是思想品德的展示,必须待人坦诚,"说"真话,"说"实话。只有真话、实话,才有意义、有价值,别人愿听,才能引起积极反响。

坦诚,是立身之本,是做人的基本素养。美国第16位总统林肯,十分崇尚真诚。1858年,他竞选时说:"你能在所有时候欺瞒某些人,也能在某些时候欺瞒所有的人,但不能在所有时候欺瞒所有的人。"他还说过:"如果你想赢得人心,首先让他们相信你是真诚的朋友。那样,你就像一滴蜂蜜吸引住他的心。"事实确是这样。说话贵在坦诚。只要你捧出一颗坦诚的心,别人怎能不欢迎?只有以诚待人,别人才能以诚回应;只有说话坦诚,才能受人尊重,做事成功。

如有人问白岩松:"如何评价自己已取得的成功?"白岩松说:

谈不上什么成功,聊聊几点感想吧。

首先,我走到今天,如果说获得了别人的掌声,那完全是因为我的幸运。幸运在哪儿呢?犹如在一片荒地里头大家看到了一片植物,便给了很多的掌声。其实这个世界原本就应该是郁郁葱葱的,有更多漂亮的植物,有更多鲜艳的花。但是,因为过去是荒地,所以大家不知道有更鲜艳的花,头一次看到了绿色,看到一些长得七扭八歪的植物,于是就给了很多的掌声。我们就属于那些长得比较七扭八歪的植物。我们占了一个便宜,在一片荒地上成了头一个被大家看到的绿色植物。我说的绿色植物,是一个很自然的状态。从某种角度来说,我们做的很多事情可以验证两点:一个是幸运,另一个就是中国电视业在进步。过去像我、崔永元、方宏进这种长相的人想当电视节目主持人,基本上是不可能的。我知道,将来的屏幕上必定是郁郁葱葱的景色,会让观众眼花缭乱,更加喜欢。

白岩松叙说自己成功的经验,不讲理论,而是"聊聊几点感想"。他说的"感想",就是自己的真切感受——坦诚的心里话。不少人成名后,总觉自己了不起——本来就不同凡响,早有过人之处。而白岩松在成功掌声面前却十分低调,非常谦虚。他认为,成为中央电视台著名节目主持人,"完全是"自己的"幸运"。他说,自己像"荒地里头"的"植物","因为过去是荒地,所以大家不知道有更鲜艳的花,头一次看到了绿色,看到长得七扭八歪的植物,于是就给了很多的掌声。"他把自己比作"长得七扭八歪的植物",不失为一种名家的幽默自嘲,形象生动,寓意颇深,充分显示自己成功后在广大观众面前的谦恭。他还说:"过去像我、崔永元、方宏进这种长相的人,想当电视节目主持人,基本上是不可能的。"这是大实话。这样讲更显示他谦恭的真诚。白岩松作为中央电视台"新闻评论"节目主持人,成功地主持过多次大型现场新闻报道,如香港回归、澳门回归、大江截流、申办奥运会、江泽民总书记会见美国总统克林顿等等。由于他思想活跃、思维敏捷、语言流利,主持节目很受观众欢迎。他事业大成,得到亿万观众掌声和称赞,获得"全国十大杰出青年"荣誉称号后,依然保持一颗平常心,用平常眼光看待自己不平常的成就,这种思想境界和心态难能可贵。白岩松这段坦诚而又形象生动的叙说,拉近了同观众的距离,加深了观众对他的理解,赢得了广大观众由衷的称赞和尊重。从口语交际角度看,白岩松堪称是一位坦诚、聪慧又善"说"的口语修辞高手。

3. 简洁明快

"简洁明快"是"说"的语言形式标准。语言以简洁为美。用最简洁的语句表达最丰富的思想,是口语修辞的总体质量标准和效益原则。

一般人说话,最容易拖泥带水,不简洁,不干脆。说话不简洁,不仅是浪费口舌、浪费生命,而且就像强迫听众吃不干净的夹生思想食品,是对听众的大不恭。话不简洁,根源在于思想不精炼。要使语言简洁,必须从内部语言构思做起。说话时,该有一个"意核"中心,绝不分两个;该分两个层次,绝不分三层;该用一个句子,绝不用两句;该用一个词,绝不用两个词。只要思想精炼了,语言自然就简洁了。

口语修辞要求语言纯净、高效。"简洁明快",正是语言纯净、高效的量化标准。只有简洁明快的语言,才能把问题说"清",说好。只有"简洁明快"的"说",才能吸引听众,才能产生积极修辞功能,发挥重要思想影响。

请看邓小平同志关于"两个凡是"问题的一段"评说":

"前些日子,中央办公厅两个负责同志来看我,我对他们讲,'两个凡是'不行。按照'两个凡是'就说不通为我平反的问题,也说不通肯定1976年广大群众在天安门广场的活动'合乎情理'的问题。把毛泽东同志在这个问题上讲的移到另外的问题上,在这个地点讲的移到另外的地点,在这个时间讲的移到另外的时间,在这个条件下讲的移到另外的条件下,这样做不行嘛!毛泽东同志自己多次说过,他有些话讲错了。他说,一个人只要做工作,没有不犯错误的。又说,马思列斯都犯过错误,如果不犯错误,为什么他们的手稿常常改了又改呢?改了又改就是因为原来有些观点不完全正确,不那么完备、准确嘛!毛泽东同志说,他自己也犯过错误。一个人讲的每句话都对,一个人绝对正确,没有这回事情。他说:"一个人能够三七开就很好了,很不错了;我死了,如果后人能给我以三七开的估计,我就很高兴,很满意了!"

这是邓小平同志极为成功的一段"评说"。

1977年,"四人帮"倒台不久,国内极左思潮余风犹在。"两个凡是"口号,已成为禁锢人们思想、阻碍改革开放的精神枷锁。尽管报刊上也有一些批判"两个凡是"的文章,但因只讲理论,篇幅冗长,并未引起应有反响。邓小平同志这段"评说",开门见山,简洁明快,三言两语就说明"两个凡是"不行,而且是铁板钉钉,具有无可置疑的绝对可信度。

"两个凡是"为什么不行,邓小平同志直接让事实说话。因为:一、"说不通为我平反问题";二、"说不通肯定1976年广大群众在天安门广场的活动'合情合理'的问题";三、"毛泽东同志多次说过,他有些话讲错了","他自己也犯过错误"。事实胜于雄辩,事实最有说服力。如果按"两个凡是"要求,就得把以上事实推翻,这可能吗?当然不能,绝对不行。听罢这段"评说",我们不能不钦佩邓小平同志的超人智慧和说理口才。如此重大理论难题,经他一"说",竟变得如此简单、清晰,使人茅塞顿开,坚信不疑,且永远难忘。这段"评说",充分显示了邓小平同志超凡的革命阅历、处事胆略和思想智慧。从用语看,他举重若轻,要言不烦,简洁明快,堪称口语修辞"评说"之典范。

再看孙中山如何"说""八字":

1913年,孙中山组织"二次革命"失败后,再次逃亡日本。当时,有两个上海商人专程来到东京,想为孙中山推算"八字"。

孙中山双手朝腰间一撑说:"八字?如果我的'八字'不好,就不要革命了!也好,干脆给你们讲明我的'八字'吧!'打倒军阀,革命到底!'"两人一听,愣了半天说不出话来。孙中山哈哈大笑道:"你们千里迢迢而来,我也送你们个'八字':百折不挠,挽救中华!"

"八字",原指用天干地支表示人的出生年月。迷信的人认为,根据生辰八字可以推算一个人的命运好坏。孙中山故意将"八字"理解为八个字,既风趣地否定了两位上海商人的迷信算命,又表达了革命家自己的远大目标、博大胸怀、坚韧意志和革命精神。他仅用两个"八字",言简意丰,字字千钧,可谓简洁明快之至。我们敬佩孙中山先生的革命精神,更敬佩其思想智慧和简洁明快的幽默口才。

结　语

"说"的基本要领在"清"。

说话必须清晰、明白。说不清,道不明,说话就是浪费生命,无效劳动。

要"说""清",就必须中心清、条理清、语句清。具体讲,需做到:

第一,把握中心。

"说"是即席表达,根据语境变化,有时需插说,有时要补充,这就容易偏离中心,重点旁落。善"说"者,首先善于把握中心,有的放矢,弹不虚发。如邓小平的《两个"凡是"不行》的评说、李开复的《人生目标》叙说,都是善于把握中心的成功范例。

第二,言之有序。

现想现说最容易形成材料堆积,言之无序。言之无序,必然是缺乏逻辑性,缺乏表现力、吸引力,更缺乏说服力、感染力。或以提出问题、分析问题、解决问题为序,或以由此及彼、由近及远、由浅入深、由已知到未知为序,逻辑思维都必须清晰、严密。这样,"说"起来快捷、方便,也便于听者理解、记忆。邓小平评说"两个凡是",论点论据皆言之有序。因其言之有序,才更有说服力。

第三,要言不烦。

说话常见毛病就是语言啰嗦。说话冗词长句,空话唠叨,必使人生厌。

"万绿丛中红一点,动人春色无需多"。善"说"者,用语必然是简洁明快,要言不烦。言不在多,达意则灵。言简意赅,一语中的,才能给人留下深刻印象,起到画龙点睛的作用。如孙中山说"八字",就是要言不烦之典型。

把握中心、言之有序、要言不烦,是"说""清"要领之关键。

第二节 "谈"

一、"谈"的意义

"谈",是两人或多人之间的对话。"交谈"是社会的纽带。社会交往,时时处处都离不开交谈。"谈"包括"交谈"、"访谈"、"会谈"、"座谈"、"谈判"等等。随着社会发展,"谈"的形式也在不断创新。如中央电视台的"对话"、"面对面"、"朋友"等栏目,都充分展示了"谈"的交际功能与交往活力。

"谈"是生活手段。一个人从牙牙学语,就开始把"交谈"作为生活手段。步入社会,与各种人交往,时时处处都离不开"交谈"。一个人善于"交谈",人际关系和谐,可广交朋友,广结善缘,赢得社会帮助,享受特有的关爱温暖。如果不善交谈,人际关系必然紧张,与人隔离,与社会隔膜,办事受阻碍、遇麻烦,会感到孤独无助,还可能因交谈失误引发矛盾,造成麻烦,甚至酿成生活悲剧。

因此,一个人要融于社会,成为合格社会成员,就必须学会交谈,掌握交谈这一生活重要手段。

"谈"是学习途径。英国文豪萧伯纳说:"倘若你手中有一只苹果,我手中有一只苹果,彼此交换一下,你我手中仍各有一只苹果;但倘若你有一种思想,我有一种思想,彼此交换一下,各人将各有两种思想。"这是对交谈学习功能的最好阐释。

一个人的知识才能,绝大部分都是在同别人交谈中学得的。常和有知识、有修养的人交谈,定会受益匪浅。

法国大作家米谢尔·蒙田谈到自己成功经验时说："磨炼自己的头脑,和人们互相切磋交流是十分有益的。"英国哲学家汉诺克也说过："我把自己拥有的知识,归功于不耻下问以及和别人认真探讨交谈。"中国人常讲："与君一席谈,胜读十年书。"这些论述都充分说明,交谈不仅可以交流思想、传递信息,还可以启迪思维,增长才智,学到书本上学不到的知识智慧。

"交谈"是成功的条件。社会正常运转靠交往,交往的主要形式是交谈。大到国家领导人会谈,小到个人各种事务商谈,社会进步和事业发展都离不开交谈。交谈成功,人际关系就融洽,工作就顺利,事业就发展;交谈失败,人际关系就紧张,工作就困难,事业就举步维艰。许多名家伟人,通过交谈,在关键时凝聚人心,在危急关头力挽狂澜,为我们提供了许多成功范例。

现代社会交往频繁,面对多种类、多层次、多形态的交往与竞争,一个人要自立于社会,与时俱进,就必须具有成功交谈的素养和能力。重视交谈,善于交流,已成为每个人立足现代社会,实现人生价值,走向事业成功的必备条件。

二、"谈"的特点

1. 多样性

人的个性多样,思想多样,处境多样,"谈"的内容形式必然是丰富多彩,多种多样。从内容看,交谈话题可随意选择,随时转换。天上地下、四面八方、海阔天空,只要双方愿意,无不可谈。可跨时空、超地域,各种热点、焦点、难点、疑点,都可谈。从形式上看,有日常生活中的寒暄、聊天、谈心,有工作中的采访、家访、对话、谈判等等,应有尽有,形态万千。凡有人群的地方,都会有各种各样的交谈。大千世界,芸芸众生,人有多少样,人的思想、生活有多少样,交谈就有多少样。

交谈的多样性,正是丰富多彩的社会生活与社会交往的实际反映。各种交谈不仅能反映各人的思想个性,也能反映丰富多彩的社会人生。

请看朱军在中央电视台《艺术人生》栏目与著名歌唱家德德玛的一段对话(交谈):

朱　军:看上去德德玛老师的气色很好,好像不像是刚得过一场重病的人。听说您从小性格就特别倔强,像个男孩子一样。

德德玛:对,我小学的同学也好,内蒙古艺校的同学也好,男孩都怕我。我把球扔给他们,他们都接不了。大家都说我是傻小子,不像女的。

朱　军:听说小的时候很多男同学见了你以后都打哆嗦,都躲着。你小时候这种男孩子性格对您的事业起了多大的作用?

德德玛:我开始学的是跳舞,大厅里头四五十个人一起学一个舞蹈,只有一个老师在前面,你必须得冲到第一排,才能学得非常完整。你要在后面那就学不了。我胆子大,就永远是第一排。所以我现在也仍然给我那些学生说,必须要胆子大。

朱　　军：我们注意到您在唱歌当中有很多都是歌唱母亲的。我想除了有一份对家乡的思念以外，可能更多的也有对母亲的一种眷恋或者思念。给我们谈谈您的母亲好吗？

德德玛：我母亲去世了，去世以后我特别后悔。那几年我不知唱了多少首母亲的歌，觉得好像我把她送走了。我很自责。我母亲在我成长的道路上起了很大的作用。别看我母亲是个普通的牧民，她能吹很好的口琴，要赶上好时候我母亲会是非常好的演员。她学人、模仿别人非常地像，我可能继承了她的优点。

朱　　军：您最早唱《美丽的草原我的家》的时候是哪一年？

德德玛：78年广州交易会。当时我就跟他们领导讲："带我去吧！"领导考虑了半天说："给你一个女声二重唱，唱二部。"演了六场以后，突然那个局长说："今天德德玛你得独唱。"我赶紧排练，排练好了晚上就上去。一上台，底下哄堂大笑，笑得我差点把歌词都忘了。我都没见过台下这么笑的。好容易站好了，定了定神，咬住牙一唱，哗哗哗——一片掌声！我这才把心放下来。

朱军和德德玛这段对话（交谈），围绕艺术家成长经历，从生活趣事到上学求艺，从对母亲眷恋到最早的演出，谈个性、谈打球、谈跳舞、谈唱歌、谈喜欢的歌、谈母亲的影响、谈第一次演出，短短几分钟便生动地反映了歌唱家德德玛富有个性的成功人生。两人感情互通、心理相容，语言交替，密切配合，思想快速跨越，话题不断转换，完全符合交谈内容多样性的基本特点。这段交谈之所以成功，就因其体现了交谈内容多样性的特点，充分展示了德德玛纯朴、刚强、热情、善良的艺术家个性和丰富多彩的艺术人生。

2. 双向性

交谈是双方交流思想信息，具有明显双向性。交谈的双向性，最能体现语言功能的双向互动特征。

交谈双方在一定语境，既是"说者"，又是"听者"。双方都需主动，听说结合，积极配合。这样才能形成良好氛围，构建正常交谈语境。如有一方不积极，就可能"谈"不拢，"谈"不成功。

如，一年轻记者同一科学家的采访交谈：

记　　者：建国以来，我国高等学府培养了许多人才，请问，您毕业于哪所大学？

科学家：对不起，我没有上过大学。我搞科研全靠自学，我以为自学也能成才。

记　　者：听说您又成功地完成了一项科研项目。请问您的新课题是什么？

科学家：看来你并不了解我。我一直致力于这一项科学研究。目前，只是有了一些新的突破，但远远没有成功，所以谈不上有什么新课题。

记　　者：您的孩子在哪儿学习？

科学家：我早已决定把毕生精力贡献给科学事业，因此我一直独身至今。请原谅，这个问题我不愿多谈。

记　者：……（无话可说）

科学家：我的工作等待着我，恕不奉陪！

该记者采访失败，不仅因为他没经验，更重要的是他不懂"交谈"。他不懂采访交谈必须互相尊重、心理相容，必须双方主动，积极配合。他不了解交谈对象，不善解人意，又触动对方自尊和隐秘。问话既不得体，又不合逻辑，使对方难以应答。这就必然使他的采访受阻，一再碰壁，最后，不欢而散。可见，是否明确并掌握交谈双向互动特点，是交谈能否成功的关键。

3. 灵活性

交谈灵活性表现在多方面。

从选择对象看，可同熟悉的家人、同学、同事、朋友谈，也可同自己不熟悉的不同行业、不同职务、不同地位、不同年龄、不同性格习惯的人交谈。既可一对一交谈，也可几人一起谈。

从选择话题看，可围绕一个中心有目的地交谈，也可不受限制，海阔天空自由交谈；可以一个时间只谈一个话题，也可以一个时间谈很多话题。话题转换灵活，是交谈的突出特点。

从活动形式看，可以有一定安排，在特定的时间地点交谈，也可以不拘形式，无须准备，随时随地交谈。可以谈得很短，三言两语即告结束；也可以谈得很长，连续谈几小时。可以在生活中促膝相谈，也可以在工作中边干边谈；可以在室内低声谈，也可以在郊外高声谈；可以站着谈，坐着谈，也可以走着谈，躺着谈。

从语言形式看，句式、语调、语气极为灵活。由于交谈对象及语境明确，多用短句、省略句。在态势语辅助下，有时一句一个词即可解决问题。用短句、省略句，便于表达，容易领会，说起来轻松，听起来省力。根据不同对象和内容交谈可以叙述描绘，可以抒情议论；可以正襟危坐，严肃理论，也可以插科打诨，幽默风趣。

总之，因为生活形态变化丰富多彩，同人类生活密切相关的交谈形式，也必然是灵活多样，变化无穷。

请看俄国作家屠格涅夫同一乞丐的交谈：

屠格涅夫有一天在街上散步，遇到一个穷人走过来向他乞讨。他伸手在口袋里摸了好一会儿，然后抱歉地对这位乞丐说："兄弟呀，对不起！实在对不起！我没带吃的东西出来，钱袋也丢在家里了。"没有想到，这位乞丐听后突然紧紧地拉住他的手说："谢谢你，谢谢你！"屠格涅夫既惭愧又惊奇地问："你谢我什么呢？"那人答道："我原来想找点东西吃了以后，就去自杀。没有想到你称我兄弟，给了我活下去的勇气。"

从对象看，这完全是一次不期而遇的偶然交谈。屠格涅夫路遇乞丐，可以不"谈"，更不一定要称其为"兄弟"，"谈"得如此真诚、认真。然而，作家的社会良知、人文情怀，终于使他们有了一次成功的交谈。屠格涅夫一声"兄弟"，之所能使一个想自杀的乞丐感动，顿生活下去的勇气，就因为其中包含着人人都需要的东西——尊重，包含着成功交谈必需的真诚与心理相容。一段偶然交谈,竟可震撼心灵,激活人性,挽救一个人的生命,此例最能证明交谈的灵活性及其实用功能。

三、"谈"的要领

1. 话题贴切

两人交谈,话题必须贴切,有话可谈。只有话题贴切,才能谈起来,谈得拢,谈成功。所谓贴切,就是适合双方意愿,符合语境特点。

要选择恰当话题,当注意相似性因素。相似因素可消除戒备心理,缩短情感距离,引发交谈兴趣。如,年轻人在一起愿意谈理想,老年人在一起爱谈子女,工人喜欢谈先进机器,农民乐于谈科学种地。年龄、职业、住地、经历、爱好等相似,住地相近,关注点相同、感受相近、思想相同,聚在一起就会有说不完的话。

要做到话题贴切,关键是要知人、知心、知时、知地,即明确社会角色,把握语境特点。只要知己知彼,善解人意,善于观察,审时度势,相互尊重,心理相容,就不难找到恰当话题,不难打开话匣子,引发说不完的话。

要做到话题贴切,还要避免对方忌讳的话题,远离语言危险区。常言,酒逢知己千杯少,话不投机半句多。再好的朋友,再近的亲人,各人都有自己的隐私,有不能讲的话。这是语言禁区,万不可闯语言红灯。如果涉及这类话题,又不善修辞,势必伤害对方,导致交谈失败。

请看实例:

丘吉日过80岁生日,一新闻记者到访,有意讨好地说:"丘吉尔先生,我今天非常高兴,希望我能再来参加你的90岁生日宴。"丘吉尔耸了一下眉毛说:"小伙子,我看你身体蛮健康的,没有理由不能来参加我90岁的生日宴。"

人到暮年,总不喜欢别人预言他的大限。和老年人交谈,应避免涉及能活到多少岁这类敏感话题。这位记者不懂老人心理,闯入语言禁区。丘吉尔不愿只活到90岁,还想多活几十年。因此,他不高兴地反讥:"你身体蛮健康,没有理由不来参加我90岁的生日宴。"言外之意,你可以活到我90岁的时候,到那时你死不了。料想,记者听到这话,心里一定不是滋味。这正是不善解人意,不善于选择话题,才自讨没趣。

还有一类似实例:

胡适之先生素来善于言词,但有时也不免说溜了嘴。他68岁来到台湾。在一次宴会中遇到长他十几岁的齐如山先生,没话找话地说:"齐先生,我看你活到90岁绝无问题。"齐先生愣了一下说:"我倒有个故事,有一位矍铄老叟,人家恭维他可以活到一百岁,他愤然作色曰:'我又不吃你的饭,你为什么限制我的寿数?'胡先生急忙道歉:"我说错了话。"(梁实秋《雅舍菁华》23页)

胡适与冒失记者犯了同样错误,都是犯忌讳,闯入语言禁区。齐如山先生反击手法更高明。引用故事说理,这比直接批评更尖锐,使这位大作家不得不当众认错。此事,当时成社会笑话。可见,交谈时了解对象心理、恰当选择话题的重要。话题选择不当,必将自讨苦吃,后悔莫及。

2. 交流互动

"谈"是互传信息的言语活动。交谈双方,既要认真表达,又要精心回应,必须听说结合,积极主动,形成良性交流互动。

央视《面对面》节目有一段精彩的开场白:"在聆听中交流,在交流中探求,在探求中求证,在求证中解读。"这是对"交流互动"意义的最好诠释。在"交流"中"探求"、"求证"、"解读",以形成思想合力,引起感情共鸣,共同行动,这正是交谈应追求的最佳境界。

交谈的成功秘诀就是:积极交流,热情互动。

如,1986年10月15日《北京日报》报道,邓小平与英女王伊丽莎白二世的丈夫爱丁堡公爵菲利普斯亲王的谈话:

邓小平:这几天北京的天气很好,这也是对贵宾的欢迎。当然,北京的天气比较干燥,要是能"借"一点伦敦的雾,就更好了。我小时候就听说伦敦有雾,在巴黎时,听说登上巴黎铁塔,就可以望得见伦敦的雾。我登上过两次,可是很遗憾,天气都不好,没有看到伦敦的雾。

公　爵:伦敦的雾是工业革命时期的产物,现在没有了。

邓小平:(风趣地)那么"借"你们的雾就更困难了。

公　爵:可以"借"点雨给你们,雨比雾好。你们可以"借"点阳光给我们。

这段交谈,双方都是在谈"天气",看似与正题无关,实际上是在为正式交谈营造和谐气氛。邓小平说,北京的好天气在欢迎贵宾,又说北京天气干燥,想"借"伦敦的雾,这都是主动示好,为联络感情。公爵说,伦敦的雾现在没有了,雨比雾好,可"借"点雨,又提出要"借"北京的阳光,这也是为密切关系,融洽气氛,在积极热情回应。试想,如果邓小平提出"借"雾,公爵只说伦敦已没有雾,不再说"借"雨,不再提"借"北京阳光,现场气氛会怎样?定是庄重严肃有余,热情活跃不足。正是双方的积极热情,幽默互动,"借"雾、"借"雨、"借"阳光,才使交谈气氛热情融洽,从而密切关系,增进了友谊。可见,谈"天气"对交流沟通密切关系确有奇效。

3. 自然灵活

表达自然灵活,是"谈"区别于"说"、"讲"、"辩"的显著特点。使用交谈,必须善于掌握其自然灵活的表现形式。交谈双方根据谈话需要,可自由选择变换话题,可控制时间长短、声音高低,可选择不同身姿、手势、动作等等。只要便于表情达意,利于交流沟通即可。这是交谈方式特有的优势。

自然灵活的表达方式,为每个人在各种语境同各种人交谈,提供了自由选择调节的广大空间。只要善于因时、因地选择、并适时地调节交谈方式,充分发挥其自然灵活优势,就一定能吸引人,"谈"得拢,"谈"成功。有时,还可出奇制胜,获得意外的惊喜。
请看实例:
哥伦布经过18年准备,成功地越过大西洋,发现了新大陆,被视为英雄受到崇敬。但有人瞧不起哥伦布的伟大发现,在一次为哥伦布庆功的宴会上跳出来发难:"听说你在大西洋的彼岸发现了新大陆,但那有什么了不起?任何人通过航行都可以像你一样到达大西洋彼岸而找到新大陆。这是世界上再简单不过的事了,为什么要小题大作呢?"面对挑衅,哥伦布没有立刻回击。他从容地站起来,从桌子上拿起一个鸡蛋,对在场的客人们说:"先生们,这是一个普通的鸡蛋,谁能把它立起来呢?"客人们一个接一个试图把鸡蛋立起来,但鸡蛋传了一圈,没有人能做到。这时大家都说,这是不可能的。于是哥伦布接过鸡蛋,在桌上轻轻敲敲蛋尖,敲出一个小坑,毫不费力地使鸡蛋站立起来,全场哗然。哥伦布转身对大家说:"这不是世界上最简单的事吗?然而你们却说这是不可能办到的。是的,当人们知道了某件事该怎么做之后,也许谁都能做到了。"

在庆功宴会上,哥伦布面对客人发难,不是简单地严词还击,而是沉着冷静,以智取胜。他善于利用交谈形式自然灵活的优势,采用形体动作类比说理。通过"立蛋"演示,生动形象地说明了发现新大陆容易而又不容易的深刻道理。

哥伦布成功的经历和意义,可以正面叙述,可以长篇大论,但这里不是一次演讲,不允许。即使可以长篇大论,也不一定能转变挑衅者的观点。哥伦布采用"立蛋"演示说理,直接简单,生动直观,使客人豁然明白,其效能胜过千言万语,比一般论说更有吸引力、说服力、震撼力。此例最能说明交谈自然灵活的特点和优势。

结　语

"谈"的基本要领在"拢"。

交谈,必须合拢、相容。只有合拢、相容,才能"谈"起来,"谈"成功。

要谈"拢",就必须情意拢、话题拢、语气拢。具体讲,需做到:彼此尊重、热情互动、随机灵动。

第一,彼此尊重。

一位心理学家说:"个性至深的本质需求是,渴望被人尊重。"每个人都希望跟尊重自己的人接近。交谈双方只有彼此尊重,才能走到一起、坐在一起,才能谈起来,谈下去。如屠格涅夫同乞丐的交谈,最能说明彼此尊重是谈拢的首要条件。

第二,热情互动。

"谈"是双方信息交流与感情沟通。与人交往,贵在热诚相待、思想感情沟通。只有你捧出一颗热诚的心,才会得到对方的热诚回应。你有热情来言,我有热情去语,就可能谈起来,谈得心理相容。这是人际交往的规律和镜子效应。如邓小平与爱丁堡公爵的交谈,就是热情互动的典型。

第三,随机灵动。

要"谈""拢",必须适应对象随机灵动,必须注意根据语境选择话题。"见什么人说什么话"、"话不投机半句多",是千百年来人们交谈经验的精辟总结。哥伦布与挑衅者的对话,最能说明交谈随机灵动选择话题的重要。

彼此尊重、热情互动、随机灵动,是"谈""拢"要领之关键。

第三节 讲

一、"讲"的意义

演讲,是就某个问题,面对听众说理,从而感召听众的口语形式。

演讲,以口语和态势语为手段,以事理情结合为内容,以说服听众为目的。从组织结构和应用规律上看,它是一门科学;从现实作用和社会效果上看,它是一种工具;从表达手段和表现技巧上看,它是一种艺术。

演讲,广泛适用于社会生活各种场合。各种集会、礼仪庆典、迎来送往等,都需要演讲。

演讲是政治斗争武器。许多著名政治活动家都是演讲家。孙中山外号"孙大炮",就是一位杰出演讲家。叶剑英曾说,他是听了孙中山的演讲,才参加辛亥革命的。

演讲是宣传教育工具。古今中外许多大师、名家,都是通过演讲宣传自己的思想主张,影响教育群众。《论语》,就是孔子当时的演讲记录,爱因斯坦的《科学的颂歌》、鲁迅的《读书与革命》、郭沫若的《科学的春天》以及闻一多的《最后一次演讲》,都曾在很大范围轰动一时,这些演讲都成为世界文化精神文明的宝贵财富。

演讲是个人成才的阶梯。演讲作为一种综合性口语,需要有多方面的素质修养和能力。要有丰富的文化知识素养、良好的心理素质,更要有较强的思维能力、创新能力、应变能力。经常参加演讲活动及演讲比赛,如国内读书演讲赛,国际大专论辩演讲赛,只要表现出色,都将成为现代社会各行业开拓型杰出人才。

改革开放以来,随着人们思想解放,各地演讲之风盛行。各种专题演讲、巡回演讲活动,很受群众欢迎,常引起社会热烈反响,产生轰动效应。演讲已成为社会精神文明与物质文明建设的强大推动力。

二、"讲"的特点

1. 说理性

演讲是面向听众说理。正确而深刻的理论是演讲的价值和灵魂。衡量演讲水平高低,主要看能否提出一种理论见解,说明一个深刻道理。一篇演讲,如果只罗列事例,不分析概括,不提出自己的思想见解和理论认识,就好比画龙而不点睛,听众便难以从演讲中受到教益,得到启迪。只有将生动事例与深刻说理结合起来,演讲才有血有肉,有思想价值,有社会意义,有吸引力和说服力。演讲的本质与核心,就是说理。

如,张学良关于"西安事变"的演讲:

各位同胞们:

我们今天在这里开会,我相信我们的心情都是一样的。

各位同胞对"12·12"事件的原委,大概已经知道了。这次事件,是我们一些人为了实行救国主张,置生死毁誉于度外,"为民请命"。我们为了国家复兴,早有"生死以之"的决心!

在"12·9"那天,我曾经向请愿的同学们讲,关于抗日问题,有事实答复,想必诸位还记得。那天事情,真是给我一刺激。现在我再把发动"12·12"事件的近因,也是最主要的原因,简单地向诸位讲一讲。

我同蒋委员长私交感情很好,所争的就是政治主张。我几次用书面诤谏,当面诤谏,请他放弃他的错误的反民意主张,领导全国民众从事全国民众所愿意做的工作,做一个全国民众所爱戴的领袖,可是他不但不接受,近来反变本加厉了。

他在上海逮捕了7位救国领袖。我为了这件事,曾单身一人没带警卫,乘军用机飞往洛阳,请他释放那几位无辜的同胞。其实,我同他们既不是亲戚,又不是朋友,有的见过面也不熟。我们积极援救他们,不过是因为主张相同,意志相同,而蒋委员长决不采纳我的请求。后来我说:"蒋委员长这样专制,这样摧残爱国人士,和袁世凯、张宗昌有什么区别?"他回答我:"全国只有你这样看。我这样做,就是革命!"诸位想想,他这话有没有道理?

因为"12·9"西安学生运动,我同蒋委员长在言语上发生了很大冲突。我认为学生请愿的动机,绝对是纯洁的。处置办法,只能和平劝导,并用学生和一般民众满意的事实来答复。而他却说:"对于那些青年,除了用枪打,是没有办法的。"各位同胞们,我们的枪不是打中国人的。我们的枪,所有中国人的枪,都是打日本帝国主义的。由以上事项看来,我们认为蒋委员长的主张和决心,用口头和书面劝谏,是决不能改变的。所以,才同杨主任和其他西北各将领,发动"12·12"事件。

我现在把我们的主张清清楚楚地拿出来,清清楚楚报告全国民众的面前。同胞们!我们是只求主张实现,此外既不要钱,也不要地盘。为了实现我们的主张,要立于抗战的第一线。我们要在抗日战线上效死。同时我们要求全国同胞,一致起来走向抗日战争。有力出力,有钱出钱,一定要把一腔热血,洒在抗日战线上。同胞们起来,我们的主张要我们来实现。

诸位同胞,我是诸位的公仆,我们替诸位打前锋。最后胜利,还靠全国人民一致起来争取。

今天,本人受诸位同胞这样热烈欢呼,真有点不敢当。本人一定要竭尽智虑,实现救国主张!不打倒日本帝国主义,不达整个民族解放,誓不罢休!

"西安事变"后的第四天,张学良在西安革命公园万人群众大会上发表演讲。演讲题目是:《我们要立于抗日的第一线》。

这篇演讲主要是向群众公开解释"西安事变"的原因,讲扣押蒋介石的道理。

张学良强调,他同蒋介石的私交很好,"所争的就是政治主张"。演讲列举了两件大事:一、蒋介石"在上海逮捕了7位救国领袖",张学良批评他"这样摧残爱国人士,和袁世凯、张宗昌有什么区别?""请他释放那几位无辜的同胞"。但蒋介石不但不采纳劝谏,还说"我这样做,就是革命!"二、蒋介石对"12·9"学生运动的态度是:"对于那些学生,除了用枪打,是没有办法的。"张学良认为:学生请愿的动机,是绝对纯洁的",中国人的枪,"不是打中国人的"。但是,"口头或书面的劝谏"都不能改变蒋介石的"主张和决心"。所以,必须用"兵谏"。这就是"西安事变"的"近因"。张学良号召全国人民"一致起来走向抗日战争",并表示:"一定要竭尽智虑,实现救国主张。不打倒日本帝国主义,不达整个民族解放,誓不罢休。"

有了这篇演讲,全国人民才知道"12·12"事变的原因和"捉蒋的道理",才知道张学良的救国主张和抗战决心。张学良、杨虎城的抗日反蒋行动,因此才得到全国人民的大力支持和响应。这就是演讲"说理性"特点所产生的强大社会效应。

2. 鼓动性

演讲不同于一般说话之处,不仅在于要让听众了解事理,更要让听众感动、行动。表达情态的鼓动性,是演讲区别于其他口语形式的显著特征。

演讲要说服感染听众,需要有说服力、感召力。有一演讲家说,演讲要有相声般的幽默,小说般的形象,戏剧般的冲突,诗歌般的激情。这是演讲成功的经验之谈。成功的演讲,总是以生动的事例、真挚的感情说明深刻的道理,总是事、理、情结合,真、善、美同在,因此,比其他口语形式具有更大的感召力、震撼力。这种演讲,总是以抑扬顿挫合谐的声调、张弛动静自然的态势,传播一种重要的理念与精神,听众接受的已不是简单的语言信号,而是一种音美、意美、形美,具有思想价值和艺术魅力的立体语言信息。只有这样的演讲,才能吸引听众,才会具有感染力和鼓动性。

如,闻一多的《最后一次的演讲》:

这几天,大家晓得,在昆明出现了历史上最卑劣最无耻的事情!李先生究竟犯了什么罪,竟遭此毒手?他只不过用笔写写文章,用嘴说说话,而他所写的,所说的,都无非是一个没有失掉良心的中国人的话!大家都有一支笔,有一张嘴,有什么理由拿出来讲啊!有事实拿出来说啊!(闻先生声音激动了)为什么要打要杀,而且又不敢光明正大地来打来杀,而是偷偷摸摸来暗杀!(鼓掌)这成什么话?(鼓掌)

今天,这里有没有特务?你站出来!是好汉的站出来!你出来讲!凭什么要杀死李先生?(厉声,热烈的鼓掌)杀死了人,又不敢承认,还要诬蔑人,说什么"桃色事件",说什么共产党杀共产党,无耻啊!无耻啊!(热烈的掌声)这是某集团的无耻,恰是李先生的光荣!李先生在昆明被暗杀,是李先生留给昆明的光荣!也是昆明人的光荣!(鼓掌)

去年"一二·一",昆明学生为了反对内战,遭受屠杀,那算是青年的一代献出了他们最宝贵的生命!现在李先生为了争取民主和平而遭受反动派的暗杀,我们骄傲一点说,这算是像我这样大年纪的一代,我们的老战友,献出了最宝贵的生命!这两桩事发生在昆明,这算是昆明无限的光荣!(热烈的鼓掌)

反动派暗杀李先生的消息传出以后,大家听了都悲愤痛恨。我心里想,这些无耻的东西,不知他们是怎么想法,他们的心里是什么状态,他们的心怎样长的!(捶击桌子)其实很简单,他们这样疯狂地来制造恐怖,正是他们自己在慌啊!在害怕啊!特务们,你们想想,你们还有几天?你们完了,快完了!你们以为打伤几个,杀死几个,就可以了事,就可以把人民吓倒了吗?其实广大的人民是打不尽的,杀不完的!要是这样可以的话,世界上早没有人了。

你们杀死了一个李公朴,会有千百万个李公朴站起来!你们将失去千百万的人民!你们看着我们人少,没有力量?告诉你们,我们的力量大得很,强得很!看今天来的这些人,都是我们的人,都是我们的力量!此外还有广大的市民!我们有这个信心:人民的力量是要胜利的!真理是永远存在的!历史上没有一个反人民的势力不被人民毁灭的!希特勒、墨索里尼,不都在人民面前倒下去了吗?翻开历史看看,你们还站得住几天!你们完了,快完了!我们的光明就要出现了。光明就在我们眼前,而现在正是黎明之前那个最黑暗的时候。我们有力量打破这个黑暗,争到光明!我们的光明,就是反动派的末日!(热烈的鼓掌)

李先生的血不会白流的!李先生赔上了这条性命,我们要换来一个代价。"一二·一"四烈士倒下了,青年战士们的血换来了政治协商会议的召开,现在李先生倒下了,他的血要换来政协会议的重开!(热烈的鼓掌)我们有这个信心!(鼓掌)

"一二·一"是昆明的光荣,是云南人民的光荣。云南有光荣的历史,远的如护国,这不用说了,近的如"一二·一",都是属于云南人民的。我们要发扬云南光荣的历史!

反动派挑拨离间,卑鄙无耻!你们看见联大走了,学生放暑假了,便以为我们没有力量了吗?特务们!你们错了!你们看见今天到会的一千多青年,又握起手来了。我们昆明的青年决不会让你们这样蛮横下去的!

反动派,你看见一个倒下去,可也看得见千百个继起的!

正义是杀不完的,因为真理永远存在!(鼓掌)

历史赋于昆明的任务是争取民主和平,我们昆明的青年必须完成这任务!

我们不怕死,我们有牺牲的精神!我们随时像李先生一样,前脚跨出大门,后脚就不准备再跨进大门!(长时间热烈的鼓掌)

(1946年7月15日)

闻一多先生,是著名学者、诗人,也是一位杰出爱国民主人士和演讲家。1922年赴美留学,归国后在清华等高校任教,抗战期间任昆明西南联大教授。

《最后一次演讲》,是闻一多先生1946年7月15日在李公朴先生追悼会上的即兴演讲,也是中国现代史上震动全国、影响深远的演讲经典名篇。

八年抗战后,深受苦难的中国人民需要休养生息,要民主、要和平、反内战,是四万万中国人民心之所向。李公朴先生为了争民主、争和平,他"所写的、所说的,都无非是一个没有失掉良心的中国人的话"。但竟遭反动派暗杀,这是泯灭良心,是公然践踏民心,践踏正义。因此,闻一多在演讲开头,就气愤地说,暗杀李先生是"历史上最卑劣、最无耻的事情"。

接着,他严厉发问:"今天,这里有没有特务?你站出来,是好汉的站出来!你出来讲,凭什么要杀死李先生?(厉声,热烈的掌声)"反动派竟然会对一个如此"有良心的"、忧国爱国的民义人士下毒手!他痛心疾首、气愤至极地责问:"他们的心怎样长的?(捶击桌子)"

闻一多先生痛斥反动派的声态,气势威猛,震天撼地。这真理与正义的呐喊,令革命群众拍手称快,也足以使特务分子和反动派胆战心惊。

闻一多先生厉声警告反动派:"你们杀死一个李公朴,会有千万个李公朴站起来!""正义是杀不完的,因为真理永远存在。(鼓掌)""我们不怕死……我们随时像李先生一样,前脚跨出大门,后脚就不准备再跨进大门!(长时间热烈的鼓掌)"

《最后一次演讲》,是血泪真情与民心正义凝结而成的革命誓言。它像一把熊熊燃烧火炬,激励革命群众争民主、争和平、反内战,也鼓舞一代又一代中国人为革命事业英勇献身。

闻一多先生演讲后,当即遭反动派暗杀,这更增加了《最后一次演讲》的革命思想价值和英勇悲壮色彩。这次演讲,践行证明闻一多先生"我们不怕死……我们随时像李先生一样,前脚跨出大门,后脚就不准备再跨进大门"的誓言,使闻一多先生的英雄形象,在人民心目中更加高大,永远激励中国人民在革命斗争中不怕牺牲,奋勇前行。这正是这篇演讲鼓动性所产生的影响。

演讲的鼓动性正是演讲的生命力和社会思想价值所在。

3. 群众性

群众性,指演讲的表现形式。

演讲是面向广大群众说理的、群众性的社会活动。演讲对象,是现实社会广大群众;

演讲内容,是群众当前最关心的问题。从现实需要出发,采用群众能够理解并喜欢接受的口语形式,研究解决群众最关注的问题,正是演讲的思想意义和社会价值所在。演讲,自始至终都是从群众出发、为群众服务的社会活动。群众不仅是演讲的听众,更是演讲最公正、最严厉的裁判。群众是演讲生存活动的空间,是演讲生命活力的源泉。群众性,是演讲活动表现形式的明显特征。

如杨利伟的演讲《祖国送我上太空》:

  来到茫茫的无际太空,我看到了一幅神奇美妙的景色。舷窗外,阳光把飞船太阳能帆板照得格外明亮,那下边就是人类居住了一万年的美丽地球。蔚蓝色的地球披着淡淡的云层,长长的海岸线在大陆和海洋间清晰可辨。飞船绕地球高速飞行,90分钟一圈,一会儿白天,一会黑夜,黑白交替之间,地球边缘仿佛镶了一道漂亮的金边,景色十分迷人。我拿起摄像机,赶紧把这壮观的景色拍摄下来。此时此刻,我为祖国的科技发展和国力不断强盛而感到自豪,为中国人飞上太空感到骄傲,并郑重地在飞行手册上写了"为了人类的和平与进步,中国人来到太空了!"飞船飞行到第七圈时,我在太空展示了中国国旗和联合国国旗,表达了中国人和平利用太空,造福全人类的美好愿望。

  作为首飞航天员,我只是完成了我应该完成的任务。真正的英雄是那些默默无闻、无私奉献在载人航天战线上的全体同志,是那些艰苦奋斗了几十年的老专家、老领导和老一辈科技工作者。没有伟大祖国的培养,没有航天员大队这个光荣的集体,就没有我杨利伟的今天。荣誉属于伟大的党,属于伟大的祖国,属于光荣的军队,属于英雄的人民。

2003年10月15日,中国"神州五号"宇宙飞船载人穿越太空,令世人震惊。杨利伟以自己的壮举和英姿,赢得世人尊敬,被授予"航天英雄"称号。

面对新闻媒体与欢迎群众,杨利伟发表《祖国送我上太空》演讲。他满怀激情,向全国、全世界人民报告了中国"神州五号"胜利归来的喜讯。讲太空见闻,报告亲眼所见太空神奇美妙的景色;讲个人感受,为国家科技进步,为自己成为中国航天第一人而自豪;讲美好愿望,表达中国航天人愿和平利用太空,为全人类造福;讲归来体会,表达对祖国人民和领导、同事的由衷敬意和感恩。杨利伟面向全中国、全世界观众、听众讲航天见闻及感想,他的飒爽英姿、音容笑貌,都深深印在亿万群众的脑海眼底,使亿万群众为之欢呼,为之感动。这篇演讲拥有数量最多、范围最广的群众,最能说明演讲"群众性"的特征。群众性是演讲的灵魂和生命。满足群众需要,最大限度地吸引群众,感染听众,正是各种演讲的目标和归宿。

三、"讲"的要领

1. 见解深刻

演讲说理必须深刻。只有见解深刻,才会有吸引力,有启发性,才能使人思想触动。说理最忌简单肤浅、拾人牙慧、人云亦云。如果没有独到见解和深刻理论,演讲犹如瘫痪软骨病患者,将难以正常存活立身。听这类演讲,只能使人感觉乏味,让人听觉受罪。

思想是行为先导,理论是实践之魂。见解深刻是演讲立身之本。要做到演讲见解深刻,必须多读书,善学习;多观察,善分析。成功的演讲,都离不开对事物、人情做深刻的分析说理。因此,演讲者必须善于对各种现象深入研究,概括总结,归纳升华,善于从平凡中见奇伟,从细微处见精神,以阐明人生哲理,揭示生活规律。这样,演讲才能为听众提供精美的文化精神快餐,使听众茅塞顿开,为之振奋,拍手称快。

如,景克宁教授谈时间的演讲:

我在思考时间,时间在我的思考里是这样三个形象:

时间——伟大的创造者。

整个宇宙自然,人类社会的编年史,都是以时间为序列的。在时间这个伟大的创造者手中,人类产生了,社会出现了,历史构成了。

时间——严峻的裁判者。

有什么比时间这个法官更公正呢?任何一个人都是它的臣民,它对每一个人都无例外地作出审判和裁决:谁是历史的功臣,谁是社会的罪人;谁是英雄,谁是奸佞;谁是智者,谁是庸人;谁是强者,谁是懦夫;谁应坐在历史荣誉席上,谁应被钉在历史耻辱柱上。总之,真、善、美,假、恶、丑,崇高与渺小,一一判定,毫不含糊。

时间——无情的盗窃者。

时间不仅是一个伟大的创造者,而且还是一个无情的盗窃者。

世界上有形形色色的、大大小小的盗窃者,但作为盗窃者,时间是最为冷酷的。所有的盗窃者,只是盗窃人们物质的东西,而时间这个盗窃者的职业是特殊的,它并不盗窃人们的财物,它专事盗窃人们的生命!

……

李大钊说得好:"今是生活,今是动力,今是行为,今是创作。"

不要为失去昨天而叹息,我们要笑着向昨天告别。

不要空唱"明日歌",我们要把今天作为飞向明天的跳板。

昨天,是今天的昨天;明天,是今天的昨天。所以一天就等于三天。这是生活的真谛,我们要善于把一天当作三天过。在对今天的思考中,我们要记住这个时间的辩证法。

在对时间的思考中,景克宁教授引发出三个判断:时间是创造者,时间是裁判者,时间是盗窃者。他又从每一判断引发出具体而精辟的论证,这就形成一种多层辐射,十分形象而深刻地说明时间同社会历史的关系,时间同每个人工作和生命的关系。最后,引用名言警句总结,画龙点睛,使听众对时间的认识在思想上升华,深刻理解了时间的辩证法。这篇演讲之所以受听众欢迎,得到好评,就因为演讲者思想见解深刻,揭示了时间的本质特征和内在功能。对于时间,人人熟悉,但并非人人都能如此深思熟虑。这些论断都是别人想说而未曾说过的颇有新意的独到见解,因其新鲜、别致,才对听众有较强的刺激、启迪和震撼力。这篇演讲成功,全在于演讲者善于使理论思维形象化,思考深入、立论新颖、见解深刻。

2. 感情真挚

真挚感情,是演讲感染力的灵魂,也是激发听众美感效应的内在依据。唐代诗人白居易说过:"感人心者莫先乎情。"(《与元九书》)演讲要感动听众,必须以真情取胜。演讲者只有满怀真情地叙事说理才能拨动听众的心弦,才能激发听众情趣,激起听众感情共鸣。常言:"情不通,则理不达",感情相悖,即便是金玉良言,也难为听众接受。曲啸曾说:"情不深则无以惊心动魄,这是演讲成功的经验之谈。在演讲的过程中,我讲'爱',就满腔热情地'爱';我讲'恨',就痛心疾首地'恨'。我用我的心血甚至生命真实地表达着我个人的喜怒哀乐。于是我看到:听众与我一起进入共同的喜怒哀乐。在教育理论中常强调动之以情。感情的陶冶,常常是打开心灵大门的钥匙。"这是成功演讲的宝贵经验。

曾经打败过拿破仑的库图佐夫,在给卡捷林娜公主的信中说:"您问我靠什么凝聚着社交界如云的朋友?我的回答是——'真实、真情和真诚。'""真实、真情、真诚",是成功人士交友成功的经验,也是各种口语交际成功的妙诀。只要你捧出一颗真诚的心,一颗真挚火热的心,怎能不使人感动?怎能不使人动情?

演讲要做到感情真挚,还必须注意以下几点:

第一,要自然。真情都是自然流露,而不能硬挤。演讲表情不能是外加的矫揉造作之情。只有自然真情,才能吸引听众,打动听众。

第二,要适度。表情要洽当,要掌握分寸。常言:"过犹不及"。任何时候,演讲感情都不可太满,不能过于放纵。要善于克制,适时适中。否则,会引起反感,"有情反被多情误"。

第三,要高格调。演讲不宜表达消极、悲观、压抑、郁闷的感情,更不应表现一己之得失狭隘的个人私情,应着力表现对祖国、对人民、对生活的热爱,对真善美高尚的追求。这样,才能使人振奋,促人上进,给听众以积极健康的感情滋养。

如李燕杰演讲片断:

> 爱国主义就是对祖国的热爱,就是千百年来巩固起来的对自己祖国的一种最深厚的感情。这种热爱和感情根深蒂固地埋植在人民的心里,成为道义上的一种巨大力量。翻开世界史,有哪个国家的人民不主张爱国?又有哪个国家的人民不把爱国精神看作是一种伟大而崇高的心灵美呢?举世闻名的波兰音乐家肖邦出国携带一个

装满祖国泥土的银瓶。他病危时,要求朋友把伴随他多年的波兰泥土撒在他的墓穴之中,把他的心脏带回波兰。大音乐家贝多芬,坚决拒绝为侵略维也纳的军官演奏。我国古代著名爱国诗人屈原,热爱祖国,竭诚尽智,"虽九死其犹未悔"。我国民族英雄文天祥在身被拘禁时决心与祖国生死与共,写下了慷慨悲壮的诗句:"人生自古谁无死,留取丹心照汗青。"在现今社会,一位历经磨难的归侨,在海外有人为了报恩准备接他出国享福,他拒绝了。有位十九岁的学生写了一首情深意笃的诗:"不管母亲多么贫穷困苦,儿女对他的爱绝不会含糊。我只要喊一声'祖国万岁',强烈的爱在那感情深处。"古今中外无数事例证明,爱国主义是一种伟大而崇高的心灵美。(《国家、民族与正气》)

李燕杰讲爱国主义,不是单讲理论,而是满怀真情,举例说理,具有强烈的激情冲击力。

李燕杰认为,爱国主义是一种感情,是一种力量:是"千百年来巩固起来的"、"最深厚的"、"根深蒂固地根植在人民心里的"一种"感情",是由这种"感情"凝结而成的、"道义上的"一种巨大"力量"。两句诠释界定,都充满真情,颇有新意和深度。接着,列举爱国者实例,从古今中外不同角度,证明爱国主义是一种崇高感情和精神力量。李燕杰站在历史高度,纵览世界各国,满怀深情倾诉自己多年来对爱国主义和爱国精神的真切感悟和真情感受。因为他讲述洋溢着发自内心的真情,才使听众沉浸在激情中,不能不受感染,不能不被感动。

20世纪80年代,李燕杰演讲之所以能传遍大江南北、长城内外,激励青年一代奋发向上,在全国引起热烈反响,正是靠他那丰富学识和真挚感情。李燕杰演讲强大的感染力、感召力也源于他充满理性思考的真挚感情。

3. 精练警策

"说话"要简洁明快,"演讲"更须精练警策。因为,一般"说话"只要把事说清即可,而"演讲"还必须把理讲透,使人乐于接受。"演讲"语言不应是一般松散、拖沓的大白话,而应是经过深思熟虑,能表达深刻见解的语言精华。

如果把一般"说"的语言比作矿泉水,"讲"的语言则像果汁、美酒。"讲"的语言加工比"说"的语言加工要求更高。精练警策是"演讲"语言应有的特点和要求。一段好的"说",能使人知事明理;一篇好的"讲",更能使人觉醒振奋。只有精练警策的语言,才能表达深刻、精辟的思想见解,使听众警觉,激发听众深思,使人感动,使人行动,令人经久难忘。这也是人们之所以看重"演讲",经常称赞演讲口才的重要原因。

如,某校一班主任的《就职演说》:

亲爱的同学们、朋友们:

当我登上这讲台,我的手觉得两侧的紫色帷幕正缓缓拉开,最富有生气的戏剧就要开始了。最令我兴奋的是,这戏剧拥有一群忠于自己角色的演员——你们,高一(2)班的全体成员。这戏剧也许是世间较长的了。因为要持续三年时间,你们的整个高中阶段。

为此,我愿做一名热情的报幕员。此时此刻向观众宣布:高一(2)班的戏剧开始了!

我想,我这个班主任首先应该是一名合格导演。我渴望导出充满时代气息的戏剧来。团结、紧张、严肃、活泼,是它的主调;理解、友爱、开拓、创新,应当是它的主要内容;爱着这个集体和被这个集体爱着,是它的主要故事。作为导演,我将要设计出生动的情节、典型的角色、迷人的故事,奉献给所有的演员——今天在座的每一位。

这舞台是你们的,你们当然是主角。我甘心情愿地做一名配角,尽我的力量竭诚为主角服务、效劳。而在你们成功的演出中,我只想默默地分享一点点成功的快慰。不仅如此,我还要做一名虔诚的观众,为你们精诚的演出微笑,流泪,鼓掌,欢呼,我愿意握住你们每一个人的手,诚心诚意地道一句:祝贺你的成功!

三年后,当你们最后与自己的中学时代告别,将要登上人生的大舞台时,你们会深深地感到这小舞台所给予你的一切是多么珍贵,这是一段多么难忘的人生旅途!

三年之后,当我们高一(2)班的戏剧舞台徐徐落下帷幕的时候,我愿意听到你们这样评价我的工作:老师,你是我们满意的导演,也是一位不错的配角,更是我们喜欢的观众。(掌声)

谢谢大家的掌声!从掌声中,我感到了你们的理解和支持。

预祝我们合作顺利,成功!

这位班主任的"就职演说",构思新颖,联想奇妙,类比精巧。语言表达,不仅流畅生动,而且精练警策,因而发人深思,耐人寻味。他把整个班主任工作比作一台大戏,课堂是舞台,学生是主角,他是导演兼配角、报幕员和观众。从这种比喻,可看出他对学生的尊重、关爱、呵护。同时也说明,他有知识,有修养,有亲和力,一切以学生为主体,有科学的教育理念和教学方法。

通过巧妙类比,他对班主任工作进行生动而独到的解析:"我这个班主任首先应该是一名合格导演。我渴望导演出充满时代气息的戏剧来。团结、紧张、严肃、活泼,是它的主调;理解、友爱、开拓、创新,应当是它的主要内容;爱着这个集体和被这个集体爱着,是它的主要故事。"最后,他又说:"三年之后,当我们高一(2)班的戏剧舞台徐徐落下帷幕的时候,我愿意听到你们这样评价我的工作:老师,你是我们满意的导演,也是一位不错的配角,更是我们喜欢的观众。(掌声)"这是从全新的思想角度,以全新的语言形式,对班主任工作内容的精心设计,也是对班主任工作职责的庄重承诺。

这篇演讲,通篇是类比说理,语言形式新颖别致。类比形式,不仅恰当得体,而且系统完整,真切生动。听过这篇演讲,同学们不得不对"戏剧舞台"、"主角"、"配角"、"导演"等这些概念,重新解读,体验,回味。班主任热诚的情态、生动的比喻、深切的话语,将永远铭刻在同学们心里。如果一般地讲述班主任工作的内容、职责,就很难激起同学们的掌声,更难有如此明显的启发性和感召力。这正是演讲者精心构思选择语句,使演讲语言精练警策的必然结果。

结　语

"讲"的要领在"深"。

演讲说理必须深刻。要"讲""深",必须见解深,分析深,情理深。具体地讲,必须做到观点新颖、分析透彻、情理感人。

第一,观点新颖。

演讲最忌认识肤浅、拾人牙慧、人云亦云。只有观点新颖,有独到见解,才能吸引人,才会有启发性,才能显示演讲思想价值,发挥演讲社会作用。如郭沫若《在萧红墓前的演讲》对"年轻精神"的界定,就因观点新颖而为后人称颂。

第二,分析透彻。

演讲说理靠分析。理不析不明,不析不透。只有严谨的推论分析,才能把理讲深、讲透,才能使听众容易接受,乐于接受。如景克宁关于时间的演讲,就是分析透彻的范例。

第三,情理感人。

成功的演讲,大都是事理情结合、真善美同在,理深情真,情理感人。只有理深情真、言美、意美、情美,才能说服人、感染人、震撼人,才能达到演讲美的理想境界。如某班主任的《就职演讲》,就是一篇难得的言美、意美、情美、情理感人的演讲佳作。

观点新颖、分析透彻、情理感人,是"讲""深"要领之关键。

第四节　辩

一、"辩"的意义

"辩"是观点对立双方明辨是非、探求真理的口才交锋。论辩活动,是双方口语能力的对抗,更是思维能力、思想水平、知识素养、智慧才能的较量。论辩,可分生活论辩、专题论辩、赛场论辩等。

论辩有助于分清是非,认识真理。俗话说:"灯不拨不亮,理不辩不明。"真理总是同谬误相比较而存在,相斗争而发展。没有论辩,伽利略不能战胜亚里士多德,建立起自由落体定律;没有论辩,哥白尼不能用日心说推倒地心说,使自然科学从神教中解放出来,从此大踏步前进。

论辩有助于惩恶扬善、匡扶正义。邪恶势力,祸国殃民,不会自动退出历史舞台。为了同各种邪恶势力斗争,必须拿起论辩这一思想武器。论辩是剑,可揭穿邪恶势力本质;论辩是火,可烧毁邪恶势力的伪装;论辩是灯,可照亮受害群众前进的方向。如林肯为烈士遗孀辩护、为小阿姆斯特朗辩护等,就是惩恶扬善、匡扶正义的典范。

论辩有助于开发智能,增长才干。论辩需要有丰富的学识,更需要有敏锐的观察能力、周密的思辩能力、缜密的分析能力、敏捷的应变能力。要想在论辩中取胜,必须具有多角度、全方位、准确、快速分析解决问题的能力。论辩是知识、智慧、意识、意志的较量;是思辩能力、创新能力、社交能力、表达及应变能力的综合运用。有人说,"辩才是口才的高峰",事实确是如此。只要参加论辩,训练辩才,就可提高思辩能力,最有效地开发智力,增长才干,成为具有创新思维和创造能力的开拓性人才。

二、"辩"的特点

1. 对立性

观点对立,是"辩"的内容特点。论辩是围绕对立观点立论和驳论,双方观点针锋相对。

社会矛盾的普遍性和人们思想的复杂多样性,决定了对立观点形成论辩的必然性。思想差异,经常形成矛盾对立,这是社会发展常见现象。通过对立观点论争,可以明是非、辩善恶,有助于提高思想认识,解决社会矛盾,推动社会前进。这正是对立观点的积极意义和思想价值所在。

如吉鸿昌将军在法庭上与国民党审判长的一场辩论:

审判长问:"吉鸿昌,你为什么进行抗日活动?快快招出你的秘密来!"

吉鸿昌随即高声回答:"抗日是为了救国,这是四万万人民的事情,是最光明磊落的事情,有什么秘密?抗日救国是人人应知、人人能知的事情,哪会有什么秘密?只有蒋介石和你们这般奴才,祸国殃民、残内媚外,和日本人暗中勾结,干些不明不白的勾当,这才有秘密,才见不得人。"接着,他慷慨激昂阐述抗日主张和抗日经过,并解开自己的上衣,指着胸脯上的伤痕厉声说:"看!这就是我仅有的一点'秘密',是你们军队勾结日本鬼子留给我的'纪念'。"

审判长张口结舌,无言以对,转而厉声问道:"不要想用抗日来掩饰你的罪过。你抗日就抗日好了,为什么要反蒋?作为一个军人,难道你不知道,'服从是军人的天职'吗?"

吉鸿昌带着讽刺口吻答道:"我吉鸿昌要抗日,蒋介石要卖国,我吉鸿昌不得不为救国而讨蒋;我吉鸿昌要抗日,蒋介石迫害抗日,我不得不为抗日而讨蒋。所以我的军队就叫抗日讨蒋军,这不是名正言顺吗?难道说,你能指出蒋介石有一点抗日的行动,或者有一点允许他人抗日的意思吗?就拿你们来说吧,如果还有一点中国人的味道,扪心自问,也不能不反蒋吧?"

审判官哑然,急忙改换话题:"那么,你是不是加入了共产党呢?你抗日好了,为什么要加入这个'危害民国'的共产党呢?看,我们这里有张慕陶证明你早已加入共产党的字据,你可不要想抵赖!"

吉鸿昌挺身反问道："你说,我干么要抵赖?你说,你说,……"审判长无法回答,吉鸿昌微微一笑："看你也回答不出来。对,我是中国共产党党员。由于党的教育,我摆脱了旧军阀的生活,转到工农劳动的阵营里来。我能够加入革命的队伍,能够成为革命的一员,为我们党的主义,为全人类解放事业而奋斗,这正是我毕生最大的光荣,这正是我不同于中国一般流俗军人的所在。我能够毁家纾难,舍身报国,拒绝利诱,临危受命,这样来抗日救国,这也是党给我的感召,这正是党的意志。你们说我们共产党'危害民国',到底是谁'危害民国'?试问,你们蒋介石国民党干了些什么?你们当国7年来,掀起了无数的内战,酿成了空前的水旱浩劫,断送了东北三省,断送了热河、察哈尔,又快要断送华北各地,你们贪污枉法的政治,你们残暴专政的措施,哪一样不曾'危害民国'?哪一样不是'危害民国'?我们共产党真心爱国家,爱人民,在你们蒋介石背叛革命的时候,举起革命的大旗,在中华民族解放运动中不避牺牲,不辞艰苦,正是要保护民国!"

在这场特殊的法庭论辩中,吉鸿昌大义凛然,威武不屈,针锋相对地驳斥国民党法官的"审问"。

审判长要吉鸿昌"招出"抗日活动的"秘密",吉鸿昌高声驳斥:"抗日是为了救国",全国四万万人民"应知""能知",是"最光明磊落的事情","有什么秘密?"反击有理有据,斩钉截铁,使对方哑口无言。接着指着审判官说:"只有蒋介石和你们这班奴才,祸国殃民,残内媚外,和日本人暗中勾结……才有秘密……"这段斥责,声色俱厉,痛快淋漓,已把审判官推到被告席,使人不能不对将军的威武正气与雄辩口才肃然起敬。

审判官厉声问吉鸿昌:"你抗日就抗日好了,为什么要反蒋?"吉鸿昌回应明确而坚定:因为蒋介石"卖国"又"迫害抗日"。国难当头,蒋介石自己不抗日,还不允许别人抗日,焉能不遭国人反对。他又指着审判官鼻子说,如果你们"还有一点儿中国人的味道","也不能不反蒋"!这种斥责不仅击毁了对方思想观点,也使审判官尊严扫地。

最后,审判官又指责共产党"危害民国",说吉鸿昌是共产党,"不要想抵赖"。吉鸿昌根本不否认自己是共产党,怎么能说是"抵赖",用得着"抵赖"吗?他用事实说明只有共产党在真正"保护民国",国民党干的"哪一件"都在"危害民国"。这就证明,审判长的话不是无中生有就是无稽之谈。

这场法庭论辩,观点针锋相对。由于吉鸿昌将军真理在胸,一身正气,每一辩题都绝对占理,使审判官难以还口,虽气势逼人也只能是色厉内荏。

看这场辩论,我们敬佩吉鸿昌将军的爱国思想和崇高精神,更敬佩他面对敌人的凛然正气、思辩智慧和杰出口才。这里,有罪与无罪的争论,邪恶与正义的较量,最能体现论辩的对立性特点。

2. 逻辑性

论辩是对立观点的逻辑思辩。逻辑,是人们认识和分析问题的思维活动规律,是论辩的工具和武器。论辩双方必须根据逻辑思维规律进行思考,进行判断、推理、立论、驳论。

只有遵守逻辑规律,才符合人们思想认识规律,论辩才能明是非,辩善恶,别正误,成为推动社会思想进步的有益活动。

论辩的征服力靠严密的逻辑。只有符合逻辑的论辩,才有征服力。重视逻辑,善于运用逻辑判断、推理,就会在论辩中立于不败之地;忽视逻辑,违反逻辑判断、推理,就会在论辩中漏洞百出,难以自圆其说,更无还手之力。

如,陈毅同国民党记者关于"共产党人是否爱家"的一场论争:

1937年末,陈毅从赣南游击区赶到南昌,参加社会各界人士举行的招待会。

一位记者问:"社会传闻共产党是不要家庭的。以将军盛年,尚未成家,又与父母久违,且不通音讯,似乎恰证此说。吾意国家者,家国也。不爱家,焉爱国,不知陈将军对家庭人生的真谛有何感想?"

陈毅听后放声大笑,他对那位记者说:"问得有趣。我以为共产党是最爱家庭,最富人生情趣的了。我们的战士可以告诉你,他们是为了家庭眼前的活路和未来的幸福才投身革命的。你大约不曾想到,在过去那种日搜夜剿的生活中,居然有共产党人在寒风中举行婚礼,这也是我们所说的投身革命即为家吧!今日之事,外寇入侵,京沪沦陷,国之不存,家又安在?至于我本人,十余年遭逢革命,无暇他顾,倒是父母家庭,无一刻不挂记。因为种种限制,音书断绝。今国共合作,我自然会告慰双亲,这本是情理中事。但我还是要说,国难当头,共御外侮,国事未决,家事难问,如果这就要被指为'不要家庭',那么,我要问,贵记者的意思是不是要国人个个只爱家,不爱国,任中华民族为他人做奴隶呢?"

陈毅的话使这位记者面红耳赤,无言以对。

国民党记者认为:"共产党是不要家庭的";陈毅认为:"共产党是最爱家庭,最富人生情趣的"。陈毅先从三方面立论和驳论:1.从战士表述参军动机的话语看;2.从"共产党人在寒风中举行婚礼"的实例看;3.从本人"对父母家庭无一刻不挂记"的经历看。三项论据,真切、坚实、有力,最能证明"共产党人最爱家庭,最富人生情趣",也最能驳斥"共产党不要家庭"的谬论。接着,陈毅从家与国的关系入手,揭露对方思想认识及逻辑推理的错误。按照对方逻辑,爱国就不能爱家,爱国就是不爱家,陈毅满怀义愤地质问:"如果共产党人在"国难当头""家事难问",也要被诬蔑为"不要家庭",那么,"贵记者的意思是不是要国人只爱家不爱国,任中华民族为他人做奴隶呢?"陈毅用严密的逻辑推理,一下子把对方推到荒谬可耻境地。陈毅带着强烈的爱国激情和高尚的爱国情怀,用事实和逻辑征服了论敌。他的驳论,语言简练,层次清晰,推理严密,情理兼备,不仅具有极强的逻辑征服力,同时具有强大的激情感召力。因此,才使那位记者"面红耳赤,无言以对",不得不认输。这是论辩中靠逻辑推理克敌制胜的成功实例。

3. 机敏性

"辩"是短兵相接的言语对抗,是双方敏捷思维能力的较量。论辩双方面对出其不意的进攻,都必须及时作出反应。反应迟缓,会在心理上受挫,可能处于劣势;如不能及时应对,就等于理屈词穷,甘拜下风。所以,思维敏捷,反应机敏,随机应变,是论辩的突出特点,也是论辩制胜的必备条件。

反应机敏,不仅要快捷,更要恰当、巧妙。论辩时,必须思想集中,思路畅通,应思接千载,视通万里,在任何情况下,都能成竹在胸快速应对,进退有术。有时,还要能出奇制胜。

请看华盛顿与偷马者的一场思辩较量:

美国总统华盛顿年轻时,家里的一匹马被邻人偷走。华盛顿同一位警官到邻人的农场去索讨,但那人口口声声说那马是他家的,拒绝归还。

华盛顿用双手蒙住马的双眼,对邻人说:"如果这马是你的,请你告诉我们,马的哪只眼是瞎的?"

"右眼"。

华盛顿放开蒙右眼的手,马的右眼并不瞎。

"我说错了,马的左眼才是瞎的。"邻人急忙争辩说。

华盛顿放开蒙左眼的手,马的左眼也不瞎。

"我又说错了……"邻人还想狡辩。

"是的,你错了。"警官说,"这证明马不是你的,必须把马交还给华盛顿先生。"

华盛顿要追回被偷的马不是直说,而是运用心理战术和逻辑上的复杂问语出奇制胜。他选用的复杂问语是:"马的哪只眼睛是瞎的?"这个问话包含一个假定:马已有一只眼睛瞎了。无论对方回答哪一只,都得承认这个假定。偷马人不知是计,还以为华盛顿无意向他透露了"马有一只眼睛瞎了"的真相。所以,他怀着百分之五十的希望瞎猜,终于落入复杂问语圈套,露出原形。华盛顿略施小计,便轻而易举让偷马者就范,要回了马。此例可说明"辩"的机敏性特点,也最能证明华盛顿的机敏应变能力和论辩才华。

三、"辩"的要领

1. 立论有理

"辩"是不同思想的严肃较量。辩论,不可无中生有,强词夺理;更不能蛮不讲理,以势压人。常言:"有理走遍天下,无理寸步难行。"要在论辩中取胜,只能靠真理,靠摆事实讲道理,言之成理,以理服人。

立论有理,是成功论辩的基础,是探求真理的前题。只有讲理论理,才可能进行有益论辩,才能获取真理,掌握事物内在规律。立论,必须讲科学,重事实,实事求是。立论,只有建立在事实与科学基础上,让事实说话,靠事实讲理,才有说服力,才能在论辩中底气十足,理直气壮,立于不败之地。

如,1946年,李先念、周恩来就中原停战问题与美蒋代表进行谈判。蒋方代表诬蔑我中原部队"进攻国军",侵占了他们的地盘。李先念据理反驳:

我有问题想请教郭将军,抗战八年,你们的部队一直待在什么地方?你说我军侵占了你们的地方,请问,你们在这些地方的部队又是在哪儿同日本鬼子打仗?你们从未来这些地方,怎么能说这些地方是我们侵占了呢?

八年抗战,新四军五师一直坚持在敌后,解放了9000多平方公里的国土,抗击日伪军20余万人,经历大小战斗万余次,消灭大量敌人。这些历史事实,不是郭将军所能否认的。不仅黄陵河、塔儿岗、安陆的赵家棚、积阳山等地是我军的阵地,而且整个鄂、豫、湘、皖、赣南区都是我军收复的失地。这里的每一座村庄,每一个山头,每一条河沟,都有我们战士的鲜血和汗水,都印下了我们战士的足迹。不错,八年之中,不抗战者大有人在;抗战胜利后,抢占胜利果实者大有人在;停战令下达后,争夺地盘者大有人在。人民自有公断。我军既有遵守停战协定之责任,亦有回击来犯者之权利。"人不犯我,我不犯人;人若犯我,我必犯人",这是事理之必然。为澄清是非,我提议,三方代表组成后,不妨去实地考察,听听当地老百姓的话,谁是谁非则不言自明。

这段辩词争论焦点是,我中原部队是否"进攻国军",侵占了"国军"的地方。李先念首先质问蒋方代表郭将军:八年抗战,你们部队在什么地方?又是在哪里同日本鬼子打仗?既然你们从未到过这些地方,怎么能说中原军侵占了你们的地方?几句针锋相对的质问,使郭将军无中生有的造谣诬蔑昭然若揭,不攻自破。接着,正面列举中原部队抗日战绩,说明"整个鄂、豫、湘、皖、赣,都是我军收复的失地。"每个地方,明明是我军领地,哪有我军"进攻国军"侵占"国军地盘"之理?然后说:"有人"(指国民党军队),八年抗战不抗战,胜利后却要抢别人地盘,人民军队回击来犯之敌,"这是事理之必然",这怎么能说是中原部队"进攻国军",侵占"国军地盘"?最后,理直气壮地提出,到底是谁在抢占地盘,可实地调查,可让老百姓说话。李先念驳论,都是用事实说理,让事实说话,事实确凿,铁证如山,无可争辩。因而使捏造"证据",诬蔑我中原军的蒋方代表难以招架,无法回答。这是一段立论、驳论有理的出色实例。

2. 论证有力

论点鲜明是"辩"的基础,论证有力是"辩"胜的前提。要做到论证有力,既要有最能证明论点的论据,又要善于进行严密逻辑推理;还要注意充实道德情感因素,增强论辩语言的感染力。以事实为论据,事理情结合,科学严密地推理,是论证有力、论辩成功的必由之路。

论证有力,一靠坚实论据,二靠严密逻辑。只要论据坚实,逻辑严密,科学推理,情理兼备,论辩就会有震撼力和征服力。

如林肯的一次法庭论辩:

林肯担任美国总统之前当过律师。他曾遇到这么一个案子:小阿姆斯特朗被诬告为杀人犯。原告一方证人福尔逊发誓作证,他当晚11点在月光下,清楚地目击被告小阿姆斯特朗用枪击毙了死者。

林肯作为被告律师与原告证人当场对质。

林肯:你在草堆后,阿姆斯特朗在大树下,两处相距20—30米,能认清吗?

福尔逊：看得很清楚，因为月光很亮。
　　林肯：你能肯定时间在11点吗？
　　福尔逊：充分肯定。因为我回屋看了看时钟，那时是11点1刻。
　　于是，林肯面向听众，发表辩护演说："只有在月光照射下，才能看清被告的脸。但是，这一天是上弦月，到晚11点，月亮早就下山了，因而不可能有月光照射被告的脸。所以，我不能不告诉大家，这个证人是个彻头彻尾的骗子！"
　　法庭里爆发出热烈的掌声和欢呼声，阿姆斯特朗被宣告无罪。林肯一时誉满全国。

　　林肯要为解救小阿姆斯特朗进行成功辩护，必须先推翻福尔逊的伪证。他事先对案件做了周密调查。在法庭上，他胸有成竹，故意暂不讲结论，而是先核定足以证明证人伪证的两个要件：一、证人与被告所处位置及两个之间的距离；二、证人见到被告的时间，这是诬告的根据（论据）。只要推翻证言论据，诬告便不攻自破。林肯严肃指出，当天是上弦月，晚11点以后根本没有月光，证人在30米以外，不可能看清被告的脸。不能看清，怎么能判定是被告？这就自然而有力地证明：证人无中生有，是诬告。林肯掌握天体运行规律，靠科学事实揭穿了福尔逊伪证，使这位骗子原形毕露，无言以对。这段辩词，论据科学，论证有力，情理兼备，因而使小阿姆斯特朗成功获救。同时，林肯扶危济困、伸张正义的辩才也闻名全国，令世人敬佩。

3. 精辟犀利

　　论辩是不同思想观点的决战，语言须精辟犀利。只有精辟犀利的语言才有战斗力。精辟犀利，是指语言必须简洁精要，能一针见血，切中要害。既是战斗，就要弹不虚发。语言运用，必须注意语句的准确度、精确度和冲击力。论辩中，不少人喜欢选用短句、反问句、排比句，这类句式可增加立论、驳论的气势和战斗力，像短箭齐发，切中要害；像江河奔流，痛快淋漓。精辟犀利的语言，不仅可以增加论辩语言的战斗力、威慑力，还能展示论辩者积极进取的阳刚风格和论辩语言精巧、灵动的艺术魅力。

　　如，复旦大学生季翔在国际大专论辩赛上，关于"温饱是不是讲道德的必要条件"的一段辩词：

　　　　谢谢主席，各位好！吃饭是为了活着，但人活着就是为了吃饭吗？我再次提醒对方辩友，你们今天所要论证的是没有温饱就绝对不能谈道德。既然对方还没有从逻辑上理解我方观点，我就进一步从理论上阐述。
　　　　第一，道德是随着人类的诞生而出现的。有了理性的人，有了人际关系，就有了道德规范。所以，不管人类处在哪一个阶段，谈道德不仅是可能的，而且是应该的。《礼记·礼运篇》中记载的"老有所终，壮有所用，幼有所长，鳏寡孤独废疾者皆有所养"不正是远古时代道德状况的生动写照吗？而《圣经·旧约》里，亚当和夏娃偷食禁果和原罪的传说，不也表明了道德的最早起源吗？有关贫困中人们谈道德的文化学和人类学的证据，在大英博物馆里是汗牛充栋的。想必对方对此也了如指掌的。

第二，从本质上看，道德是一个社会历史范畴。尽管在温饱的情况下可能给谈道德者提供了一些方便，但这绝不是必要条件。在不同的历史阶段和文化背景下，人们都在谈道德。达尔文在其环球旅行中发现，南非的布希曼人，即使快饿死了，也不会独吞发现的一条小鱼，而是要与族人分享。他们有温饱吗？没有。他们谈道德吗？当然谈。正如我们不能超出自己的皮肤一样，人类也不能超出乃至摆脱道德。人类谈道德，在贫困时有贫困的谈法，在温饱时有温饱的路数。谈道德，既可以坐而论道，也可以言传身教，甚至独立特行。千万不要一叶障目，不见泰山。

第三，从功能和目的上看，道德用以协调关系，达到至善的人生境界。道德，自古及今，目的是在明德，在亲民，在止于至善。像对方所坚持的那样，在温饱之前都不能谈道德，都不去谈道德，而是牙齿和爪子横决天下的话，那么人类恐怕早就销声匿迹于洪荒蛮陌之中了，又何来我们今天在这里辩论什么道德问题呢？

最后，奉劝对方辩友，不要对大量事实听而不闻，不要对人类的历史视而不见！请对方举出实例，哪怕一个：人类在何时、何地、何种情况下，一点道德都不谈呢？

这是季翔在国际大专论辩赛上关于"道德"问题的一段辩词，其论点是"温饱不是谈道德的条件"。他从道德的产生历史、道德的社会本质、道德的功能和目的等三方面，阐述道德的遵守不以温饱为条件。在论辩中，他思路清晰，语言精辟。立论、驳论，语句精炼流畅，气势强劲有力，如泰山压顶，似江河奔流，势不可挡。

讲第一个问题，采用《礼记·礼运篇》记载和《圣经·旧约》中的故事，说明有史以来就有道德规范，就一直在谈道德。两个反问句以经典为依据，具有神圣权威，不可抗拒。

讲第二个问题，运用布希曼人快饿死时还与同族人分享一条小鱼的典型事例，证明温饱绝不是谈道德的必要条件。两个设问句一问一答，真实事实如铁板钉钉，毋庸置疑。

讲第三个问题，运用逻辑推理揭露对方观点错误，反问句用得更巧妙。用一个假设条件句把对方观点推到荒谬可笑的地步，话中有挖苦、有嘲讽，足以使对方难堪，无法应对。

最后一个问题，火药味更浓，挑战性更强，全程论断，气势逼人，毫不留情，使论辩语言的攻击力发挥到极致。这段辩词，语言简洁精练，而且引经据典、旁征博引，含金量高，很有感召力和征服力，是难得的论辩语言精辟犀利之范例。

结 语

"辩"的要领在"明"。

论辩目的，在明理。要"辩"，就需"辩""明"，必须论点"明"，论据"明"。具体讲，必须作到：论点显明、论据充足、推论有力。

第一、论点鲜明。

立论有理、论点鲜明，是辩"明"事理论辩制胜的前提。论点是论辩的思想核心和旗帜。只有旗帜鲜明的论点，才能组织论据，统帅论证，使论辩走向成功。如冯玉祥与洋人的论辩，提出洋人在中国私自行猎违法，就是论点鲜明的例证。

第二、论据充足。

论据是立论基础,是论辩制胜的武器。只有坚实而充足的论据,才能确保论辩步步取胜,始终立于不败之地。如林肯的法庭论辩,因论据充足、坚实、有力,才使论敌——伪证者毫无还手之力。

第三、推论有力。

推论指论点和论据的联系过程,是论辩大厦的支柱。只有科学、严谨、精当、有力的推论,才能确保论辩征服听众并最终取胜。如季翔关于"温饱不是讲道德的必要条件"辩词,思路清晰,逻辑严密,语言精辟犀利、势不可挡,是推论有力的范例。

论点显明、论据充足、推论有力,是"辩""明"要领之关键。

第五节 读

一、"读"的意义

"读"是再现型、单表型、现实型口语,是把书面作品变成口语作品的一种创造性的语言活动。

书面作品是一种抽象的文字符号,是冷却、凝固了的思想。朗读可以使书面作品变成活动的思想,再现作品思想图像,使作品充满生机,显示生命活力。

朗读是语文教学的重要内容和中心环节。语文教学重视朗读,抓好朗读指导训练,可有效提高学生的听、说、读、写能力。

朗读有助于理解作品。有人说,全部理解作品的最好办法,就是认真地表情朗读。这话有道理。许多不好理解、难以解释的作品语句,一经认真朗读就变得意义明确、浅显易懂。如,"妈妈看见女儿笑了",是妈妈笑了,还是女儿笑了?"砍头不要紧……",是真的不要紧吗?为什么不要紧?只要通过朗读就能明白。许多经典作品,只有通过朗读才能真切理解其思想价值和艺术魅力。如,美国前总统林肯多次提到,他早年在纽沙勒镇,认识了喜爱朗读和朗诵诗文的杰克·基尔梭。此前,林肯只知莎士比亚是名人,不理解其作品。听杰克·基尔梭朗读《哈姆雷特》《麦克白》后,他"第一次体会到英国语文的美妙和丰富,知道有那么华丽的文采,有那么神秘的智慧和澎湃的感情!"在莎士比亚的作品中,林肯找到了"一个有意义、有感情、可爱的全新世界"。可见,朗读是理解作品、学得知识的重要途径。

朗读有助于提高说话和写作能力。朗读不是简单的字音翻译,它对口语形式有严格要求。不仅要字音正确、语句流利,更要用语调、语气表情达意,还要有层次感、形象性、逻辑性、感染力。许多人说话,字音不清、少词断句、重复啰嗦、少气无力,这些口语毛病,通过规范朗读都可得到纠正。朗读各种优秀作品,可开阔思想眼界,增长写作知识,作品的思想精华和表现手法会潜移默化,会渐渐烂熟于心。眼界开阔了,知识增多了,思想丰富了,语言熟练了,写作就不难了。只要说话流畅,"出口成章","下笔成文"就不成问题。常言"熟读唐诗三百首,不会吟诗也会吟","读书破万卷,下笔如有神",就是讲"朗读"有助于说写的重要功能。

朗读有助于语言规范化,学习推广普通话。方言区人学普通话,改变方音难。大量朗读,能有效改变方言习惯,纠正方音,熟悉普通话字音、语调,是学习普通话的捷径。

朗读有助于社会宣传教育。朗读用于广播、读报、读文件,是一种直接快捷宣传形式。朗读同群众生活、学习有密切关系,对社会和个人都十分有用,有益。

二、"读"的特点

1. 知识性

朗读是学习知识的有效途径,具有明显的知识性。书面作品是知识信息的源头。上下五千年、古今中外所有作品,都是文化知识结晶,其中优秀作品,都有"读"的价值。朗读是吸取和传递优秀文化知识的重要方式。

朗读可传承知识。《三字经》、《百字姓》、《论语》等书,都是通过学生朗读,才得以世代相传。朗读可积累知识。古今中外书面作品如知识海洋,朗读是通往知识海洋的桥梁。经常朗读,自可积累丰富的文化知识。声情并茂地朗读优秀作品,可深得其精华要意,感受其艺术魅力,强化知识基础和语言能力。朗读可扩散知识。朗读优秀作品,可使其文化知识快速传播,成为社会前进的思想活力和精神动力。

朗读是学习文化知识的必由之路。要学习知识,要提高文化知识素养,就必须了解朗读的知识性特点,重视朗读,善于朗读。

如,夏衍《种子的力》朗读:

  有这样一个故事。有人问|世界上什么东西的力气最大。答案多得很,有的说|是象,有的说|是狮子,有人开玩笑似的说|是金刚。——金刚有多大力气,当然大家都不知道。结果,这些答案完全不对。世界上力气最大的|是植物的种子。一颗种子可能发出来的"力",简直超越一切。↓

  这儿|又是一个故事。人的头盖骨|结合得非常致密,非常坚固,生理学家|和解剖学者|用尽了方法|要把它完整地分开,却没有成功。后来|有人想出了一个方法,就是把一些植物的种子|放在头盖骨里,配合了适当的温度和湿度,使种子发芽。一发芽,这些种子|就发出可怕的力量,把一切机械力所不能分开的骨骼|完整的分开了。植物种子的力量竟有这么大。↓

  这也许特殊了一点,一般人|不容易理解。那么,你见过被压在石块下面的小草吗?为了要生长,它不管上面的石块怎么重,石块跟石块的中间怎么窄,总要曲曲折折地、顽强不屈地挺出地面来,它的根|往土里钻,它的芽|向地面透,这是一种不可抗

拒的力,阻止它的石块|终于被它掀翻了。一颗种子的力量|竟有这么大。↓

没有一个人|把小草叫做大力士,但是它的力量|的确谁都比不上。这种力|是看不见的生命力。只要生命存在,这种力|就要显现。上面的石块|丝毫不能阻挡它,因为这是一种|长期抗战的力;有弹性,能屈能伸的力;有韧性,不达目的不止的力。

一颗有生命力的种子,如果不落在肥土里,落在瓦砾堆里,它决不会悲观,决不会叹气。它相信|有了阻力才有磨炼。只有这种草,才是坚韧的草。也只有这种草,才可以骄傲地嗤笑那些|养育在花房里的盆花。

在读此文前,不见得人人都知道"世界上什么东西的力气最大"。本文告诉读者:"世界上力气最大的是植物的种子。"

作者引用切分头盖骨的故事,引用小草在石块下面生长的事实,证明植物种子的惊人力量,并强调"这种力量是看不见的生命力"。

本文写于抗日战争时期,作者更深的用意是要说明,种子的力量就是抗战的力量,即正义的力量,真理的力量;并告诉读者,"一个有生命力的种子",一定会茁壮生长,发展壮大,无往不胜。这正是本文所表达的重要知识信息。

人们在各种作品朗读中,可源源不断获得各种知识信息。所谓"开卷有益",就是指读书可获得知识,受到启迪。知识性是朗读的显著特点,也是朗读的重要意义和实用价值。

2. 教学性

朗读是语文教学的重要内容和中心环节。

中小学教学,几乎天天有语文课,每课都有朗读。通过朗读古今中外优秀作品,可提高学生思想品德修养,培养学生听、说、读、写能力。语文教师通过朗读教学训练,能使学生喜爱朗读,终身受益。

朗读是语文教学的成功经验,是学好语文的必由之路。一个人要提高语文能力和文化水平,离不开朗读。因为许多作品,只通过成功朗读,才能真切了解其思想价值和艺术精华,才能真正把握作品的意趣与美感。许多文化素养高、语文能力强的人,大都喜爱朗读,善于朗读,从朗读训练中获益匪浅。

朗读不仅用于课堂教学,也适于自学。朗读是终身学习不断获取知识信息,不断提高语文能力的重要形式和有效途径。

朗读的教学性还表现在表达方式上。同一文学作品,可在课堂朗读,亦可在舞台朗诵。朗读与朗诵的区别就在于:朗读表达朴实,为了教学;朗诵表达华美,为了表演。教学性,正是朗读区别于朗诵的显著特点。

如,方志敏《清贫》朗读:

我从事革命斗争|已经十余年了。在这长期的奋斗中,我一向过着|朴素的生活,从没有奢侈过。经手的款项,总在数百万元;但为革命而筹集的金钱,是一点一滴地|用之于革命事业。这在国方伟人们看来,颇似奇迹,或认为夸张;而|矜持不苟,舍己为公,却是每个共产党员具备的美德。所以,如果有人问我|身边有没有一些积蓄,那

第三章 分类

我可以告诉你│一桩趣事。

就在我被俘的那一天,——一个最不幸的日子,有两个国方兵士│在树林中发现了我,而且猜到我是什么人的时候,他们满肚子渴望在我身上搜出一千或八百大洋,或者搜出一些│金镯金戒指一类的东西,发个意外之财。哪知│从我的上身摸到下身,从袄领捏到袜底,除了一只时表和一枝自来水笔之外,一个铜板都没有搜出。他们于是激怒起来了,猜疑我是把钱藏在哪里,不肯拿出来。他们之中有一个,左手拿着一个木柄榴弹,右手拉出榴弹中的引线,双脚拉开一步,作出要抛掷的姿势,用凶恶的眼光盯住我,威吓地吼道:

"赶快将钱拿出来,不然就是一炸弹,把你炸死去!"

"哼!你不要做出那│难看的样子来吧!我确实一个铜板都没有存。想从我这里发洋财,是想错了。"我微笑淡淡地说。

"你骗谁?像你当大官的人│会没有钱!"拿手榴弹的士兵│坚不相信。

"决不会没有钱的,一定是藏在哪里。我是老出门的,骗不得我"。另一个士兵一面说,一面弓着背重来一次,将我的衣服裤裆过细地捏,总企望着有新的发现。

"你们要相信我的话,不要瞎忙吧!我不比你们国民党当官,个个都有钱,我今天确实一个铜板都没有。我们革命│不是为了发财啦!"我再向他们解释。

等他们确知│在我身上搜不出什么的时候,也就停手不搜了;又在我躲藏地方的周围,低头注目│搜寻了一番,也毫无所得,他们是│多么失望啊!那个持弹欲放的士兵,也将拉着的引线,仍旧塞进榴弹的木柄里,转过来│来抢我的表和水笔。后彼此说定│表和笔卖出钱来平分,才算无话。他们用怀疑而惊异的目光,对我自上两下地望了几遍,就同声命令地说:"走吧!"

是不是│还要问问我家里│有没有一些财产?请等一下,让我想一想。啊,记起来了,有的有的,但不算多,去年夏天,我穿的几件旧的汗裤褂,与几双缝了底的线袜,已交给我的妻│放在深山屋里│保藏着,——怕国军进攻时,被人抢了去,准备今年夏天拿来再穿。那些│就算是我唯一的财产了。但我说出那几件"传世宝"来,岂不要叫那些富翁们│齿冷三天?!

清贫,清白朴素的生活,正是我们革命者│能够战胜许多困难的地方!

(1935 年 5 月 26 日写于囚室)

这是方志敏烈士在敌人监狱中写的一篇散文。通过被捕时的一段亲身经历,他向人们讲述共产党人清贫的物质生活和高尚的精神境界,同时,也揭露了国民党官兵的贪婪和愚蠢可笑。

方志敏烈士从事革命十余年,"一向过着朴素的生活,从没有奢侈过。经手的款项,总在数百万元,但为革命筹集的金钱,是一点一滴地用之于革命事业"。他告诉人们,这不是"奇迹",也绝非"夸张",而是"每个共产党员具备的美德",每个真正的共产党人都能这样"矜持不苟,舍己为公"。文章用"一件趣事"进行证明。

国民党士兵抓到方志敏,猜到他是共产党的一位高官,"满肚子渴望"在他身上"搜出一千或八百大洋","发个意外之财"。然而,通过种种搜身、威吓、敲诈,却"毫无所得,他们是多么失望啊!"文章通过具体生动的细节描写,充分说明共产党人"革命不是为了发财",用事实证明,共产党人的物质生活是何等清贫。作品通过"一桩趣事"展示革命先烈的苦难经历,从中折射出共产党人的革命精神和高尚情操。这正是朗读教学所要告诉给学生的主要内容。

朗读作为一种教学形式,必须把作品的主题思想、表现手法表达清楚。朗读的目的,是为了让学生思考、学习,而不是给听众表演。因此,朗读"一件趣事",表述"国方士兵"贪婪愚蠢的言行,只能冷静客观叙说,点到为止,不可作夸张描绘和表演。不然会破坏教学气氛,这是朗读的教学性特点所不容许。

3. 规范性

规范,是指语言形式。朗读内容的知识性和表达方式的教学性,决定了朗读语言形式的规范性。朗读作为学习和教学手段,其语言形式必须符合国家通用的普通话规范标准。因为语言内容和语言形式是有机统一体,语言形式的任何失误、错位,都直接影响朗读内容的表达,影响朗读学习效果和教学效率。

朗读的语音、词汇、语法标准,不仅是语文学习和教学的规范,也是全国人民学习和运用普通话的规范。

按照语言规范化要求,朗读不能读错字音,不能带方音,这是朗读规范的基本要求和量化指标。我国方言复杂,汉字难认,朗读时对一些生僻字、异读字、多音字,更要注意分辨,必须做到正确规范。不仅字音要规范,词汇、语法,都必须合乎规范。

如《念奴娇·赤壁怀古》朗读:

大江东去,浪淘尽,千古风流人物。故垒西边,人道是:三国周郎赤壁。乱石穿空,惊涛拍岸,卷起千堆雪。江山如画,一时多少豪杰。

遥想公瑾当年,小乔初嫁了,雄姿英发。羽扇纶巾,谈笑间,樯橹灰飞烟灭。故国神游,多情应笑我,早生华发。人生如梦,一尊还酹江月。

这是北宋豪放派词人苏轼的一篇代表作。作者通过对壮丽山河和古代英雄的讴歌,抒发强烈的爱国豪情,也表达了对自己人生失意的感慨。全词意境开阔,感情奔放。朗读时,应把握热情豪放的基调,随着内容波澜起伏,正确掌握情意发展变化。上阕要读得广阔、悠远,突出"江山如画";下阕要读得爽朗、潇洒,渲染人物的雄姿英发。结尾部分低缓,略有慨叹,但不可悲观消极,以免冲淡全词的磅礴气势。

要读出这样的效果,首先要做到语音正确规范。如,"纶"读 guān("纶巾",指古代配有青丝带的头巾,传说三国时诸葛亮常戴这样的头巾);"酹"读"lèi"(祭酒);"了"读 liǎo;"发"读"fà";"赤"读"chì","雪"读"xuě"等。这类生僻字、多音字和方言异读字,都必须特别注意,必须符合普通话语音规范。

三、"读"的要领

1. 把握主题

要朗读好作品,首先要理解作品,要把握作品主题思想或中心思想。主题思想或中心思想,是作品主线和灵魂。各种作品都是围绕一个主题、中心展开叙说或论述。只要了解作品主题、中心,就能抓住作品总纲,就容易分清作品的层次、结构,了解作品的思想脉络和语言内含。这样,就不难把握作品的感情基调,找到语句情意之根,从而使朗读语音、语调由衷而发,产生强大的内动力和吸引力。

理解作品,还必须了解作品的层次结构、写作特点、语言风格,了解作者思想状况和社会背景。作品的主题、中心,像人的大脑;层次结构,则像骨骼;写作特点、语言风格,像肌肉皮肤;作者思想状况、社会背景,便是作品的生长环境。只有对作品形象,从内到外、从部分到整体,全面深入理解,才能在朗读时找到得体、真切的语言语调,才能为听众塑造真切、生动的作品形象,使听众感知、感动。

朗读是代作者发言,再现作品。理解作品,是对作者内心世界的深入体验。只有体验深,才能读得真。只有深入理解作品,把握作品主题、中心,才能读得真切、到位。

如,朗读朱自清《荷塘月色》:

这几天|心里颇不宁静。今晚|在院子里坐着乘凉,忽然想起|日日走过的荷塘,在这满月的光里,总该另有一番样子吧。月亮|渐渐地升高了,墙外马路上孩子们的欢笑,已经听不见了;妻在屋里拍着闰儿,迷迷糊糊地哼着眠歌。我悄悄地披了大衫,带上门出去。

沿着荷塘,是一条曲折的小煤屑路。这是一条幽僻的路;白天也少有人走,夜晚更加寂寞。荷塘四面,长着许多树,蓊蓊郁郁的。路的一旁|是些杨柳,和一些不知道名字的树。没有月光的晚上,这路上|阴森森的,有些怕人。今晚却很好,虽然月光也还是淡淡的。

路上|只我一个人,背着手踱着。这一片天地|好像是我的;我也像超出了平常的自己,到了另一个世界里。我爱热闹,也爱冷静;爱群居,也爱独处。像今晚上,一个人在这苍茫的月下,什么都可以想,"什么"都可以"不想",便觉是个自由的人。白天里一定要做的事,一定要说的话,现在都可不理。这是独处的妙处;我且受用这无边的荷香月色好了。

曲曲折折的荷塘上面,弥望的是田田的叶子。叶子出水很高,像亭亭的舞女的裙。层层的叶子中间,零星地点缀着些白花,有袅娜地开着的,有羞涩地打着朵儿的;正如一粒粒的明珠,又如碧天里的星星。微风过处,送来缕缕清香,仿佛远处高楼上渺茫的歌声似的。这时候|叶子与花也有一丝的颤动,像闪电般,霎时传过荷塘的那边去了。叶子|本是肩并肩密密地挨着,这便宛然有了一道凝碧的波痕。叶子底下|

是脉脉的流水,遮住了,不能见一些颜色;而叶子却更见风致了。

月光如流水一般,静静地泻在这一片叶子和花上,薄薄的轻雾|浮起在荷塘里,叶子和花|仿佛在牛乳中洗过一样;又像笼着轻纱的梦。虽然是满月,天上却有一层淡淡的云,所以不能朗照;但我以为这恰是到好处——酣眠固不可少,小睡也别有风味的。月光|是隔了树照过来的,高处丛生的灌木,落下参差的斑驳的黑影;弯弯杨柳的稀疏的倩影,却又像是画在荷叶上。塘中的月色|并不均匀;但光与影有着和谐的旋律,如梵婀玲上奏着的名曲。

荷塘四面,远远近近,高高低低都是树,而杨柳最多。这些树|将一片荷塘重重围住;只在小路一旁,漏着几段空隙,像是特为月光留下的。树色一律是阴阴的,乍看像一团烟雾;但杨柳的风姿,便在烟雾里也辨得出。树梢上|隐隐约约的是一带远山,只有些大意罢了。树缝里|漏着一两点路灯光,没精打采的,是渴睡人的眼。这时候最热闹的,要数树上的蝉声与水里的蛙声;但热闹是他们的,我|什么也没有。

忽然想起采莲的事情来了。采莲|是江南的旧俗,似乎很早就有,而六朝时为盛,从诗歌里可以约略知道。

于是又记起《西洲曲》里的名字:"采莲|南塘秋;莲花|过人头;低头|寻莲子,莲子|清如水。

今晚若有采莲人,这儿的莲花也算得"过人头"了;只不见一些流水的影子,是不行的。这令我|到底惦着江南了。——这样想着,猛一抬头,不觉已是自己的门前;轻轻地推门进去,什么声音也没有,妻|已睡熟好久了。

朱自清的《荷塘月色》是一篇优美的写景抒情散文,写于1927年7月。当时,正是国民党发动"四·一二"大屠杀之后,白色恐怖笼罩全国。作为一个正直的爱国人士,在黑暗政治重压下谋生,向往光明理想,但难以实现;厌恶黑暗现实,却无法摆脱。理想与现实矛盾难以解决,心情自然矛盾、压抑、郁闷。这篇作品,充分反映了作者当时压抑、郁闷的复杂心情。

作品开头"这几天心里颇不平静",就道出自己内心的烦恼与苦闷。为排遣"不平静"心情,作者才想去荷塘周围走走看看。当他一个人在幽静、清新的荷塘边漫步,顿时便觉精神解脱,轻松愉悦:"像今晚上,一个人在这苍茫的月下,什么都可以想,什么都可以不想,便觉是个自由的人。白天里一定要做的事,一定要说的话,现在都可以不理。这是独处的妙处。我且受用这无边的荷香月色好了!"这正是作者欣赏荷塘月色的原因,也是他描写荷塘月色的心理基础。朗读本文,在熟悉作者了解作品社会背景,掌握作品主题思想的基础上,应用舒缓的节奏、柔和而含蓄的语调,既表现荷塘月色的宁静、优美,又要表达作者心态的压抑、郁闷。《荷塘月色》一文,绝不是单纯赞赏自然景色之美,作者的郁闷并没有在观赏优美的荷塘月色中得到完全解脱。因此,作者描写荷塘月色时,在淡淡喜悦中总带有隐隐哀愁。这正是作者当时的真实心态,也是朗读时必须把握的感情基调。只有了解作者当时的心境,正确把握作者的感情基调,才能正确表达朱自清眼中和心中的荷塘月色,才能如实解读朱自清笔下荷塘月色的深厚情意和艺术魅力。

2. 解读完整

各种作品，不管哪种体裁，不管什么内容，本身都有自己的组织系统和完整模式。朗读的任务就是通过各种语言手段，准确、完整地再现作品的思想内容和语言特征，给听众一个明晰的整体印象。

朗读作品，是朗读者对作品的理解水平、理解能力和语言功力（包括态势语能力）的综合反映。解读完整，是对朗读的基本要求，也是检验朗读水平的具体指标。

因此，朗读时，或叙事、或说理、或抒情，运用各种词句及其语调形式、节奏变化，都必须准确到位，不容许缺失或错位。朗读语言的任何缺失、错位，都会直接破坏作品的完整性。一篇作品，只有通过准确、完整的朗读，才能全面理解，才能达到音意完美、声情并茂、情意感人的理想境地。

如朗读臧克家《有的人》一诗：

有的人│活着，
他已经│死了；
有的人│死了，
他还│活着。

有的人
骑在人民头上："啊，我多伟大！
有的人
俯下身子，给人民│当牛马。

有的人
把名字刻入石头，想不朽；
有的人
情愿做野草，等待地下的火烧。

有的人
他活着│别人就不能活，
有的人
他活着│为了多数人更好地活。

骑在人民头上的，
人民把他摔垮；
给人民│做牛马的，
人民│永远│纪念他。

把名字|刻入石头的,
名字|比尸首烂得更早;
只要|春风吹到的地方,
到处|是青青的野草。

他活着|别人就不能活的人
他们下场|可以看到;
他活着|为了多数人更好地活着人,
群众|把他抬举得|很高很高。

1949 年 11 月 1 日于北京

这是臧克家在纪念鲁迅先生逝世 13 周年时的一篇诗作。作品热情颂扬鲁迅先生"横眉冷对千夫指,俯首甘为孺子牛"的崇高精神和伟大人格;无情鞭挞反动统治者及势利之徒与人民为敌的可耻行径和丑恶灵魂。诗作通篇采用对比手法,将两种截然相反的人生进行鲜明对比,以突出主题思想。在对比中,诗人有意用"有的人"同一词语分别指代两种不同的人,表达两种不同的人生态度和不同的精神人格。因此,朗读代表不同人生态度、不同的精神人格的"有的人",就必须有严格区分。前一"有的人"与后一"有的人",在音质、语调、情态上,绝不能相同。前者,指反动统治者、势利之徒、卑鄙小人,音调轻抑,用厌恶、鄙夷语气;后者,指伟大作家、思想家鲁迅,音调重扬,用尊崇、敬仰语气。第二部分4、5、6节,是对"两种人"不同下场、不同结果的对比,前后两句有褒有贬,音调、语气、情感,也须有明显区别。

总之,要读好这首诗,必须准确、完整地表达"有的人"的不同内含,必须对两种"有的人"的不同语调、语气准确定位,使两种"有的人"形成正反显明对比。这样,才能准确、完整地表达诗作的主题思想,突出鲁迅先生的高尚精神和伟大人格,突显诗作的文学成就和思想价值。

3. 规范明晰

规范明晰,是朗读语言的基本要求。规范,指语音正确无误,符合普通话标准;明晰,指语句简洁明快,能准确清晰表情达意。

规范明晰,也是口语表达必备的基本功。口语不规范明晰,听众便不能听清、听懂,就是无效劳动,甚至引起听众反感。林肯曾说:"我小时候,如果有人讲话我听不懂,就常常生气。在我一生中,我再不能想起还有什么能够使我更生气的。"林肯经常花很长时间想一个问题,他说:"即使想出来了,还要再三地想,然后用通俗平易语言讲出来,使每个孩子听了都能明白。这差不多成为我的一种嗜好了。"这正是林肯使语言表达规范明晰的切身体会和宝贵经验。

要使语言明晰,首先要把问题想清楚,先使自己思想上明晰。有位政治家说:"如果你

第三章 分类

自己还没明了那个问题,你绝无法使人家来明了那个问题;反之,你对这个问题越是认识得清楚,你把这个问题传达到人家的心理也越是容易。"

朗读时,必须使语言表达规范明晰,并使听众明晰。只有朗读语言叙事明晰、说理明晰、写景明晰,才能使听众理解作品的精华,吸取作品的思想智慧,感受作品的艺术魅力,从朗读中受益。

如,朗读列夫·托尔斯泰《爷爷和孙子》:

爷爷|已经很衰老了。他行动迟缓,耳聋眼花,吃起饭来|鼻涕口水|一个劲地流。他的儿子和儿媳|嫌他脏,不让他同桌吃饭,把老爷爷一个人|赶到墙底角去吃饭。

有一天,老爷爷端着个瓷碗,在墙角蹲着吃饭,时间长了,他想挪动一下,一不小心,"啪!"瓷碗掉地下了。儿媳见了,就破口大骂:"啊呀!你这个老不死的!你怎么把家里东西|全打坏了呢?你这么大岁数,待在家里边,什么事也不干,有什么用呢!好啦,明天哪,你就拿木盒吃饭吧!啊!"

老爷爷听了,什么话也没有说,只是长长地叹了一口气。

又过了几天,小两口儿|在家里坐着没事,忽然发现|他们的宝贝儿子用木头在做东西。

年轻的爸爸就问他:"啊!别佳!你在做什么呢?"

"您问我吗,亲爱的爸爸?"

"是啊,你在做什么呢?"

"我嘛,我在做木盆呢!"

"做木盆?"

"是啊。等您和妈妈将来老的时候,也用木盆来吃饭,省得打碎碗哪。"

小两口儿听了,面面相觑,感到这样对待老爷爷很惭愧。

从此以后,他们又和老爷爷同桌吃饭,也照顾老爷爷的生活了。

这是俄国作家列夫·托尔斯泰的一篇小小说。作者通过别佳关爱爷爷和爸爸妈妈的天真言行,教育年轻人要关爱、尊重老人。作品依靠人物叙事说理,人物形象鲜明,故事情节动人,内涵深刻,耐人寻味。

要朗读好这篇外国作品,不仅字词、语句要注意准确、规范,更要注意准确反映几个外国人物的言语情态,要把人物形象读得准确、明晰。

儿媳的话"啊呀?你这个老不死的,你怎么把家里东西全打坏了呢?你这么大岁数,待在家里边,什么事也不干,有什么用呢!好啦,明天哪,你就拿木盒吃饭吧,啊!"这段训斥老人话,充分显示了儿媳对老人刻薄、蛮横的态度,应用厌烦、指责、命令的语气朗读。"啊呀"等字音,可加重拖长,语速较快,像打机关枪,要读出"破口大骂"的虐待语气。

年轻爸爸的话"啊,别佳!你在做什么呢?"要读得轻快,尾音上扬,适当摹拟外国年轻人的语气。别佳的话"您问我吗?亲爱的爸爸?"要读得缓慢、平直,一字一顿,以表现刚懂事孩子讲话的天真情态。

作者的话"小两口听了,面面相觑,感到这样对待老爷爷很惭愧"。要读得庄重、沉稳,能发人深思。"从此以后,他们又和老爷爷同桌吃饭,也照顾老爷爷的生活了"。应读得高扬爽朗,显示三代人重归于好,像雨过天晴,令人欣喜、宽慰。

本文以叙事为主,朗读时,叙述必须准确、明晰。只有准确、明晰地表达每个人物的个性情态,才能准确、完整地显示作品的人物形象,才能深刻而生动地突出作品的主题思想,使听众受到启发,经久难忘。

结　语

"读"的要领在"通"。

朗读作为传递知识信息的教学活动,必须通晓书面作品的思想内容和语言特征。要"读""通",就必须文稿"通"、情意"通"、语音"通"。具体讲,必须做到:把握主题、解读完整、规范明晰。

第一,把握主题。

主题思想或中心思想是作品的主线和灵魂。只有把握作品的主题、中心,才能理清作品层次结构、思想脉络及语句内含,才能把握作品的感情基调和情意根源,从而使朗读语音语调由衷而发,产生强大的内动力和吸引力。如朗读《荷塘月色》,不了解作品主题思想,就不可能表达作者心中和眼中的荷塘月色。

第二,解读完整。

每篇作品都有自己的组织系统和完整模式。朗读的中心任务,就是准确、完整地再现作品的思想内容和语言特征。一篇作品,只有通过准确、完整的朗读,才能达到音意完美、声情并茂的境界。如朗读《有的人》,只有解读准确完整,才能读得音意完美,感动人,教育人。

第三,规范明晰。

朗读语音必须符合普通话规范标准。朗读者,必须在理解作品的基础上,对作品的语音、语调正确选择定位,不容许有任何缺失错位。只有语音规范明晰,才能发挥朗读语言的解析力、表现力、感染力、征服力。如朗读苏轼《念奴娇·赤壁怀古》,任何语音缺失错位都会破坏朗读表达效果。

把握主题、解读完整、规范明晰,是"读""通"要领之关键。

第六节　播

一、"播"的意义

"播",即"播音"。

播音是电台、电视台和网站等,通过现代扩音设备,面向群众传播知识信息的一种口语形式。

播音,可分有稿播音与无稿播音两种。前者属播音员型,后者属主持人型。有稿播音,有文字依据,可事先准备;无稿播音,无文字依据,事先多无准备,全靠临场构思,现场发挥。但无稿播音,由于传播快捷,信息量大,富有真切感和吸引力,更受观众欢迎。无稿播音,最能显示一个人的文化素养和口才智慧,能增加收视率,很受播音员和新闻部门重视。

播音作为新闻媒体表现形式,同现代社会政治、经济、文化活动与群众日常生活都有密切联系。它是国家和执政党的喉舌,是社会经济、文化活动的窗口,是群众日常生活的精神食粮。听广播、看"新闻联播"已成为广大群众生活的重要内容与精神需要。

播音在现代社会国际交往方面,在现代化经济建设、文化建设、精神文明建设及培养人才方面,都有不容忽视的巨大促进作用。要更好发挥"播"的社会作用,必须认真研究"播"特点,必须掌握"播"的修辞要领和应用规律。

二、"播"的特点

1. 新闻性

人们喜欢播音,主要看重播音的新闻性。

新闻的特点和优势在"新"。播音的任务,就是向群众传播新的知识信息,报导群众应知而未知的新人物、新事件、新观点、新动向。电台、电视台每时每刻都在播报各地当时的重要活动和重大事件,让群众了解国家和世界的新情况、新变化。

在现代信息社会,播音作为舆论载体,作为联系群众的桥梁和展示国家形象的窗口,越来越受到人们重视。听广播、看电视新闻,已成为广大群众关注社会、了解世界的主要渠道。播音正是这样以它丰富多彩、新颖鲜活的新闻信息,不断满足人们的生活需要和精神需求。

中央电视台"新闻联播"等栏目,最能说明"播"的新闻性特点。

如,2009年12月26日,中央电视台直播"武广高铁通车仪式"的报导:

  播音员:"现在是8点55分,再过5分钟,武汉至广州高铁即将开通。武广高铁跨越湖北、湖南、广东三省,全长约1068公里,动车时速达350公里。它的开通,将使武汉至广州的旅行时间,由原来的10小时,缩短为3小时。现在,首次列车马上就要发车了。我们联线一下正在武汉的本台记者郑延凯。

  延凯,你好!还有4分钟,列车就要开车了,现在现场情况怎么样?是不是一切准备就绪了?"

  记者:"你好,郑丽!现场的气氛非常热烈。大家通过话筒可以听到现场的锣鼓声。刚刚在这里举行了列车首发仪式。现在,一部分参加仪式的领导和工作人员就要登车了。有很多摄像机对准列车,再过两分钟就要开车了。

这里天气非常冷。我们站在这里冻得有点发抖,还有'哈气'。但在武广铁路的另一头,我的同行刚告诉我,那里天气非常暖和。今天,这趟首发车将在三小时内穿越武汉和广州。

对面站台上,有很多人等待列车开动时刻的到来。这次列车是从武汉开往广州北站,全程在三小时以内。驾驶室里有四位驾驶员正在作最后准备。列车缓缓启动了!我们把镜头摇过去。

列车像一条银鱼一样已经出发了!现在时速30公里,按设计行驶8分钟,就能达到350公里。现在,我们站在列车旁没什么感觉,但是,列车时速一旦达到350公里,一米以内就会有13级风的感觉。在这里,我也提醒旅客,如果遇到高速列车通过的话,为了您的安全,千万不要靠近,不要跨越栏杆。

列车现在已经出站了。留在站台是前来观看的人群,大家都带着一脸的兴奋。我们也祝愿今天乘坐首次列车的旅客,能够有一个特别美好的感觉。

好了,我的现场报道就是这些。"

这段"直播",播报"武广高铁"通车仪式的现场盛况。全长1068公里的高速铁路,将要在3小时内,穿越武汉的寒冷与广州的温暖。现场欢庆人群热情沸腾,锣鼓喧天。人们注视着银鱼似的首次列车,都是"一脸的兴奋";登上这趟列车的每位乘客,更有一种"特别美好的感觉"。播音员和现场记者的解说真切具体、热情洋溢,把电视观众完全带到了热烈欢庆的现场。

武广高铁开通,是国家建设的新成就。它采用世界一流技术,是迄今为止世界上一次建设里程最长、运行速度最快的高速铁路。堪称铁路建设事业发展的里程碑。

武广高铁开通,是中国社会民生的新改善。它把过去十几小时的路程,缩短为三小时,使人们出行不仅更快捷,而且更舒适,更安全。

武广高铁开通,是中国建设国力的新进展。它不仅提高了铁路运输力,而且对"珠江三角洲"经济发展、对鄂湘粤区域合作,可注入强大的内动力。

武广高铁开通"直播",是一则有里程碑意义的新闻,它不仅使人高兴,而且令人振奋,令中国人感到幸福和自豪。因此,不仅现场群众,所有电视观众都是"一脸的兴奋"。这正是播音"新闻性"所产生的社会效应。

2. 快捷性

快捷是播音表达的特点。

新闻播报要求快捷,贵在争取第一时间让听众知晓。如果超过一定时间,新闻就会失掉价值,失掉听众。为了快速播报,电台、电视台播音常不断革新。如增加"直播"和"现场报道",就是为了快捷。"直播"省掉写稿和事先编辑,现场直接解说,能在第一时间快捷传播,很受群众欢迎。

今天,人们可跨时空、超地域通过播音语言图像,及时了解世界大事和时局变化。过去,哥伦布发现新大陆,半年以后才逐渐被人知晓,而今美国"9·11"大爆炸、美军攻打伊拉克,几分钟后就传遍全世界。现代科技进步,使播音传播时效产生神奇的飞跃。有人说,现代社会地球的半径缩短了,人的舌头延长了,这正是对播音快捷性的形象表述。

如,2007年元旦,天安门广场"升旗仪式"现场直播:

迎着东方的霞光,我们在天安门广场迎来了2007年第一个黎明。虽然这里气温很低,但是隆冬的寒气丝毫没有影响人们感觉神圣与自豪的热情。今天一大早,就有数万名群众赶到这里,等待国旗与旭日同升,等待为伟大祖国献上最深切的祝福。

7点33分,伴随着《歌唱祖国》的雄壮乐曲,威武的护卫队员,从天安门城楼整齐出发。聚集在广场上的数万名群众庄严肃穆,等待着五星红旗与旭日同升。

(奏国歌声)

凝聚力量,升起希望。过去的一年,伟大的祖国在党的领导下,取得了举世瞩目的成绩。全国人民成功战胜了"非典";"神州五号"、"神州六号"圆了中华儿女千年梦想;经济发展各项指标连创新高;国际地位日益显著。国运昌盛,民族兴旺。面对冉冉升起的五星红旗,中国儿女为日益强大的祖国无比骄傲和自豪。

天安门广场是中华文明的象征;是凝聚中华儿女思想,引领中华民族复兴的灯塔;是中华儿女为争取自由、民主、和平浴血奋战,一步步走向胜利的见证。2007年元旦,在这里举行升旗仪式,无疑有多种爱国情怀和深刻寓意。

这段播音,报导升旗现场盛况,画面壮观,气势宏伟,层次清晰,重点突出,解说真切感人。这决不是一般的升旗。正如播音员所说,这是来自全国的几万名各族儿女感受站起来的中国人的"神圣与自豪";这是经过改革开放富起来的中华儿女"凝聚力量,升起希望","向伟大祖国献上最深切的祝福"。

这段现场报道,使当时收看节目的亿万中华儿女,在同一时间——事件原发时间,同参加升旗仪式的群众一起,同时受到强烈激励、感染和震撼。这正是播音快捷性的特有功效。

3. 时效性

播音语言具有时效性。新闻播音,都是在一定时间产生效能,过了这段时间,其新闻时效便自然消失。如"香港回归"、"长江三峡大坝合拢"、"神州六号载人航天取得成功",这些直播报道,主持人的激情播报,当时曾引起亿万观众何等兴奋激动,而现在都已成历史。时效性,是新闻语言的特点,也是新闻播音的生命价值所在。

如,中央电视台主持人撒贝宁在《今日说法》中的一段播音:

本周最后悔的人,要数河北的刘小姐。她为了能在北京找工作,买了假身份证和文凭,结果被北京市西城区法院判处徒刑10个月。她反复讲,只知卖假证件犯法,可没想到买假证件也犯法。是呀,没有买的,哪有卖的,法官指出,买假证件属于协助犯罪,也应受处罚。

这段法制新闻,讲一位刘小姐的违法经历。刘小姐后悔自己犯法而不知是犯法。法官指出这"属于协助犯罪,也应受处罚"。这段播音,当时,曾使广大观众感到新奇,并受到启发教育。现在,刘小姐早服刑完毕,《今日说法》就不能再照样播出。因为"本周最后悔的人"等语句,只能是一次性的。播音不同于朗读之处,就在于语言形式的时效性。

三、"播"的要领

1. 把握主旨

理解作品、把握主旨,是播音成功的关键。主旨是播音的统帅和灵魂,是指播音的中心思想和表达意向。不管哪种播音,播音员和主持人在播报时,都必须主旨明确——对中心思想和表达意向心中有数,成竹在胸。

把握主旨,就能站在播音的制高点,掌握播音的主动权。播报时,可总揽全局,收放自如,左右逢源。可以准确把握播报的思想脉络和感情基调,目标明确,思路清晰,贴近真情,感受真意,进入播报最佳状态。可以使语言由衷而发,使语句充满生机,富有生命活力,从而与听众真切交流,使听众感知播音语言的真、善、美。

如,60年国庆,北京电视台播报《民族复兴,从新的起点出发》:

今天,伴着鲜花和欢歌,我们庆祝新中国60华诞。

60年前,新中国成立,一个经历磨难的民族,挣脱身上的枷锁,以一个新的面孔亮相于世界东方的舞台。它是中国历史进程的重大事件,也是20世纪世界史上最伟大的事件之一。

60年见证了一个新生的共和国所有的风雨沉浮、兴衰荣辱,见证了身处转型期的中国人如何逢山开路,遇水搭桥,百折不挠,直至凯旋。60年,从一个落后的农业国发展成为工业化中期国家,中国走完了发达国家历经数百年的发展路程,从满目疮痍、积贫积弱的国家,一跃而成为世界第三经济体。2008年中国国内生产总值超过30万亿元,比1952年增加了77倍,人均国内生产总值比1952年增长32.4倍。即是在金融危机依然严峻的当下世界,中国经济被称为"风景这边独好"。东方大国的崛起,从来没有像现在这样"当惊世界殊",也从来没有像现在这样带给我们的尊严和希望。60年,我们站在民族复兴的历史新起点上,我们为国家进步而自豪。60年,给我们以自信,也同样给我们以希望和梦想。

在总结中国发展的成功经验时,常常放在第一位的是"思想解放"。的确,若问这60年最大的沧桑巨变是什么,不仅是由一穷二白变得比较富庶,不仅是国门大开从此多了送往迎来,也不仅是经济社会生机勃勃、一日千里,而在于人们的精神气质与观念发生了翻天覆地的变化。

无论是致力于建设"以人为本"的和谐社会,还是把发展导向"科学"之旅,首要的是思想的解放,观念的更新;关键是改革开放。没有改革开放,就没有中国的今天,离开改革开放,中国就要走回头路,就不会有希望。

没有什么力量能停止时间的车轮,只要看到了窗外美丽的鲜花,就没有力量能阻止我们追求美好与幸福的步伐。"万山不许一溪奔,拦得溪水日夜喧。待得前头山脚尽,堂堂溪水出前村。"今日中国之成就,正是改革开放时代之报偿;中国民族之复兴,明日中国之美好未来,也依然要建造在改革开放的地基上。

祝福祖国,祝福所有生活在这个国家的人们!

2009年10月1日,北京电视台播音员播报这篇国庆评论,真切的感受、欢快的心情、昂扬的语调,一下子把听众带到节日喜庆气氛之中。

他先讲60国庆盛典的重大意义:这是"中国历史进程的重大事件","是20世纪世界史上最伟大的事件之一",因为,这是"一个历经磨难的民族,挣脱身上的枷锁,以一个新的面孔亮相于世界东方的舞台";因为,60年见证了"一个新生的共和国所有的风雨沉浮,兴衰荣辱",见证了"中国人如何逢山开路,遇水搭桥,百折不挠,直至凯旋"。

接着讲,60年共和国的伟大成就。60年,中国"从满目疮痍、积贫积弱的国家,一跃而成为世界第三经济体",因内生产总值超过30万亿元,比建国初增加77倍。在世界金融危机面前,唯有中国经济"风景这边独好"。一个东方大国的崛起,从来没有像现在这样"当惊世界殊"。

再接着,讲60年建国的成功经验。中国大发展的成功经验,"首先是思想的解放,观念的更新,关键的是改革开放"。没有思想解放和改革开放,就没有中国的今天。

最后,借一首古诗形象生动地宣示中国人民前进的方向和决心:没有任何力量能阻止中国人民改革开放的前进步伐,"中华民族的复兴、明日中国之美好未来,也依然需要筑造在改革开放的地基上"。

由于播音员把握社论主旨,能总揽全局,目标明确,思路清晰,讲欢庆共和国60年的伟大意义、巨大成就、重要经验,才能表达真切、具体、明晰,不仅使听众感受到节日的欢乐,而且深感作为中国人的幸福、光荣与自豪。由于播音员把握了社论主旨,感知真切,情态到位,语调语气才能贴近真意,充满活力,才能播得如此深切感人,给人印象深刻。这篇评论播报成功,与播音员善于把握播音主旨直接有关。

2. 详实自如

详实自如,是播音表达的基本要求。

详实,指播报内容全面真实,原原本本,实事求是。新闻最忌假、大、空,贵在真、善、美。只有详实的播报才有价值,有意义,才符合听众的生活需要和审美需求。自如,指播报自然真切,语音语调由衷而发,眼神手势自然协调,能感染听众,与听众心理相容,达到最大限度的交流沟通。

播报详实自如,是播音员和主持人必备的职业素养和专业基本功。只有播报详实自如,才能履行新闻工作者职责,播报成功;只有播报详实自如,才能满足听众要求吸引听众,才能使播音有磁性、有魅力,使听众入耳、入脑、入心,引起共鸣。

许多优秀的播音员和节目主持人,他们之所以播报出色,受听众欢迎,就因为具有播报"详实自如"的专业素养和过硬的口语表达基本功。

请看,中央电视台《中国女排再登巅峰》新闻播报:

相信观众朋友们也是刚刚看完我们直播的女排世界杯,一起经历了这个激动人心的时刻。中国队以"3∶0"战胜了东道主日本队,时隔17年后重新夺回了世界冠军。下面让我们先来回顾一下这令人激动的时刻。今天比赛之前,只有中国队和巴西队有资格争夺冠军。巴西队在中午以"3∶1"战胜了意大利队,虽然没让中国队提前夺冠,但这一比分也意味着只要中国人在与日本队比赛中拿下两局,就将夺回世界冠军。历史总是惊人的相似,22年前,老女排出战第三届世界杯,也是最后一场比赛产生冠军,也是对阵东道主日本,也是拿下两局就能夺冠。当时,中国队"3∶2"险胜日本,首夺世界冠军。22年后的今天,年轻的中国女排面临着同样的局面,面对疯狂的东道主观众,实力高于日本队的中国队心态平稳,一步步向冠军逼进。

借助主场之利,日本队利用大力跳发破坏中国队一传,并依靠自己顽强的防守打出了几次快攻。不过,实力、技术、身高明显占优势的中国队不急不躁,在稳定一传的基础上,背快球,背交叉,跑动进攻,打得有声有色。周苏红、刘亚男、赵蕊蕊飘忽的进攻让日本队防不胜防。赛前,中国队主教练陈忠和就表示,我们的网上实力非常出色。果然,赵蕊蕊、冯坤、杨昊等高大队员的拦网屡屡奏效,严重影响了日本队的进攻。面对强大的中国队,日本队失误频频,第一局仅发球失误送给了中国队5分,进攻也稍欠准星。最终日本队扣球出界,以"18∶25"丢掉了第一局。中国队离世界冠军只有一局之遥。

第二局当比分打到"24∶18"时,所有的人都屏住了呼吸,冠军即将产生。最终,15号来自八一队的主攻手王丽娜死死地扣中了这个球,"25∶18",中国队等待了17年后,如愿以偿地再次夺得世界冠军。

第三局中国队以"25∶13"获胜。最终,中国队本场以总分"3∶0"战胜日本队,以11连胜的成绩摘走了本届世界杯的冠军,巴西、美国分列二三位。这样,中国队、巴西队和美国队取得了明年奥运会的入场券。

从1986年中国女排在世锦赛第五次夺得世界冠军后,已经有17年没有站在世界之巅了。今天,我们又找回了这份荣誉和骄傲。下面让我们一起来回顾女排姑娘们六夺世界冠军的激动时刻。

1981年,中国女排以亚洲冠军身份亮相世界赛场,参加在日本举行的第三次世界杯排球赛。在主教练袁伟民带领下,七战全胜的中国队首次夺得了世界冠军。

1982年,启用新人的中国队在秘鲁夺取世锦赛冠军。

1984年,洛杉矶奥运会,中国队进入决赛,"3∶0"完胜美国队,取得三连冠。

1985年,邓若增带领中国队再夺世界杯冠军。

1986年,张容芳、郎平带领中国队以8战全胜战绩蝉联世锦赛冠军,成为第一支五连冠的世界冠军。

2003年,11月1日,陈忠和带领年轻的中国队出征日本世界杯。首战遭遇巴西队顽强抵抗,但迅速调整状态后,中国队终以"3∶1"取得首场胜利。

此后,中国队连胜古巴、多米尼加、土耳其、波兰、韩国、阿根廷、埃及、美国、意大利和日本,以11连胜的战绩事隔17年后,再次站在了世界之巅。

中国女排从1986年在世锦赛第五次夺冠后,一连16年与冠军无缘。2003年11月1日,陈忠和带领年轻的中国队,出征日本世界杯赛,终于"以11连胜的战绩,事隔17年后,再次站在了世界之巅"。这是震惊世界体坛的一大新闻,也是令中国人民和海外中华儿女为之振奋和自豪的大喜讯。

这篇播音,报导中国女排17年后重新夺冠的动人场景,把观众带到激动人心的比赛现场,去见证这令人难忘的具有历史意义的时刻。

这是中国队与日本队对阵,如果中国女排拿下第二局,就是自然获得冠军。"第二局,当比分打到'24∶18'"时,所有的人都屏住了呼吸,冠军即将产生。最终,15号——来自八一队的主攻手王丽娜,死死地扣中了这个球,'25∶18',中国队等待了17年后,如愿以偿地再次夺得世界冠军"。这段报导像特写镜头,把决赛紧张场面描写得真切传神,激动人心,扣人心弦。一声高呼"25∶18",中国女排姑娘欢腾跳跃,热泪盈眶。顿时,观众也感觉到夺冠的兴奋,分享到中国女排17年后重新夺冠的欢乐,为中国体育事业取得优异成绩感到由衷的自豪和快慰。

播音员熟悉中国女排夺冠的经历,了解听众心理,同听众一样对中国女排夺冠抱有极大的热情,因此播报中国女排夺冠场景及历史,能做到详实自如,喜悦兴奋之情由衷而发,溢于言表,能和听众一起,走进女排夺冠现场,共同经历夺冠的艰辛,享受夺冠的欢乐。因为播报详实自如,才使这篇播音在听众中引起热烈反响,使听众对中国女排夺冠的经过,历历在目,印象深刻,经久难忘。

3. 规范流畅

规范流畅,是播音语言美的标准。

播音语言,是国家语言应用的示范窗口,是国家推广民族共同语的样板。因此,播音员语言,不仅要标准规范,还必须流畅熟练。只有规范而流畅的语言,才能履行播音员职责,圆满完成播报任务;只有规范而流畅的语言,才能吸引听众,赢得听众,成为语言应用的样板。

电视台优秀播音员和主持人,他们的播报语言规范流畅、字正腔圆、出口成章、妙语联珠。收听收看他们的节目,群众如沐春风,如饮甘泉,不仅思想受启发、感情得愉悦,还可得到语言美的享受。大家称他们"名嘴",就因为他们的口语不仅规范流畅,而且形象生动,能发人深思,引人入胜,具有极强的吸引力和艺术魅力。这种语言素养和功力,正是他们"播"得出色并深受群众喜爱的重要原因。

如,张泉灵在北京奥运会期间的一次播报:

1984年的时候,电视挽救了奥运会,因为濒临破产的奥运会已经找不到它的主办国了。申办1984年奥运会城市,最后只剩下美国洛杉矶。幸好当时电视已经普及全球,电视转播权开始出售,国际奥委会突然之间,从快要破产的国际组织变成最富有的国际组织。没有电视,再大的赛场,也只能容10万名观众;而有了电视,就像这一次的开幕式,就有40亿观众共同观看。

有了电视,奥运会成了全球的奥运会,而不仅仅是举办地的奥运会。众多的电视机构现在是国际奥委会的财神爷。美国的NBC有权将游泳比赛放在上午举行,是因为他们付出了9亿美元的转播权的代价。当然,NBC的选择是对的,到目前为止,美国夺得的金牌中有一半来自游泳——他们付出的代价有了收获。

但是,话说了回来,你是希望在电视里看奥运会,还是在现场看?如果你有到现场看的机会,你会放弃吗?尽管现在的电视技术已经让比赛在电视里观看更加漂亮,因为现场通常会有几十路的机位,它会让比赛的每一个细节变得历历在目,更加近在眼前。而且特殊技术会让一些转瞬即逝的比赛画面,清晰地呈现在你的眼前。然而,有谁会放弃去现场的机会呢?

尽管你也许只能坐在最后一排,远离参赛者,但是,你可以融入其中,你的呐喊欢呼成了整个比赛的一部分。

因此,即便刘翔已经退出了比赛,但票贩子并不担心21日的决赛门票卖不出去。尽管北京奥组委已经几次开新闻发布会说,要严厉打击各路票贩子,但是到目前为止,各个场馆前隐蔽行动的票贩子依然存在。他们存在的理由是暴利,一场原来二三十元的田径票,现在的价钱已经达到了几千元。一张有美国"美八"参加比赛的篮球票,最次的也能卖到9000元以上。这种暴利的存在,是因为巨大的供需差别。更多的中国人对一届百年一求的、在家门口举办的奥运会,恨不得到现场——不管什么比赛,不管有没有中国队员,不管是什么结果,大家只是想亲自体验一下。

也正是如此,这种巨大的供需差别,导致票贩子不管在多严厉的规定下,总是在缝隙里寻找他的生存路数。这从另一个角度反映出:体育还是需要现场,体育需要你的参与。

张泉灵,是中央电视台著名女主播。

2008年,从雪灾现场到圣火登顶珠峰,再从珠峰辗转到四川地震灾区第一线,她冒着生命危险采访第一时间新闻,成为第一个深入灾区现场的央视记者。镜头前,她以新闻人的敏感,关注着一个个老百姓关心的问题;镜头后,她为那些生离死别、残垣断壁失声痛哭。她的报道始终层次鲜明,逻辑清晰,既有外景主持的勇敢,又不乏职业新闻人的干练。特别是,她的语言规范流畅、真切到位,如明媚春光,似行云流水,时刻闪耀着新闻播音真善美的光辉。

"谈电视与奥运会",是张泉灵在北京奥运会期间的一段新闻评论。这篇评论,语言规范流畅,而且真切深刻,能反映她真切到位、行云流水般的语言风格。在这种风格背后,我们不难看出她扎实的语言功力和成熟的人品修养。

"谈电视与奥运会"至少有三个特点:

2008年北京奥运会,是全世界人人关注的体育盛事,这时谈电视与奥运会,可算抓住新闻焦点,也抓住了广大群众心中的热点和看点。

评论,从1984年奥运会谈起,谈电视挽救了奥运会;谈国际奥委会由"濒临破产"到"最富有";再谈票贩子把二三十元的门票卖到几千元等,善于抓实例,能使人耳目一新,有新意。

讲电视与奥运会关系,从电视挽救了奥运会,到电视抬高了电视行业;从电视技术对观看奥运比赛的贡献,到人们不满足看电视里"近在眼前"的比赛画面,再到人们宁愿忍受票贩子的敲诈也要去现场看比赛……最后总结,这是因为"体育需要现场,需要你们参与"。议论思路清晰,推理严密,结论画龙点睛,有亮点,有深意。

张泉灵这段评论,善抓热点,有新意,有深度。是她规范流畅、似行云流水般的语音及形态,才使观众对这段播报倍加喜欢。有人称赞张泉灵体现了新闻播音的真善美,称她是新闻战线一朵有胆识有魄力"铿锵玫瑰"。张泉灵的播报节目,堪称播音语言规范流畅的标杆。她被评为"全国优秀新闻之工作者",当选为"中国十大杰出青年",当之无愧。

结　语

"播"的要领在"顺"。"顺",指顺畅、合顺,事理"顺"、情意"顺"、神态"顺"。不"顺",播者难播,观众也难听下去,难看下去。

要"播""顺",必须做到:把握主旨、详实自如、规范流畅。

第一,把握主旨。

主旨是指播音的中心思想和表达意向。明确主旨,播音时可心中有数,胸有成竹,可正确把握播音的感情基调,使播音语言充满真情与生机,富有表现力。如"升旗仪式"新闻播报,把握主旨就比较好。

第二,详实自如。

详实,指播报必须全面、真实,这是播音工作者固有的天职;自如,指播报必须自然、和谐,这是播音工作必备的才能。只有详实,新闻才有价值;只有自如,观众才喜看爱听。详实自如是播音的生命力所在。如"中国女排再登巅峰"就是播报详实自如的范例。

第三,规范流畅。

规范流畅,是播音员必备的口语基本功。任何播报不规范不流畅,都会被视为播音事故。只有准确规范、熟练流畅的口语表达,才能履行播音工作职责,完成播音工作使命。如张泉灵"谈电视与奥运",就是播音规范流畅的范例。

把握主旨、详实自如、规范流畅,是"播""顺"要领之关键。

第七节　诵

一、"诵"的意义

朗诵,是一种再现型艺术性口语。

艺术性,是朗诵区别于朗读的显著特征。

朗诵和朗读,都是把书面作品变成口语形式的一种创造性的语言实践活动,但二者有明显不同:表达文体不同;应用范围不同,表现形式不同。朗读选材比较广泛,诗歌、散文、议论文、说明文等,各种文章书信都可以读;朗诵选材只限于文学作品,而且只有辞美、意美、脍炙人口的文学精品,才最适合朗诵。朗读是一种教学宣讲形式,主要用于课堂教学和电台、电视台播音;朗诵是一种语言艺术表演形式,多在舞台演出及文娱活动中使用。朗读的口语形式平实、自然,不要求脱稿,不允许有夸张的语气态势和动作表演,目的在于准确表达原作基本思想内容;朗诵的口语形式生动、优美,必须脱稿成诵,语音要字正腔圆、悦耳动听,态势和谐优美、富有表情,有时还需要化妆、配乐、灯光、布景,以增强表达效果,目的在于艺术表演,使听众受到思想感情熏陶,得到语言美的享受。

朗诵作为艺术性口语,要求比朗读高,难度比朗读大,但作为一种群众喜闻乐见的语言艺术活动,其作用影响也更大。

朗诵有利于提高文学素养。

文学作品可以阅读,可以朗读,也可以朗诵。阅读,只能了解作品基本内容;朗读,可具体感觉作品语言的内在功能;朗诵,更可充分体验作品语言的思想感染力和艺术魅力。如果以看图像相比,阅读,像看静止的照片;朗读,像看动画片或黑白电影;朗诵,则像看立体彩色电影。优秀的文学作品像一台精美的机器,阅读像静观机器形状及结构部件,只能了解机器一般性状功能,朗诵则像给机器加油通电,使其全力运转,这时,会看到机器的强大功能和创造活力。一个人阅读一篇文学作品和听同一作品的成功朗诵感受不同,就因为朗诵是口语艺术创造活动,其中包含着朗诵者的创作智慧和创造成果。通过一篇作品朗诵,我们可以比单纯阅读学得更多,感受更多。因此,只有通过成功的朗诵,才能直接感受文学作品的精美,才能真正把握优美文学作品的主旨与灵魂。

朗诵有利于培养语言表达能力。

语言表达能力,包括想的能力、说的能力、写的能力,都源于读书学习和社会实践。古人讲,"读书破万卷,下笔如有神"、"言为心声"、"慧于心而秀于口",都是讲诵读与说写的关系。只要喜爱朗诵,经常朗诵文辞兼美的优秀诗文,便可积累大量语言素材,熟悉写作一般思路,写作时,就会有许多意念和语句在胸中涌动,只觉不吐不快,不会有下笔之难和语塞之苦。只要喜欢朗诵,经常朗诵文辞兼美的优秀诗文,经过艺术口语严格训练,掌握过硬的语音、语调、节奏和态势表达的基本功,在运用口语"说"、"谈"、"讲"、"辩"时,就会驾轻就熟,游刃有余,也不会出现羞于开口、难以应对的尴尬。许多表演艺术家,他们不仅艺术语言好,平时说话或演讲水平也比较高,大家都喜欢听。就因他们有过硬的艺术口语表达基本功。因此,一般人只要学会朗诵,善于朗诵,就一定会提高自己的语言素养,使自己写作和说话能力提高到一个新水平。

朗诵有利于提升精神生活。

在现代社会,随着经济建设飞速发展,人们不仅希望有高质量的物质生活,同时还追求高质量的精神生活。高质量、高品位的精神生活,已成为现代社会许多人的追求目标。朗诵,作为再现优秀文学作品的一种高雅口语艺术活动,其深刻的思想、丰富的感情、生动的形象、优美的旋律,具有强大的感化作用和艺术魅力,可以使朗诵者与听众在口语艺术声、情、意、形、色、景强烈刺激和熏陶下,思想触动、感情升华、心灵净化,得到特有的精神愉悦和享受。朗诵不仅可以丰富现代人的精神生活,还可以提升现代人的精神品位,美化现代人的精神境界。这正是朗诵活动在一些经济发达大城市,在一些文化素质较高人群中备受青睐的缘由。

从不同角度看,朗诵还有其他许多好处。如朗诵要求背诵,可以锻炼大脑,增强记忆力,开发大脑智慧潜能;朗诵要求声音洪亮,可以锻炼肺活量,增强气力和体力等。朗诵不仅可以提高文化素养,增加智慧才能,还可增进健康,健脑健身,真是一种既可美化社会又可优化人生的、多功能的艺术语言活动。

二、"诵"的特点

1. 文学性

朗诵,是对文学作品的生动演绎和图解。文学作品,通过书面语言显示人物思想个性;朗诵,通过生动的口语、真切的形象、优美的旋律,演绎文学作品所描写的人生百态和社会万象。朗诵从产生那一刻起,就同文学作品结下不解之缘。

朗诵,是文学作品向群众完美展示的重要窗口,是文学作品联系群众的快捷通道。许多优秀文学作品,通过声、情、形兼备朗诵所产生的思想震撼力和艺术感染力,是单纯的阅读无法与之相比。

文学作品因朗诵而被激活,更生动形象,更有生命活力;朗诵因文学作品而实现它的艺术功能和表现手法,更具艺术魅力。文学作品,只有通过朗诵才能真切感知;朗诵,只有展现文学作品,才能彰显其艺术价值。这就是文学与朗诵的内在关系,也是朗诵文学性的显著特征。

如《乡愁》朗诵:

小时候
乡愁是一枚小小的邮票

我在这一头
　　母亲在那头

　　长大后
　　乡愁是一张窄窄的船票
　　我在这头
　　新娘在那头

　　后来啊
　　乡愁是一方矮矮的坟墓
　　我在外头
　　母亲在里头

　　而现在
　　乡愁是一湾浅浅的海峡
　　我在这头
　　大陆在那头

　　这是台湾诗人余光中的一篇著名抒情诗。作品以时间为序,以"邮票""船票""坟墓""海峡"具体形象为依托,表达台湾同胞思念故乡的骨肉深情。诗作篇幅短小,但语言简明精要,情意浓郁、深厚。"小小的邮票"寄托着游子的挂念,"窄窄的船票"承载着夫妻的爱恋,"矮矮的坟墓"体现对先人的怀念,"浅浅的海峡"显示两岸同胞相望而不能相聚的哀愁。诗人采用结构反复、情意层层推进的形式,由近及远,由浅到深,表达骨肉同胞思念之情绵延不断。朗诵时,伴随无尽的思念,感情波澜起伏,语调动人心弦。

　　第一节,追忆"小时候",语调徐缓;第二节,讲"长大后",音调稍高;第二节,说到"后来",语调深沉;第四节,面对"现在",语调凝重,语音加重,停顿延长,表达两岸同胞思念更深、更强及依然被阻隔的感伤。

　　这首诗,在两岸同胞和世界华人中曾引起强烈反响,在一些重要活动和纪念晚上表演总能激起观众强烈共鸣。这篇诗朗诵之所以受观众欢迎,就因为诗作能充分展示台湾海峡两岸中国同胞的骨肉深情,能充分显示朗诵反映文学作品彰显社会人生的强大功能。这正是朗诵文学性的社会效应。

2. 艺术性

　　艺术性是指朗诵的表达方式。

　　朗诵是运用艺术口语生动形象地再现文学作品思想内容及人物故事。要使书面文学作品被激活,变得生动形象,有声有色,活灵活现,朗诵者就必须运用各种口语艺术手段,必须具有良好的口语艺术素养和艺术功力。

首先,要有准确、熟练、优美的语言能力。这是再现文学作品内容、展现各种人物形象和故事情节的物质基础。一些著名艺术家朗诵各种诗文,一开口就能先声夺人,一下子把听众带入诗文的优美意境,就因为他们具有准确、熟练而过硬的艺术口语表达基本功。

其次,要有准确、得体、优美的态势表现力。这是口语表达特有的辅助手段,是口语表情达意的特点和优势。准确、得体、优美的眼神、手势、身姿,可使口语表达更有吸引力、感染力,可充分显示口语的表意功能和艺术魅力。

此外,在一定场合,还要有精当、优美的外境配合(包括灯光、音响、布景等)。这是口语表达的助动力和扩大器。精当、优美的外境,可以为口语表达营造理想的现场气氛,为口语表情达意增力、增色、增效,有利于引起听众思想共振、感情共鸣,使口语艺术效果提升到高层次、高境界、高水平。

朗诵的任务,就是艺术地再现文学作品的人物形象和思想情节。展现人物形象,要形态逼真,栩栩如生;展示思想情节,要真切生动,引人入胜。这正是朗诵艺术创造性的基本功能。不同人朗诵同一文学作品,效果之所以不同,就因为每个人的艺术素养和功力不同。可见,艺术性是朗诵表达方式的特征,也是朗诵能力水平的标志。

请看,"5·12央视'爱的奉献'募捐晚会"《我们与你同在》朗诵:

陈道明:这一刻我们的泪眼
　　　　朝着一个共同的方向
　　　　一个名叫汶川的地方
宋春丽:一阵大地剧烈的颤抖
　　　　撕裂了我们的胸膛
　　　　无法抑制的泪流
　　　　挂满了中国的脸庞
王　刚:多少亲人啊——
　　　　在地动山摇的瞬间
　　　　骨肉分离,家毁人亡
袁　立:多少孩子——
　　　　从得救的那一刻起
　　　　便成了孤儿,失去爹娘
陶泽如:多少鲜活的生命——
　　　　挣扎在废墟下,
　　　　渴望着生还的最后一线希望
温玉娟:抢救生命,时不我待
　　　　党中央国务院
　　　　第一时间,第一地点
　　　　把运筹帷幄的总指挥部
　　　　设在抗震救灾的第一线上

侯　勇：向前,向前,向前
　　　　通路,通电,通讯
　　　　我亲爱的十万战友啊
　　　　你们从空中,水路,山路
　　　　八方突进,凿开生存路
　　　　把战旗插向生命最需要的地方
陈宝国：这一刻,我们要用悲伤呼唤
　　　　呼唤灾区所有生命的坚强
　　　　你在死亡线上
　　　　我们就在你身旁
唐国强：每一分钟
　　　　都在发起抢救生命的总攻
　　　　每一秒钟
　　　　都在与死神直面较量
　　　　一分一秒的煎熬啊
　　　　一分一秒的争夺
　　　　为亲人夺回心跳的力量
濮存昕：挺住
　　　　我的父母
　　　　挺住
　　　　我的孩子
　　　　挺住
　　　　我们所有废墟下的亲人呵
　　　　我们有十三亿双手伸向你
　　　　一定要把你拉出
　　　　死亡的魔掌
陈　好：别哭,孩子
　　　　当爷爷奶奶
　　　　告诉你这句话的时候
　　　　全中国的父母都在你身旁
　　　　你就是我们的孩子
　　　　一瞬间的灾难
　　　　夺不去你一生的幸福
　　　　孩子,学会坚强
濮存昕：别怕,老人家
　　　　您的儿女不在了

　　　　　还有我们在身旁
　　　　　为你重聚往日的欢乐
　　　　　为你尽孝
　　　　　为你继续幸福时光
陈道明：我灾区的父老乡亲们啊
　　　　　我的姐妹弟兄
　　　　　来，靠近我们的肩膀
　　　　　一起向远方眺望
　　　　　哪怕生命的翅膀再沉重
　　　　　有我们在
　　　　　一定要让你飞向阳光
宋春丽：这一刻，亲情的中国
　　　　　集结起所有爱心的力量
　　　　　进军巴蜀，进军汶川
　　　　　进军所有受灾的地方
唐国强：来吧
　　　　　灾区需要我们
　　　　　我们就是
　　　　　灾区人民身后的祖国
　　　　　今天的中国
　　　　　是强大的中国
　　　　　强就强在民心凝聚，士气高昂
　　　　　这是亿万爱心筑起的长城啊
　　　　　永远震不垮，推不倒，砸不烂
侯　勇：来吧，有钱出钱，有力出力
　　　　　让爱的真情
　　　　　抹去生命的泪光
濮存昕：爱，在这一刻
　　　　　献出来——
　　　　　这不需要理由也没有理由
合：因为我们同在一个春天
　　　　再大的风雨也带不走所有的阳光
　　　　灾难终将过去
　　　　迎接我们的一定是
　　　　抗震救灾的全面胜利

汶川大地震，震动中国，震撼世界。这场特大灾难，是对当代中国人情、民心和国力的严峻考验。

灾情就是命令。从地震发生那一刻起,全中国人民的目光、心情、脚步,一下子都飞向灾区。从中央领导到普通民众,大家都在为汶川流泪,焦虑,尽力。

在"5·12央视赈灾晚会"上,十多位表演艺术家,站在北京舞台上,神态庄重、真情专注、全力投入,集体朗诵《我们与你同在》。艺术家们以最精湛的朗诵艺术手法,向亿万观众展示全国人民气势宏伟的抗震斗争和惊天动地的救灾场景,以文学艺术形式反映全国人民抗震救灾心声,引起了亿万观众强烈共鸣。全诗分"全民关注"、"全力抢救"、"全心关爱"、"全面取胜"四部分。

"这一刻,我们的泪眼

朝着一个共同的方向——

一个名叫汶川的地方

……

无法抑制的泪流

挂满了中国的脸庞"

这是描述地震发生后"全民关注"的情景。当人们看到灾区同胞"骨肉分离,家毁人亡"的惨状,就像"撕裂了""胸膛",怎能不"泪流"悲伤!"泪眼""共同""朝着""汶川","泪流""挂满了中国的脸庞",把全国人民深切关注之情,表现得真切传神,每一动情的词语都催人泪下。艺术家庄重、浑厚、富有共鸣的声音,震撼着每一位观众的心。

多少鲜活的生命——

挣扎在废墟下

渴望着生还的最后一线希望

……

挺住

我的父母

挺住

我的孩子

我们所有废墟下的亲人呵

我们有十三亿双手伸向你

一定要把你拉出

死亡的魔掌

灾情发生后,"抢救生命,时不我待"。"党中央国务院""第一时间,第一地点"亲临现场指挥;"十万"解放军"战友","把红旗插向生命最需要的地方";大批医务人员"每一分,每一秒","都在与死神直面较量","为亲人夺回心跳的力量"……艺术家为我们描绘了一幅幅激动人心的"全力抢救"的现场实景,充分显示了当代中国凝聚的民心、高昂的士气、强大的国力。听着艺术家铿锵有力、真情似火的诗句,我们在为灾区同胞受苦而难过的同时,更为有如此伟大民族、伟大祖国而自豪。

第三章 分类

  别哭,孩子
  ……
  你就是我们的孩子
  一瞬间的灾难
  夺不去你一生的幸福
  孩子,学会坚强
  别怕,老人家
  您的儿女不在了
  还有我们在身旁
  为你重聚往日的欢乐
  为你尽孝
  为你继续幸福时光

  这是感人至深的"全心关爱"受灾同胞的两个特写镜头。地震带给人们的最大伤痛,莫过于孩子失掉父母,老人丧失儿女。然而,地震无情人有情。面对失掉父母的孩子,全国的父母都可以说"你就是我们的孩子";面对丧失儿女的老人,活着的人都可以说"还有我们在身旁"。中国"老吾老以及人之老,幼吾幼以及人之幼"的传统美德,此时此刻又得以艺术展现。听艺术家们亲切的承诺、深情的安慰,不禁使人热泪盈眶,热血沸腾,更使人思想升华,心灵净化,充分感受到人情、人心的伟大力量。

  今天的中国
  是强大的中国
  强就强在民心凝聚,士气高昂
  这是亿万爱心筑起的长城啊
  永远震不垮,推不倒,砸不烂
  爱,在这一刻献出来
  这不需要理由,也没有理由
  因为我们同在一个春天
  再大的风雨也带不走所有的阳光
  灾难终将过去
  迎接我们的一定是
  抗震救灾的全面胜利

  在朗诵诗最后,艺术家以坚定语气铿锵有力的语调,向世人宣示中国人民在大灾面前"全面取胜"的实力和誓言。有强大的中国,有凝聚的民心,有高昂的志气,有爱心的长城,"再大的风雨也带不走所有的阳光",我们一定能夺取"抗震救灾的全面胜利"。任何大灾大难,任何艰难困苦,都挡不住中国人民前进的步伐,这就是《我们与你同在》朗诵带给观众的信念和力量。

  在这场晚会上,十多位著名艺术家感人至深的朗诵,引起观众强烈共鸣,成为最受观众欢迎的节目。这篇诗朗诵,不仅题材内容重要,朗诵艺术水平也非常高,由于彰显了当代中国人的民心和民族精神,震撼力极大、感染力极强,而成为具有历史意义的朗诵艺术精品。这就是在地震后的今天,我们再听这篇朗诵,仍然深受感动、备感亲切的原因。这正是朗诵艺术性所具有的社会功能和长效作用。

3. 欣赏性

许多人喜欢朗诵,是因为朗诵形式文雅优美,有艺术魅力,有欣赏价值,能满足人视觉及听觉审美需求。

文学作品,或写人、或叙事、或写景,都要用优美的语言描绘一种场景,烘托一种气氛,表达一种意境,以展示其思想生命力和艺术感染力。成功的文学作品朗诵,通过优美的语音、动人的旋律、优雅的景色形体,可使观众对作品的场景、气氛、意境,从理解到神往,到入迷,在欣赏艺术家的朗诵的同时,增长见识,陶冶感情,净化心灵,得到特有的精神滋养和艺术享受。一些高规格、高品位的诗文朗诵会,之所以经常备受欢迎,就因为它是一种具有欣赏价值的高雅艺术。朗诵的欣赏性,也是朗诵的艺术价值所在。

如《桂林山水》朗诵:

人们都说,"桂林山水甲天下"。我们乘着木船,荡舟漓江,来观赏桂林的山水。

我看见过波澜壮阔的大海,欣赏过水平如镜的西湖。却从没看见过漓江这样的水。漓江的水真静啊,静得让你感觉不到它在流动;漓江的水真清啊,清得可以看见江底的沙石;漓江的水真绿呀,绿得仿佛是一块无瑕的翡翠。船桨激起的微波,扩散出一道道水纹,才让你感觉到船在前进,岸在后移。

我攀登过峰峦雄伟的泰山,游览过红叶似火的香山,却从没见过桂林这一带的山。桂林的山真奇呀,一座座拔地而起,各不相连,像老人,像巨象,像骆驼,奇峰罗列,形态万千;桂林的山真秀啊,像翠绿的屏障,像新生的竹笋,色彩明丽,倒映水中;桂林的山真险啊,危峰兀立,怪石嶙峋,好像一不小心就会栽倒下来。

这样的山围绕着这样的水,这样的水倒映着这样的山,再加上空中云雾迷蒙,山间绿树红花,江上竹筏小舟,让你感到好像是走进了连绵不断的画卷,真是"舟行碧波上,人在画中游"。

《桂林山水》,是一篇文辞优美的写景抒情散文。这篇朗诵,从内容、意境到语调、情态,都优美感人,令人神往,具有明显的欣赏性。文章中心是"观赏桂林的山水"。第二段写观赏桂林的水,第三段写观赏桂林的山,第四段写山水融合的景观,赞赏桂林山水令人陶醉的诗情画意。文章采用排比、映衬、对比等多种修辞手法,通过"静"、"清"、"绿"、"奇"、"秀"、"险"逻辑重音,也是感情重音,突出了桂林山水秀美的特色。最后一段,"这样"连用四次,意在反复赞赏、咏叹,"真是"表达情意更深、更浓,更加突出桂林山水诗情画意的秀美和游览时的愉悦感受。这篇作品,在欣赏中朗诵,在朗诵中欣赏,欣赏使朗诵更让人投入,朗诵使欣赏更令人神往,朗诵和欣赏可同时进入文学美与生活美的最佳境界。这篇作品最能体现朗诵的欣赏性特征。

三、"诵"的要领

1. 理解作品

朗诵,作为再现型口语,其水平高低决定于对文学作品的再现能力,再现能力则决定于对作品的理解能力。要朗诵好作品,首先要真正理解作品。

朗诵,最常见毛病是:照字读音,有口无心,思想不到位。有些人朗诵,字音很标准,但语调、语气不准,情意失真,效果不佳。这都因对作品缺乏理解,思想感情不到位。未真正理解作品,绝不可能朗诵好作品。

朗读须有真情实感,真情实感只能来源于对作品的真正理解。所谓"言为心声",从朗诵角度看,只有心中有,口头才能有;心中有什么样的理解感受,口头才会有什么样的表达。

理解作品,必须了解作品的主题、结构、语言。主题是结构、语言的集中体现,是作品的纲领和灵魂。掌握作品主题,可做到朗诵时全局在胸,站在朗诵表达的制高点,抓住表情达意的关键。不然,朗诵表达就会支离破碎,只见树木不见森林,甚至会曲解作者原意。结构是作品的布局特色,掌握作品结构形式,可以为朗诵语调、语气、节奏变化找到真切依据。语言是作品的血肉,是作家思想感情的载体,理解感受作品语句的真实内含,可以为朗诵语言注入生命活力。

有的朗诵,听起来声音洪亮,也有抑扬顿挫,就是打动不了听众。如果不是作品有缺陷,就一定是对朗诵缺乏理解,认知不准,感受不深,没有走进作品意境,在"挤"情、"造"情。听众感知最灵敏,绝不会接受朗诵者的虚假感情。朗诵者只有用被作品激起的真情,才能引起听众真情共鸣。只有真正、全面理解作品,真切、深入感受作品,才能找到作品语言思想之根、感情之魂,才能为朗诵语言表达正确定位,再现文学作品的精华及神韵,从而使朗诵最大限度地吸引人,启发人,感染人。

如,朗诵毛泽东《沁园春·长沙》:

独立寒秋,
湘江北去,
橘子洲头。
看万山红遍,
层林尽染;
漫江碧透,
百舸争流。
鹰击长空,
鱼翔浅底,
万类霜天竞自由。

怅寥廓,
问苍茫大地,
谁主沉浮?

携来百侣曾游,
忆往昔,
峥嵘岁月稠。
恰同学少年,
风华正茂。
书生意气,
挥斥方遒。
指点江山,
激扬文字,
粪土当年万户侯。
曾记否?
到中流击水,
浪遏飞舟。

这首词写于1925年。毛泽东用独立橘子洲头的见闻感受,表达了青年时期热爱祖国,振兴中华的博大胸怀和宏伟志向。词作意境辽阔,色彩浓烈,热情奔放,气势豪迈。上阙勾勒出"万类霜天竞自由"的壮丽秋色,"问苍茫大地谁主沉浮",突出立志报国的豪情壮志。下阙写少年时期"指点江山,激扬文字,粪土当年万户侯"的峥嵘岁月,突出"到中流击水"急流勇进,立挽狂澜的英雄气概。

朗诵时,要在深入理解作品思想感情的基础上,正确选择语调语气和节奏变化。

"独立"二字可稍高一些,下面的"寒秋""湘江北去,橘子洲头"转低,转缓,要突出诗人傲然伫立远望凝思的神态。

"万类霜天竞自由",是对自由与生命活力的讴歌,需用热情赞美的语气朗诵,以表现革命家的崇高志向与广阔胸怀。

"怅寥廓"表示沉思,语调应转低。"问苍茫大地,谁主沉浮?"表现对国家前途忧虑及改天换地的宏愿。感情语调慷慨激昂,而又深沉有力。

从"恰同学少年"到"粪土当年万户侯",宜用较快节奏,较高音调,以描绘革命青年"指点江山,激扬文字"的峥嵘岁月。"万户侯"应下降稍带拖音,表示对反动腐朽势力的轻蔑。

"曾记否"是追忆发问,应读得亲切、深情。"到中流击水,浪遏飞舟",显示革命青年急流勇进、力挽狂澜的勇敢精神和高贵品质,要读得昂扬豪放。

要朗诵好这首词,就得从作者到作品,从作品结构到每一词句,做过细研究,深入理解。只有研究仔细,理解深入,才能给朗诵的语音、语调、语气、节奏正确定位,才能艺术地再现作品的真实情意和内在精神。

2. 表达圆满

要朗诵好文学作品，理解是前提，表达是关键。成功的朗诵，必然要在深入理解作品的基础上，能够运用艺术口语各种手段，圆满表达作品的思想内容。

表达圆满，主要指能运用艺术口语技巧，充分发挥艺术口语表现力，做到：刻画人物，形象生动，个性显明；叙述事件，扣人心弦，引人入胜；描写场景，历历在目，栩栩如生。

朗诵是一种表演形式，面向听众表演，必须达到"圆满"。当然，这种"圆满"只能是相对而言。因为，朗诵艺术形式只有更好，没有最好，朗诵口语艺术形式的发展，完善，是没有穷尽的。不过，"圆满"也有底线，那就是，各种表达形式必须合格，不能有失误，不许留缺憾，需让听众满意。否则，就不能算朗诵成功。

如朗诵鲁迅杂文《立论》：

我梦见自己正在小学校的讲堂上预备作文，向老师请教立论的方法：

"难！"老师从眼镜圈外斜射出眼光来，看着我，说。"我告诉你一件事——

"一家人家生了一个男孩，合家高兴透顶了。满月的时候，抱出来给客人看，——大概自然是想得一点好兆头。

"一个说：'这孩子将来要发财的。'他于是得到一番感谢。

"一个说：'这孩子将来要做官的。'他于是收回几句恭维。

"一个说：'这孩子将来要死的。'他于是得到一顿大家合力的痛打。

"说要死的必然，说富贵的许谎。但说谎的得好报，说必然的遭打。你……"

"我愿意既不谎人，也不遭打。那么，老师，我得怎么说呢？"

"那么，你得说：'啊呀！这孩子啊！你瞧！多么……。啊唷！哈哈！Hele！He, hehehehe！'"

这是鲁迅先生的一篇杂文，通过"立论"难的一段对话，讽刺当时的奴才哲学和市侩习气。

鲁迅杂文，辛辣、幽默，内涵深刻。要朗诵好这篇作品，必须注意人物情态及语调语气的变化。

对如何"立论"，老师回答"难！"这里有难以直言的迟疑，也是不易讲清的感叹。朗诵时，声音低缓，应给人以沉重感。对生男孩的三种评论，描摹三种说法，语调、语气需有明显区别："发财"一句，字音扎实、干脆，语气肯定；"升官"一句，声音轻扬，有点惊喜；"要死"一句，是大实话，要讲得自然朴素，不带褒贬色彩。最后一句，老师回答学生急切质疑，完全是狡猾地躲闪回避。摹拟狡猾笑声不仅声音要切实、到位，而且要突出善于逢迎拍马的奴才、市侩们的圆滑情态。这种狡猾的笑，正是当时屈服于黑暗势力的奴才哲学与市侩习气的生动写照。朗诵好这段笑声，不仅可突出"立论"的表意重点，还会发人深省，给听众留下经久难忘的印象。如果摹拟不好这段笑声，表情错位，即使其他地方朗诵得很好，听众也不会满意，会感到遗憾。因为，"圆满"是朗诵要求的底线。朗诵表演不容许出现失误，留下缺憾。

3. 文雅优美

朗诵是口语各种艺术手段的综合运用,是艺术口语的高峰。正式舞台朗诵,不仅有声、有意、有情,而且有形、有色、有光、有景,能构成一种多姿多彩、声情并茂的立体语言图景。

朗诵口语必须文雅优美,不仅意美、情意,而且音美、形美,它应是语言内在美与形体美的和谐统一。这种口语发音规范,字正腔圆,语调准确,态势自然,节奏和谐,形式优美。成功的朗诵,可以通过文雅优美的艺术口语,表达文学作品各种优美动人的场景,把听众带入文雅优美、令人神往的艺术境界。

古人讲:"言之无文,行而不远。"只有文雅优美的朗诵,才能使优秀文学作品流传更远更广。文雅优美的朗诵,不仅可以使人充分感受文学作品精美的思想感情,还可以直接领略口语艺术美的精神风采。许多人听一次精彩朗诵,常有余音袅袅不绝于耳之感,这便是文雅优美艺术口语的美感效应。这种文雅优美的朗诵,正是艺术口语的思想价值和艺术魅力的形象展现。

如《黄河颂》朗诵:

啊!朋友!黄河以它英雄的气魄,出现在亚洲的原野。它象征着我们民族的精神,伟大而且崇高。这里,我们向着黄河唱出我们的赞歌:

我站在高山之巅,
望黄河滚滚,
奔向东南。
金涛澎湃,
掀起万丈狂澜;
浊流婉转,
结成九曲连环
从昆仑山下奔向黄海之边,
把中原大地劈成南北两面。

啊!黄河!
你是我们民族的摇篮,
五千年的古国文化,
从你这儿发源,
多少英雄的故事,
在你的周遭扮演。
啊!黄河!
你伟大坚强:
像一个巨人出现在亚洲平原之上,

用你那英雄的体魄，
做成我们民族的屏障。

啊！黄河！
你一泻万丈，
浩浩荡荡，
向南北两岸伸出千万条铁的臂膀
我们民族的伟大精神，
将要在你的保育下发扬滋长。
我们祖国的英雄儿女，
将要学习你的榜样，
像你一样的伟大坚强！
像你一样的伟大坚强！

《黄河颂》，借黄河的英雄形象，歌颂中华民族的伟大与坚强。这首诗，以其文雅优美的思想韵味和节奏旋律，在学校和社会广为流传，成为朗诵艺术名篇。

开头"解说"的朗诵，语气平实、自然、亲切，不太用力。

第一节，描绘站在高山之巅远眺黄河滚滚东流的情景，朗诵以深沉浑厚、鲜明有力的节奏唤起听众视像，让奔流到海不复回的黄河展现眼前，使听众感受到黄河金涛澎湃的宏伟气势。

第二节，歌颂黄河的历史功绩和斗争精神。前一"啊，黄河"，声音深沉，表现对中华民族厚重历史与深重灾难的追忆和沉思；后一"啊，黄河"，声音响亮有力，节奏明快，显示对黄河——中华民族巨人气魄的崇敬。

第三节，歌颂黄河的革命精神和豪迈气概。音调高亢有力，充满战斗豪情。"向南北两岸伸出千万条铁的臂膀"，音调沉稳、强劲，突出黄河的雄伟姿态和战斗力量。最后，反复句"像你一样的伟大坚强"，是诗意重点和抒情高潮，朗诵字字有力，掷地有声。后一句"坚强"气息深沉，徐徐吐声，使结尾意蕴深厚，留有余味，引人遐想。

好的诗朗诵，都能以文雅优美的语言形式感染听众，征服听众。《黄河颂》运用比拟手法，把黄河人格化，使黄河与中华民族融为一体，既是歌颂黄河，也是歌颂中华民族。这种形象生动的比拟和文雅优美的思想韵味与节奏旋律，正是《黄河颂》得以广泛流传成为朗诵艺术精品的重要原因。

结　语

"诵"的要领在"美"：内容美、情意美、音形美。要"诵""美"，必须做到：理解作品、表达圆满、文雅优美。

1. 理解作品

朗诵必须有真情实感,真情实感来自对作品的深刻理解。只有全面、深刻理解作品,才能找到作品思想之根,才能再现作品精华及神韵,从而吸引人、感染人。如《乡愁》朗诵的感染力,正是来源于对作品内容的深刻理解和感受。

2. 表达圆满

朗诵,表现人物要形象生动,叙述事件要引人入胜,议论说理要发人深省,要求表达圆满,不出错误,不留缺憾。如《我们与你同行》朗诵表演,从内容到形式都十分圆满。

3. 文雅优美

朗诵是艺术口语,必须文雅优美,不仅要意美、情美,而且要音美、形美。朗诵口语,是语言内在美与形式美的和谐统一,是一种多姿多彩、声情并茂的立体语言形态。如《我们与你同行》朗诵,就是意美、情美、音美、形美的文雅优美的艺术口语精品。

理解作品、表达圆满、文雅优美,是"诵""美"要领之关键。

第八节 演

一、"演"的意义

"演",指表演节目的艺术口语形式。

艺术口语,是"演"的重要手段,是决定表演能力和水平的主要因素。

俄罗斯戏剧家斯坦尼斯拉夫斯基在《论演员的自我修养》中说:"在创作时,语言是来自作家的,潜台词是来自演员的。如果不是这样,观众就不到剧场看演出,坐在家里看剧本就行了。"这说明,作家写剧本是创作,演员表演也是创作,都是艺术创造。从戏剧表演角度看,"演"的艺术创造更重要。因为,没有演员的创造性表演,再好的剧本也不能变成表演节目。

演员表演,是通过创造性的艺术口语塑造人物形象。掌握并熟练运用艺术口语,是演员表演成功的前提条件。一些著名表演艺术家,他们正是靠高深的艺术修养和过硬的口语艺术功力,受到人们称赞和尊崇。他们是名副其实、当之无愧的口语艺术家。

"演"作为一种艺术口语,不仅需要坚实的口语基础,还需要精到的态势语辅助,有时还需要灯光、音响、布景等语境因素的配合。它不仅需要"说",根据作品思想内容发展变化,有时还需要"谈",需要"讲",需要"辩",需要"诵"等等。因此,"演"通常是各种口语形式的综合运用。

"演"是一种高级艺术口语。它源于生活口语,又高于生活口语。"演",要创造艺术人物形象,就必须具有较高较强的艺术创造力。它比一般生活口语起点高,难度大,不经专门学习难以掌握。斯坦尼斯拉夫斯基曾说:"在舞台上说话,是困难并不下于歌唱的艺术。"这正是对"演"这一艺术口语形式的权威界定。

许多表演艺术家,不仅表演出色,在日常生活中"说""讲"也很出色。他们说话准确、流畅、优美、动听,就因为具有艺术口语的良好素养,有过硬的艺术口语表达基本功。一般讲,只要熟悉并掌握艺术口语,使用生活口语,就会驾轻就熟,运用自如。这正是我们主张一般人也需要学一点"演"(艺术口语)的知识和技能的缘由。

"演"的主要形式有:演话剧、演电影、演电视剧、演小品、演曲艺(相声、评书、快板……)等等。

二、"演"的特点

1. 社会性

"演"是社会生活的艺术反映,其思想内容具有明显的社会性。

"演"的各种口语形式,都是从不同角度,采用不同方式,反映一定的社会现象和风土人情,给人以思想启迪和精神愉悦。即使不直接描写现实社会,如神话故事、科幻故事等,也都能折射出人们对社会生活的思想认识及精神追求,同样具有社会性。

文学作品,都是社会形态的艺术反映。人是社会的主体,每个人都关注社会人情冷暖和风云变换。这也是"演"之所以受到群众关注,得到群众喜爱的根由。思想内容的社会性,不仅是"演"的重要特征,也是"演"的思想价值所在。

如黄宏与侯跃文演的小品《打扑克》(片段)

  黄 宏:你来,我管你!

  侯跃文:"著名演员"!

  黄 宏:"小报记者!"

  侯跃文:小……这"小报记者"管"著名演员"啊?

  黄 宏:专门给你编桃色新闻,今天说你有外遇,明天说你打离婚,后天说你第三者插足,用不了几天就臭名远扬!喝酒!

  侯跃文:我喝我喝。好,看这张——"电影明星"!

  黄 宏:"电视名星"!

  侯跃文:哎,不行啊!

  黄 宏:现在哪有时间看电影?都在家看电视!不管演得多差,先混个脸熟!

  侯跃文:别着急,别着急。这好说,管上你,"相声演员!"不仅脸熟,而且喜闻乐见!

  黄 宏:压上,"小品演员!"现在相声明星干不过小品!

  侯跃文:别着急,别着急。管上你,"著名京剧表演艺术家",一级演员,每月光工资三百多块!

  黄 宏:不就三百多块吗?"通俗歌星",出场费3万!

  侯跃文:哎,不行啊,那个京剧是国粹,一招一式都是真功夫,你这……

黄　宏:没用,没用! 你没听人说嘛,台下苦练十年功,不如歌星三分钟,出场费3万!

侯跃文:别着急,你要这么说的话,管上你!"港台三流歌星",出场费50万!

黄　宏:哎哟! (黄宏从椅子上跌了下来)多少?

侯跃文:50万。

黄　宏:赶上我们厂半年产值了,这玩艺?!

侯跃文:就这个对外还得说是义演的价钱哪!

黄　宏:你等会儿,你等会儿! 我就不信管不上他! 这么多钱让他拿走,"税务局长"! 你挣得再多,也得照章纳税,一分不能少,喝酒!

小品《打扑克》,立意新颖,构思别致,设计巧妙,通过打扑克大压小,反映社会,揭示矛盾,营造欢乐。两位著名演员表演精彩,善抖"包袱",不仅引人发笑,更发人深省。

如,"小报记者"编桃色新闻,压"著名演员";"一级演员"比不上"通俗歌星","台下苦练十年功,不如歌星三分钟";"通俗歌星"出场费3万,又比不上"港台三流歌星""义演出场费50万"。这些不公平、不合理的社会反常现象,通过打扑克"大压小"的相声形式表现出来,不仅能使人开怀大笑,愉悦身心,更能使听众在笑声中深刻了解社会,丰富见闻,同时,还能使有关部门和人群听过之后,深刻反思,引以为戒。这正是"演"的社会性特点的功能和效应。

2. 形象性

哲学表达,诉诸理论;文学表达,诉诸形象。"演"是文学作品的艺术再现。"演"的基本任务,就是运用声、形、情、景等各种手段,真切、生动、立体化地塑造人物艺术形象。

许多表演艺术家,他们之所以受观众欢迎,就因为善于在舞台上塑造各种个性鲜明、活灵活现的人物形象,就因为具有表演人物形象的艺术素养和才能。相声艺术大师侯宝林,常年坚持艺术口语基本功训练。由于基本功娴熟过硬,他在相声作品中所塑造的人物形象,才那样丰富多采,栩栩如生,他的说、学、逗、唱,才那么唯妙唯肖,生动传神、感人至深。

形象性不仅是"演"的特点,也是演员塑造和表现人物的出发点和落脚点,更是衡量演员表演能力高下、水平高低的重要标准。

如,黄宏与宋丹丹表演的小品《超生游击队》:

宋:他爹呀! 这地带安全么?

黄:据我观察,没有发现敌情。

宋:我的妈,累死了。

黄:小点声!

宋:咋的啦?

黄:没看见那边有个老太太呀!

宋:哪儿呢?

第三章 分类

黄:还长得像个街道主任。

宋:结婚四年,生三个丫头片子,整天老大哭老二叫的。哎呀妈呀,小三要尿了!

黄:来,接着(摘下帽子)!

宋:那不漏啊?

黄:这里有块塑料袋,平时挡雨,关键时刻接尿。两用。我跟你说,城市的毛病可多了,吐口痰就罚五角钱,这泡尿还不扯去一张"大团结"呀!

宋:真的呀!

你说,这日子真是了!越过越穷,越穷越生,怀孕时想吃点啥都没有。

黄:吃东西是次要的,生命在于运动。

宋:想吃点水果都没有。

黄:不是给你整了两捆大葱了吗?

宋:那吃大葱的还能跟人家吃水果的比呀!

黄:大葱和水果从科学价值上是一样的。

宋:拉倒吧!你吃大葱的还想跟人家吃水果的比?人家吃水果的生的孩子,个顶个,脸红扑的,多水灵!你再看,瞧咱三个,个顶个的葱葱绿。

……

宋:你没听人家报纸上说呀!

黄:说啥?

宋:时代不同了,男女都一样。

黄:那你是听错了。那是说"实在不行了,男女才一样"。

……

黄:孩他妈,小脚侦察队来了!

宋:他爹呀,快撤!

黄:你先撤,我掩护。

《超生游击队》,是中央电视台播出的第一个用东北方言表演的小品节目。因其主题思想深刻、人物形象生动,深受群众欢迎,被评为"十大小品之首"。黄宏、宋丹丹扮演的"超生"角色,个性显明、语言生动、形态逼真,在全国引起热烈反响。

节目通过"流浪躲避"、"小三撒尿"、"想吃水果"等几个细节,把"超生"夫妇的落后意识和违反计划生育造成的穷困、尴尬与无奈,刻画得入木三分,展现得淋漓尽致。这对夫妇,由于重男轻女想生男孩,结果越生越多,越生越穷,到处流浪,寝食不安,狼狈不堪,其"游击"遭遇,使人发笑,忍俊不禁,也令人深思。两位演员,由于扮演人物生动、形象、逼真、传神,才能在全国范围引起轰动效应,深受亿万电视观众喜爱。

小品主要靠语言塑造人物形象,各种文艺作品、各种文艺节目表演,都是靠生动的人物形象教育群众、感染观众。《超生游击队》,就因其人物形象塑造成功,影响广泛,感人至深,才成为艺术家和广大群众公认的小品艺术精品。

3. 娱乐性

"演"的语言形式具有娱乐性。

"演"的目的,是为了娱乐,为了愉悦身心和精神享受。群众看节目表演,自然可获得一定的知识信息和思想教益,但主要是为了娱乐,要从"演"的语言中获得艺术美的享受。好的节目,既能使观众身心愉悦,又能受到一定的感染教益,正所谓寓教于乐。在节目表演中,那些抽象、死板的宣传,观众不愿听,不爱看,就因为这类节目的语言形式缺乏艺术性及娱乐性。

娱乐性不仅是"演"的功能特点,也是"演"的艺术生命力所在。各种优秀的表演节目,其语言形式,都必然是生动、优美、动人,有吸引力,有艺术魅力,能使观众愉悦,能带来欢乐。

如牛群、冯巩合说的相声《小偷公司》:

牛:啊,冯巩!

冯:没错,是我。

牛:我真羡慕您的工作。

冯:您别这么说。

牛:光动嘴不动手,说完相声身上一点伤也没有。

冯:你打算让我们说相声就见血是吧?

冯:怎么呢?

牛:我们三天两头被人打得鼻青脸肿的。

冯:哦,你参加了拳击运动?

牛:老得玩命呀!

冯:对抗性是强。

牛:风险太大。

冯:那才见精神哪!

牛:提心吊胆。

冯:习惯了就好。

牛:生怕人逮着。

冯:那躲得快点儿。

牛:让人逮着就往死里打呀!

冯:他管你那个!

牛:前几天6个小伙子把我吊起来打。一边打嘴还骂骂咧咧的。

冯:怎么骂的?

牛:让你小子偷钱包儿!

冯:哦,你是小偷呀!

牛:你看你这么有文化的人,说出话来这么难听,什么叫小偷呀?

冯:那应该叫你——

牛:掏包儿的!

冯:这不一样吗,这个?

牛:我真是够了。为了偷这点东西,整天窝窝囊囊萎萎缩缩,战战兢兢,偷偷摸摸,活得一点都不潇洒。我真是够了,我后悔我怎当小偷嘛!

冯:明白了就好。

牛:还不如拦路抢劫呢!真的,拦路抢劫,逮着就毙,省得这么活受罪。

冯:喂,我说,只要你小子决心改正,我会全力地帮助你。

牛:好先生,有这句话全齐了。

冯:是不是?

牛:可让我彻底洗手不干,他们也不会饶了我的。

冯:你参加流氓团伙了?

牛:谁参加流氓团伙了?

冯:那——

牛:我参加的那叫小偷公司。

冯:小偷公司?

牛:全名是小偷金融股份有限公司。

冯:你们这公司有多少人呀?

牛:一百多人。

冯:一百多小偷。

牛:不全是小偷,真正坚持在第一线工作的就我们两人儿。

冯:那其他人呢?

牛:都是领导干部。

冯:你们小偷公司还有领导干部?

牛:你这话说的!火车跑得快,全凭车头带。干部带了头,小偷有劲头。小偷没领导,肯定干不好,不是偷不了,就是跑不了。

冯:那你们都有什么干部呀?

牛:那干部多了,一个总经理,四十八个副经理。

冯:四十八个呀?

牛:各管一摊呀?

冯:都管什么呀?

牛:有管行政的,有管组织的,有管宣传的,有管后勤的,有管计划生育的……

冯:这,等等呀。你们小偷公司还计划生育呀?

牛:哎,你这话说的!全国一盘棋,我们小偷也不能例外呀!要不人家都计划生育,我们小偷随便生,大偷生小偷,小偷生幼偷,小偷越生越多,好人越来越少,我们偷谁去呀!

……

"小偷"是一种见不得人的卑劣行为,"公司"是一种公开张扬的正当经营,二者原本毫无联系,相声艺术家牛群、冯巩硬把二者组合在一起,完全出人意料,自然显得滑稽可笑。两位艺术家正是利用这种奇怪的组合,给观众营造出一片特有的娱乐天地。

这段相声,通过幽默夸张的表演揭示"小偷公司"的活动,真真假假,真中有假,假中有真,不时使人发笑。在笑声背后,观众总能觉察到一种更深的社会寓意。如,"小偷"也知道"领导"的重要;小偷公司也人浮于事,也争着当官,竟有"四十八个副经理";小偷也讲计划生育等。在现实生活中,人们看到小偷绝不会发笑,但看到艺术家表演的小偷却能开怀大笑,这正是表演艺术家通过自己的艺术创造给观众带来的欢乐和精神享受。有人说,相声是笑的艺术。两位演员通过形象生动的艺术夸张表演,不仅给观众带来欢乐,还能使观众拓展生活视野,丰富社会阅历,活跃精神生活。这正是"演"的娱乐性在艺术实践中所产生的社会效果。

三、"演"的要领

1. 深入角色

节目表演重在塑造人物角色,再现作品人物艺术形象。能否塑造好角色,关键在于能否深入角色。同一角色由不同演员表演,效果迥然不同,原因就在于演员深入角色的功力不同。有经验的表演艺术家,在表演前总要先熟读作品,了解作品社会背景,熟悉人物生活环境,把握人物个性特征。在准备过程中,除熟读作品外,还包括查阅资料,实地考察,体验生活等,然后才进入人物形象由内到外的艺术创造。只有对角色的生活环境有深入了解,对角色的生活经历有深刻认识,对角色的思想个性有深切体验,才能把握角色的思想个性特征进行成功的艺术创造,才能使角色表演血肉丰满,个性明显,活灵活现,富有生命活力和艺术感染力。

如,电影《我的1919》中,中国代表顾维钧在"巴黎和会"上的发言(表演):

在我发言之前请先看一样东西,(举起牧野的金表)进入会场之前,牧野先生为了讨好我,争得中国山东省的特权,把这个金表送给了我。(牧野起身叫喊,表示强烈抗议,说中国代表偷了他的怀表,这是在世界面前公开的盗窃)牧野男爵愤怒了,他真的愤怒了。姑且就算我偷了牧野男爵的金表,那么我倒要问问牧野男爵,你们日本在全世界面前偷窃了中国的一个山东省,山东省的3600万人民该不该愤怒呢?4万万中国人民该不该愤怒?请问,日本的这个行为算不算盗窃?是不是无耻?是不是极端无耻?山东是中国文化的摇篮,中国的圣哲孔子、孟子就诞生在这片土地上。孔子,犹如西方的耶稣。山东是中国的,不论从经济上、战略上,还是宗教文化上,中国都不能失去山东。

尊敬的主席阁下、各位代表!我很高兴能代表中国参加这次和会,我自感责任重大。因为我是代表了占世界人口四分之一的中国在这里发言。刚才牧野先生说,中国是未出一兵一卒的战胜国,这是无视最起码的事实。请看一张战争期间的照片。战争期间,中国派往欧洲战场的劳工就达14万。他们遍布战场的各个角落,他们和所有战胜国的军人一样,在流血牺牲。这样的墓地在法国,在欧洲就有十几个。而他们大多来自中国的山东省。他们为了什么?就是为了赢得这场战争,换回自己家园的和平与安宁。因此,中国代表深信会议在讨论中国山东问题的时候,会考虑到中国的基本合法权益,也就是主权和领土完整。否则,亚洲将会有无数的灵魂哭泣,世界不会得到安宁。

尊敬的各位代表!我……我很失望——最高委员会无视中国人民的存在,出卖了作为战胜国的中国。我很愤怒,我很愤怒!你们凭什么,凭什么把山东省送给日本人?中国人已经做到了仁至义尽。我想问问,这份丧权辱国的和约,谁能接受?所以,我拒绝签字。

请你们记住,请你们记住!中国人永远不会忘记这痛心的一天!

要演好顾维钧,必须了解这一人物的经历及个性,更要了解其生活时代和所处环境。1919年初,31岁的驻美公使顾维钧,作为中国政府全权代表赴法国参加"一战"后的"巴黎和会"。当时,由于中国国力衰弱,中国代表在巴黎和会上处处受歧视,遭欺辱。日本仗势霸占山东省。巴黎和会最终拒绝了中国的正义要求,决定由日本继承德国在山东的特权。于是,国内爆发声势浩大的"五四"运动。顾维钧和南京军政代表王正廷以民族大义为重,在凡尔赛合约上拒绝签字。这是中国近代史上中国外交官第一次向列强说"不"。

在"一战"中,中国是战胜国,山东省明明是中国的领土,但操纵"巴黎和会"的帝国主义列强却明目张胆地让日本继承德国在山东的特权。面对中国主权和尊严受到如此严重侵犯,作为中国外交官,顾维钧怎能不反抗?他义愤填膺发出怒吼:"你们凭什么,凭什么把山东省送给日本人?……我想问问,这份丧权辱国的和约,谁能接受?所以我们拒绝签字。请你们记住!请你们记住!中国人永远不会忘记这痛心的一天!"这是代表四万万中国人不甘忍受列强屈辱的强烈抗争,这是对帝国主义侵犯中国主权伤害中国人民尊严的愤怒控告。

只有真正了解顾维钧这一外交官的内心世界和所处环境,才能通过这段台词把这一角色演好,演活,从而使观众深刻理解这段台词在中国近代史上的思想价值和历史份量,并给观众留下深刻的启示和记忆。

2. 表演真切

节目表演,要求"真、善、美"。"真",是艺术创作表演的基础与核心。只有做到"真",才可能达到"善"和"美"。

表演真切,主要指演员的语言、相貌、举止等完全符合作品人物的思想个性,即所谓演得像,不仅声音形态像,精神气质也像。有经验的艺术家,表演时能完全进入角色,由内到外地展示人物的内心世界和风度神采,使观众感到真切自然,活灵活现,如身临其境,真见其人,甚至忘记在看表演。这种不露痕迹的真切表演,才是"演"的高水平、高层次、高境界。

要做到表演真切,关键是要在深入角色的基础上,通过口语和态势艺术地再现人物的内心世界和真实情态。

不同演员演同一角色,效果有明显差别。差就差在各人对角色理解的角度和深度不同,对口语和态势选择定位的艺术手法、艺术功力不同。在艺术口语实践中,同一个词、同一句话,可以表达几种、几十种不同的思想感情;眼神、手势、身姿的各种细微变化,更有出神入化、快捷而神奇的表情达意功能。这就需要演员在特定语境中,精心选择、细心调节、准确定位。必须做到口语形、音、意与精、气、神的和谐统一,以追求形象生动、声情并茂、事理情结合、真善美同在的"演"的高水平、高境界。

如,快板《天安门广场看升旗》表演:

天安门广场多壮丽,
长安大街贯东西。
清风徐来吹人爽,
东方微微露晨曦。
在金水桥前人如潮,
有国际友人、港台同胞、民族兄弟、还有那工人、农民、学生、干部、战士、职员老老少少,男男女女,他们都是专程来看升国旗。
听,午门内传来脚步响,
众人的目光全都纷纷向北移。
只见那,擎旗员昂首挺胸头前走,
护旗的武警战士更神气。
军乐队,队列齐,
摆手齐,抬脚齐,
步伐齐,动作齐,
连姿势眼神都那么齐!
国旗班的武警战士正步跨过金水桥,
万人瞩目肃然立。
护旗队看到旗杆的旁边变队形,
分站南北与东西。
面向旗杆持枪站,
周围的人群无声息。
就听值星喊:"敬礼!"
唰,所有人的目光全都注视这面旗。
侧耳听,国歌庄严多雄壮,

第三章 分类

举目望,国旗徐徐地在升起。
就在国旗升起的这一刻,
多少人心潮澎湃忆往昔。
中华民族百年苦难受屈辱,
万里长征中国革命不容易。
这红旗是革命先烈血染成,
这红旗激励炎黄子孙建功立业创奇迹。
这红旗在珠穆朗玛峰顶高高飘,
这红旗随着"神州六号飞船"绕环宇。
你看哪!
国旗升到了旗杆顶,
蓝天白云映红旗,
蓝天高,白云低,
红旗就在云中飘,
白云绕旗旗更美,
旗映蓝天显威仪。
五星红旗迎风飘,
我们永远高举这面红旗。

这是一段曲艺快板,描述"天安门广场看升旗"的情景。先讲升旗的环境,接着讲升旗过程,最后讲看升旗的感受。

天安门前的升旗仪式,是中国国体的象征,是中国人民爱国精神的形象展示。多年来,参加或观看天安门前升旗仪式,已成为中国人寄托爱国情怀,弘扬爱国精神的一种政治活动。表演这一节目,首先要理解升旗活动的政治意义,感受升旗仪式的爱国精神。

快板演员用第一人称讲升旗仪式见闻,运用"听""见"等关键词,加上聚精会神、绘声绘色、欢快而略带幽默地表演,一下子就把观众带入升旗现场,能给人一种强烈的现场真切感。如:

"听,午门内传来脚步响,
众人的目光全都纷纷向北移。
只见那,擎旗员昂首挺胸头前走,
护旗的武警战士更神气。
军乐队,队列齐,
摆手齐,抬脚齐,
步伐齐,动作齐,
连姿势眼神都那么齐!"

从"午门传来的脚步响"到"众人的目光"移动,我们"听"出了共和国的庄严与神圣;从擎旗员的"昂首挺胸"和武警战士的"摆手"、"抬脚"、"步伐"、"动作",我们更"见"到中华民族的威严和强盛。看到这种场景,每个中国人都会热血沸腾,油然而生一种"站起来"的振奋豪情。

演员表演,由于熟悉作品内容,精通快板艺术,节奏整齐欢快,韵脚自然和谐,语调真切,语气感人,使听众完全置身于升旗活动中,沉浸在热烈欢快气氛中,为伟大祖国感到振奋与自豪。这正是真切的表演所产生的艺术效果。

3. 形象动人

形象动人,是"演"的目标要求,也是"演"好的重要标志。"演"的中心任务就是塑造生动感人的艺术形象,从而反映社会人生,打动观众。

形象动人,表现在语言、形态、行为等多方面。

言为心声,人物语言最能揭示人物个性及内心世界。要使人物形象动人,关键是要找到人物语言的内心依据,使人物语言再现真情。语言有真情,才能打动听众。

形态,是人物的个性标志。要使人物形象动人,选择准确、优美的态势,是吸引观众快捷而有效的手段。演员表演之所以需要化妆,就因为特有的形态能反映特有的人物个性与生活场景,能立刻把观众带进作品特有的意境。

行为,指人物的社会活动和交往,是人物生命与思想价值的现实反映。人是社会动物,只有在社会活动中,才能显示一个人的生命活力,才能展示其思想感情和智慧才能。要使人物形象动人,必须使人物活动起来,有所作为。

只有从多方面入手精心刻画,才能塑造出生动、鲜活、血肉丰满的艺术典型,才能"演"得形象动人。

请看一曲艺演员表演的山东快书《吹牛》:

说的是星期天我到郊区,

碰到了两只蝈蝈和蛐蛐,

它俩正在吹牛皮。

这个蝈蝈说:"我在南山吃了一只斑斓虎。"

这个蛐蛐说:"嘿!我在北山,一口就吞了半条大叫驴。"

这个蝈蝈说:"我卷卷须,拔倒了万年大松树。"

这个蛐蛐说:"我蹬蹬脚,踹倒了高山变成平地。"

这个蝈蝈说:"飞禽走兽,都归我管。"

这个蛐蛐说:"我不管那,天上飞的、地下跑的、水里游的、草坑里蹦的,我都给它们定规矩。"

这两个家伙正在说大话,

从村子里呱呱呱、哏哏哏、扑棱棱棱,

飞来了一只芦花大公鸡,

第三章 分类

"啪"的一口把蝈蝈吞进了肚子里。

小蛐蛐一见有了气,

开言有语骂公鸡:

"我说公鸡呀,

你不该南山吃了我的亲舅娘,

北山吃了我的姑和姨。

四两棉花你纺(访)一纺(访),

蛐蛐爷爷不是好惹的!

今天你犯到我的手

咱们俩

定要分个上下和高低。"

它蹬蹬腿,磨磨牙,卷卷须,往前一蹦——

嘚儿,也喂了鸡!

这段山东快书,借蝈蝈、蛐蛐和公鸡等形象,采用夸张艺术手法讽刺爱吹牛的人。

演员表演,通过蝈蝈与蛐蛐对话,突出蝈蝈、蛐蛐的虚夸与狂妄,成功塑造了吹牛者的生动形象。两个吹牛者自不量力,目空一切,它们比胆量,比才气,比权力,一个比一个口气大,一个比一个吹得更离谱。但,大公鸡一到,"啪"的一口,就把第一个吹牛者蝈蝈吞进肚子里。接着,不管第二个吹牛者多么恼怒,最后还是"嘚儿——也喂了鸡"。演员摹拟吹牛者语气,音量不太强,略带尖音的虚假腔调,以表现吹牛者的外强中干和虚张声势,从而显示吹牛者的虚弱无能与可悲可笑,其社会讽刺意义,不言而喻。

《吹牛》节目表演,像一幅漫画,笔画简洁,形象显明,情节生动,发人深省。看完这一节目,蝈蝈、蛐蛐的吹牛对话和大公鸡"啪"、"嘚儿"的动作,都深深印入脑际,经久难忘,耐人寻味。动人的形象正是节目表演的亮点,也是表演成功的标志。

结　语

"演"的要领在"真":表意真、表情真、形态真。

要"演""真",必须做到:深入角色、表演真切、形象动人。

第一,深入角色。

"演"的中心任务是扮演角色。深入角色是演好角色的前提。演员水平高低,首先取决于深入角色的功力。只有对角色不仅了解,而且熟悉直到融为一体,才能演真,演好。如《我的1919》电影中顾维钧扮演者,就能深入角色"演"得"真"。

第二,表演真切。

表演真切，指演员语言，相貌、举止完全符合角色思想个性，能和角色融为一体，不仅声音形态像，精神气质也像。黄宏和宋丹丹的《超生游击队》表演，就是表演真切的典范。

第三、形象动人。

形象动人，指节目表演形式，是"演"的目标要求，也是"演"好的标志。只有形象动人的"演"，群众才喜闻乐见，爱听爱看，才能完成"演"的使命，体现"演"的价值。如《超生游击队》表演，因为表演真切，人物形象才生动感人。

深入角色、表演真切、形象动人，是"演""真"要领之关键。

第四章 技法

　　口语内容和形式复杂多样,口语修辞技法多种多样,口语修辞技法的分类自然有多种标准。从表达方式看,可分"直"与"曲";从表达形式看,可分"简"与"繁";从表达情态看,可分"强"与"弱";从表达语体看,可分"雅"与"俗";从表达风格看,可分"庄"与"谐"。

第一节 直与曲

　　"直",是指对问题"直说",根据表达内容和语境需要,是什么就说什么,该怎么说就怎么说,直截了当,直抒胸臆。"曲",是指对问题"曲说",根据表达内容和语境需要,对不能直说或不便直说的事理,绕弯子,加陪衬,迂回曲折,委婉含蓄,曲表心意。

　　"直说",是各种口语叙事、说理、抒情的基本手法,可使表达效果明确实在,快捷高效,酣畅淋漓,一览无余。"曲说",是在特定语境中圆通应变的特殊手法,可避免因"心直口快"引发矛盾,造成伤害;可缓和气氛,增加理解,求得共识;还可曲径通幽,以柔克刚,化险为夷。"直说",最能显示表达者的个性特征和人格魅力;"曲说",最能显示表达者文化素养和思想智慧。

　　"直说",并非简单的直言快语。"有话直说",不等于随意乱说,更不是不顾后果想怎么说就怎么说。不少人对直言有误解,常以"心直口快"自诩,自夸"本人说话只会直来直去,不会拐弯抹角"。殊不知,"心直"固然好,"口快"却未必值得称道。他们不懂口语修辞"得体"原则,不懂口语功能具有两面性的危险效应。语言可救人,亦可杀人;语言可成事,亦可败事。古今中外,因语言放纵而酿成悲剧的实例比比皆是。许多夫妻反目、朋友成仇,常与任性"口快"有直接关系。美国芝加哥一著名法官约瑟夫·沙巴士,经办4万多离婚案件,其中90%以上皆因"小事口角"引起。这正是"心直口快"酿成生活悲剧的实证。

　　盲目"心直口快",是幼稚任性、言语放纵,是不懂语言功能具有两面性而盲动。口语修辞的"直说",是思想自律、言语自制根据语境需要的理性言语选择。这是口语修辞"直说"技法与一般"心直口快"的根本区别。研究口语修辞使用"直说",首先要走出以"心直口快"为美的思想误区,必须掌握"直"与"曲"的特点和使用规律。

一、"直说"的功能

1. 快捷说理

"直说",是一种坦诚快捷的传递方式,最适宜于面对公众直快说理。例如,周恩来在处理"西安事变"时的讲话,堪称使用"直说"的典范。

1936年,"西安事变"爆发,张、扬部青年军官强烈要求杀掉蒋介石,并要周恩来表态。面对言词激烈、愤怒异常的年轻军官,周恩来开始讲话:"杀他还不容易!一句话就行了。"一句话,马上使异常激怒的军官们平静下来。"可是,杀了他以后怎么办?局势会怎么样?日本人会怎么样?国家和民族的前途会怎么样?各位想过吗?"一连几句步步紧逼,一下子把军官们问住了。接着,周恩来抓住时机深入分析:"这次抓了蒋介石,不同于十月革命逮住了克伦斯基,不同于滑铁卢擒获了拿破仑。前者是革命胜利的结果,后者是拿破仑军事失败的悲剧。现在,虽然捉住了蒋介石,并没有消灭他的实力。杀了蒋介石,还会有'何介石'或别的什么'介石'。如果他们再煽动国民党军队打内战,后果将不堪设想。从另一方面看,在全国人民抗日高潮的推动下,加上英美也主张和平解决'西安事变',所以迫蒋抗日是可能的。这次我来西安前见到徐海东,他一家被国民党军队杀死三十五人,只剩下他一人。就这样,他也不主张杀蒋介石。我们要爱国,就要从国家民族的利益考虑,不计个人私仇。"

这段单刀直入、直陈利害、入情入理的"直说",像一针特效"清心剂",立即使盛怒军官情绪稳定,气氛和缓,思想开始转变。在这里,周恩来与青年军官坦诚相见,讲"西安事变"特点,讲当时中国形势,讲解决问题的原则、方案,开门见山,直抒胸臆,使在场官兵思想震撼,深受启发教育。在时局危急关头,周恩来总揽全局,力挽狂澜,促使"西安事变"和平解决,在中国革命史上书写了光辉灿烂的一页。这与他博学多才,德高望众,善于洞察形势,把握时局,并善于在紧要时刻坦诚直言说理有直接关系。

2. 直率论事

"直说"适宜于直率论事,直讲自己所见,所闻、所感。语句特点:不修饰、不遮掩。多用于同亲人或知己者交流沟通。如,陈毅同警卫员的一次谈话。

1949年秋,陈毅在北京饭店开会,他把安排给自己的好房间让给傅作义先生。警卫员对他提意见:"这些人跟我们作对几十年,凭什么把房子让给他?"陈毅笑着说:"你这个蠢人哟!他光荣起义,使北平和平解放,贡献比你大得多。人家在国民党那边住高楼大厦,现在让他住平房,他会觉得共产党对不起他。我陈毅就不同了,就是铺捆草睡地下,我也一样打呼噜,一样工作嘛!要不叫啥子共产党?"

这段直言论事,显示了陈毅直率、乐观、豪爽的个性,更体现了一位革命家高尚的思想作风、精神境界和博大胸怀。陈毅对战士的批评,虽用词尖锐,但合乎情理。既有原则性,又有人情味,使警卫员认错,又倍感亲切,口服心服。这段"直说",言辞雷厉风行,个性显明,闻其声如见其人。充分展现了这位革命家的思想作风、卓越口才和高尚人品。陈毅的四川口音,像一杯纯正老酒香辣逼人,可令人醒脑提神,回味无穷。这是一段胸怀坦荡、快人快语的"直言"范例。

3. 直言真情

"直说"更有利于面对听众直言真情,袒露心声。如"2005年感动中国人物"丛飞的一段自述:

我叫丛飞,来自深圳,义工编号是2478,能对社会有贡献,能对他人有所帮助,我感到很快乐。

奉献是我最大的快乐,那些说我傻的人永远不会明白这些。

我不能成就一个世界,但我要尽我所能成就这些孩子。

如果命运再给我五年时间,我会兑现向孩子们许下的诺言,会陪着他们完成学业,会看着他们健康成长,会用更多的爱回报社会,让这个世界更加和谐美好。

丛飞活了36岁,生命虽短,但光辉照人。他无固定工作,无工资,唯一职务是深圳市义工联艺术团团长。作为一名职业歌手和五星级义工,10多年为社会公益演出300多场,义工服务达3000多小时。作为一名著名歌手,丛飞商业演出频繁,本可以过富裕生活,但他却倾其所有为社会献爱心,全力关爱社会贫苦人群。10多年累计捐款捐物300多万元,资助失学儿童和残疾者150人,自己却一直过着清贫的生活。他倾其所有奉献爱心,赤子之情感天动地,可歌可泣。丛飞这段表白,字字真心,句句实情,感人至深,能使人看到他感动中国人的那颗高尚、纯真、火热的心。这段直言真情,加深了人们对丛飞感人事迹的理解,更使听众对丛飞的人品和爱心由衷敬佩,永志难忘。这正是"直说"真情所产生的修辞效果。

二、"曲说"的功能

1. 曲表衷情

"曲说",可表达一个人的难言之隐。常用于男女青年婉转表达爱慕之情。如《归心似箭》电影中,女主人对爱情的表白:

女主人爱上了抗联战士,她借战士给她家挑水时说:"你天天给俺挑水,挑到闺女出门,儿子娶媳妇。"

抗联战士的爱民行动感动了女主人。女主人对抗联战士产生爱慕之情,但碍于传统观念,不便直说。这时,只好婉转表达爱意:让战士给她家挑水,"挑到闺女出门,儿子娶媳妇。"这比直说"我爱你",更得体,更有力,最能表达一位农村姑娘对抗联战士的爱。

2. 摆脱困境

遇到尴尬时,"曲说"可使人改变思路,另找话题以摆脱困境,变被动为主动。如罗斯福回绝朋友的一段对话:

> 罗斯福任海军要职期间,一位朋友向他打听美国海军在一个小岛建立潜艇基地的情况。他不好直接回答,便向周围看了看,压低声音问这位朋友:"你能保密吗?"朋友回答:"当然能。""那么",罗斯福微笑着说:"我也能。"

罗斯福面对难以正面回答的难题,转换角度设置提问,巧妙引导对方表态。这样,既维护了原则立场,又摆脱了尴尬处境。朋友看到他幽默的神态,心领神会,绝不会再问。这一"曲说"凝结着说话人的幽默风趣和机敏智慧。

3. 曲径通幽

在"直说"无效或有负面影响时,"曲说"可另辟蹊径,从旁引入,曲径通幽,达到真切有效沟通交流。

如北京103路电车模范售票员王桂荣,就善于用"曲说"同不同乘客沟通交流。

> 一次,王桂荣见一抱小孩的妇女上车,先对车上乘客说:"哪位同志给这位抱小孩儿的妇女同志让个座儿?"她连讲两次,无人响应,便缓缓站起来,用期待的目光看看靠窗口的几位青年乘客,提高了嗓音:"抱小孩的那位同志,请你往里走,靠窗坐的几位小伙子想给您让座儿,可就没看见您。"话音刚落,呼刺一声,几位小伙子都不约而同地站起来。站在过道的乘客也自动闪开一条道儿,让这位乘客和小孩儿过去。这位妇女坐下后,只顾喘气定神,忘记对让座儿的小伙子道谢,小青年面有冷色。王桂荣看到这情景,逗着小孩说:"小朋友,叔叔给你让座儿,还不谢谢叔叔。"那位妇女连忙拍着孩子说:"快谢谢叔叔!快谢谢叔叔!"小青年听到孩子嫩声嫩气的"谢谢叔叔",连说"不客气"。车厢里充满活跃融洽的气氛。

如果王桂荣直接叫青年乘客让座儿,或直接批评被让座的妇女,必然会引起乘客不满,甚至争吵。这种情况在公交车上屡见不鲜。因为,那样会伤害乘客自尊心,违反交往尊重对方的重要原则。这里,她采用"曲说",既满足了乘客的自尊心理,又达到有效交流沟通,可谓"曲径通幽"。王桂荣的可贵之处,就在她善解人意,懂得尊重乘客,能把话说到乘客心里,所以才使大家满意。尊重别人、善用"曲说",这正是她之所以成为模范并受人爱戴的重要原因。

"直说"与"曲说",作为修辞技法,本身无所谓好坏,关键在于如何应用。面对特定对象,如果使用"直说"碰壁,使用"曲说"自可曲径通幽,并将是心灵沟通之捷径。如果不看对象滥用乱用"直说"、"曲说",必将随处碰壁,事与愿违。

请看不同人劝阻黄老汉搬家的事例:

> 黄老汉60多岁,老伴双目失明,自己一只眼看不见,要了一个女儿叫"黄凤",日子过得很艰难。他以为自己生活不好,是因为住的地方风水不好。他家两边邻居都

姓陈,他说是"沉沉的东西"把他家的运气压"黄"了。于是,整天吵着要搬家,谁劝都不听。年轻的支书批评他:"都什么年月了,还迷信!纯粹是叫饱了撑的!要是文革那阵,早该拉出去批倒斗臭了。"老汉一听,气得拽支书撒泼:"你小子有种,现在就把我拉出去批斗,枪毙!"这时,他本家侄媳出来劝解,拉他回家,给他端上一碗绿豆汤说:"黄大爷,支书是您眼皮子底下长大的毛孩子,还值得跟他生气!"见老汉消了点气,就说:"您老别怪侄媳妇多嘴,——您咋傻了呢!搬啥家?要是我,杀头也不挪开那个福窝呢!"老汉惊奇地问:"福窝,啥福窝?"侄媳郑重其事地解释:"您听我说,你家两边的陈,是文武大臣的'臣'。您老左有文'臣',右有武'臣',保护着你这'黄'帝。您放心吧,好日子在后头呢!"老汉问:"这话当真?"侄媳说:"这不明摆着!您老两口儿只有一只眼,你那宝贝凤丫头,一个人就有两只好眼,比您这辈子强吧?她聪明伶俐,黄凤黄凤,就是凤凰龙凤呈祥的意思嘛!遇到今天的好政策,用不了几年,凤凰双展翅,任他东邻西邻再沉也压不住。好日子就在后头哇!等着享福吧!"老汉越听越高兴,从此以后再不提搬家的事了。

青年支书对黄老汉直率批评,讲的是正理,也是好心,但为什么黄老汉听了恼火?侄媳妇对黄老汉劝说,绕弯子,换话题,甚至不惜编造"谎言",但为什么黄老汉却愿意接受相信,并打消了搬家念头?这都因支书不善解人意,滥用"直说";侄媳妇善解人意,善用"曲说"。侄媳妇懂得尊重人、尊敬人,知道讲话必须因人而异,知道"曲径"方可"通幽","通情"才能"达理"。这一则故事充分说明,在说服劝导中,根据对象正确选择口语修辞技法的重要。"直说",如走笔直马路,跑起来自然畅快;"曲说",如行花间小径,走起来亦别有情趣。二者各具特色,可以互补,但不可互代。如果眼前没直路却硬要直走,必将有碰壁翻车危险。这正是只以"直言"为美、滥用"直言"者留给我们的重要教训。

因此,使用"直说"与"曲说"必须注意:一、要走出以"直言"为美的思想误区,慎用"直说",善用"直说";二、使用"曲说"必须自然得体,适应语境,必须尊重对象,做到心理相容;三、使用"直说"、"曲说",都必须重对象、看效果。表达效果才是衡量"直说"、"曲说"好坏的客观标准。只有遵守"得体"、"有益"原则,才能使"直说"、"曲说"达到口语修辞的理想境地。

第二节 简与繁

"简"——"简说"、"繁"——"繁说",是两种最常见的口语修辞技法。

从语言形式看,"简说",一般情况句子短,篇幅短,表达时间短;"繁说",一般情况句子长,篇幅长,表达时间长。从语言内容看,"简说",经常是言简意赅,干净利落,重在求"精";"繁说",经常是词丰意浓,淋漓尽致,重在求"细"。从使用语境看,"简说",多用于限定时间的庄重场合,较有利于叙事说理;"繁说",多用于不限定时间的宽松场合,较有利于写景抒情。

一、"简说"的功能

现代社会,人们生活节奏加快,各种社会交往都需要说话简洁、办事快捷,那种穿靴戴帽、庞杂冗长、繁文缛节的空话套话,误人误事,浪费生命,已使人深恶痛绝。

马克·吐温最讨厌冗长的讲话。有一次,他在教堂听牧师演讲,开始几分钟,他听得津津有味,准备把口袋里的钱全捐出来。然而,听了十分钟,牧师还没有讲完,他便决定只给牧师一些零钱。又过了十分钟,牧师还未讲完,他决定一分钱也不捐了。待牧师讲完向他递过收款盘子时,他不但没有给钱,还从盘子里拿出两元钱,作为对浪费他时间的补偿。这则趣闻是对不懂"简说"者的绝妙讽刺。值得引以为戒。

高尔基说:"简洁是天才的姐妹。"言语以精简为美,简洁是才智之魂。因此,在口语实践中,建立时效观念,强化效率意识,用最少词句表达最多内容,使听众以最少时间获取最多知识信息,这才是我们研究"简说"的意义和价值所在。

1. 言简意赅

言简言赅,即抓住重点、关键,用最少词语概括最多的思想内容,语言简短、精练,含金量高。如《刘吉答青年学生问》(摘录):

学生:"你最珍视的品德是什么?"
刘吉:"热情诚实。"
学生:"你最鄙视的品德是什么?"
刘吉:"虚伪奸诈。"
学生:"你认为世界上最值得珍惜的是什么?"
刘吉:"时间。因为它一去不复返。"
学生:"你认为世界上最不值得珍惜的是什么?"
刘吉:"废话。因为它白白浪费自己和别人的生命。"
学生:"什么是当代青年的兴奋点?"
刘吉:"物质生活高档次,生活节奏高效率,文化知识高水平,精神生活高格调。"
学生:"你认为我们大学生的人生态度是什么?"
刘吉:"自信,自主,自强;追求,奋斗,开拓!"
学生:"你做后进人工作的原则是什么?"
刘吉:"要爱不要恨,要教不要训,要管不要整,要拉不要推;冷处理,热定型。"

刘吉从事青年工作,对青年问题潜心研究,有精深思考与精到见解。他当面回答青年提问,不仅才思敏捷,敢讲真话,而且善于用最简练的语言发表观点,同青年交心,深受青年学生欢迎。他的即席解答,简短明快,充满哲理,富有情趣,能使听众入耳入脑,引起共鸣,经久难忘,堪称言简意赅运用"简说"的高手。

2. 言浅情深

"简说",是思想的提炼、浓缩,可用浅显的语句表达深刻的思想感情。如,1969年6月21日,尼克松在美国宇航员首次登月成功后发表的电视演讲《人类历史上最珍贵的一刻》:

> 因为你们的成就,使太空也变成人类世界的一部分。当你们从宁静海向我们说话时,我们感到要加倍努力,使地球上也获得和平与宁静。
>
> 在这个人类历史上最珍贵的一刻,全世界的人都融为一体,他们对你们的成就感到骄傲,他们也与我们共同祈祷,祈望你们平安返航。

美国宇航员首次登月,是人类历史上的光辉壮举。在这值得永远纪念的时刻,尼克松面对美国和全世界观众发表重要讲话。他讲这一重大历史性事件时内心激动,但神态从容,举重若轻。从月球的宁静海,联想到地球上的"和平与安宁",既有对人类宇航事业成就的热烈祝贺,也有对世界和平事业的美好祝愿,又有对宇航员生活的亲切关怀,还有对美国高科技事业成就情不自禁的欣喜和自豪。通篇讲话,没有高深理论,没有空话套话,只有几句浅近平常的叙说,但感情真挚,内容丰富,言辞浅显而情意深厚。这篇"简说"精品佳作,同它表述的登月事件一起,将成为人类历史的美好记忆。

3. 言简意丰

"简说"是丰富思想情感的精化和升华,即用最简短语句,表达最丰富的思想情意。如邹韬奋先生《在上海各界公祭鲁迅先生大会上的演讲》:

> 今天天色不早,我愿用一句话纪念鲁迅先生:许多人是不战而屈,鲁迅先生是战而不屈。

这是我国演讲史上著名的一句话演讲。在公祭鲁迅先生大会上,邹韬奋演讲在最后。当时,天色不早,听众已不愿再听长篇大论。经过对演讲内容简化,邹韬奋就用一句话表达对鲁迅先生的敬仰和纪念。他用"不战而屈"与"战而不屈"对照,旗帜鲜明,爱憎分明,简洁有力。既揭露鞭挞当时形形色色的投降派,又崇敬赞颂鲁迅先生的高尚人格和革命硬骨头精神。语句虽短,却内含惊人,发人深省,催人奋进,具有强大的震撼力、感召力。一句妙语,胜过长篇大论。邹韬奋的一句话演讲,充分体现了"简说"的意丰功能和警世威力。

二、"繁说"的功能

"简说",以词少意精为美;"繁说",以词丰意浓取胜。"繁说"像绘画中的浓墨重彩,它以丰富的词语使叙事更详尽,说理更深切,抒情更充分。

1. 深切说理

在社会交往中,如遇难题或诘难,不是三言两语的"简说"可解决问题,便可采用"繁说"展开论述,说明理由,提供论据,深入细致说理。如周恩来回应美国记者的发难:

有一次,美国记者采访周恩来总理,发现桌上放着一支美国生产的"派克"钢笔,便别有用心发难:"请问总理,你们堂堂中国人为什么还要用我们美国生产的钢笔呢?"

周总理笑了笑,朗声答道:"提起这支笔,那可说来话长了。这不是一支普通的钢笔,是一位朝鲜朋友抗美的战利品,作为礼物送给我的。我无功不受禄,就想拒绝,谁知那位朋友说:"留下作个纪念吧!"我觉得有意义,就收下了。

这位记者原想就一支"派克"笔,炫耀美国工业发达,奚落中国经济落后。周总理面对挑衅,神态自若,机智应对,从容说理。他用"战利品"、"作个纪念"、"觉得有意义"暗示"派克"笔不能说明美国光荣,只能证明美国侵略朝鲜失败,作为美国人应感到丢脸。周总理一段"说来话长"有头有尾的详细铺陈,使美国记者自感羞愧,无言以对。这正是"繁说"在争议中扩展思路,反攻为守,充分说理的妙用。

2. 详尽叙事

对重要事件或重大问题,不是几句话可以讲清,需要讲全讲细,更须要用"繁说"详尽叙说。如吕元礼演讲《祖国——母亲》片段:

人们常说,第一次把美人比作花的,是天才;第二次把美人比作花的,是庸才;第三次把美人比作花的,是蠢才。不错,如果人云亦云,鹦鹉学舌,那么,就是再美的比喻,也会失去光彩。但是,在生活中,却有这样一个比喻,即使你用它一百次、一千次、一万次,他同样具有强大的感染力。同志们或许会问,这是什么样的比喻呢?那就是,当你怀着一颗赤子之心,你一定会把祖国比作母亲。

"祖国",是个大话题,不是三言两语可以说清。演讲者采用"繁说"手法,从不同比喻说起,充分说明"祖国——母亲"的比喻意义。"把美人比作花"同"把祖国比作母亲",不仅比喻语言有高下之分,思想精神境界更有天壤之别。强调"祖国——母亲",绝非一般比喻,是赤子心中的同义语。即使"用它一百次、一千次、一万次,他同样具有强大的感染力"。没有"繁说"的铺陈、夸张、转折、抑扬,就难以表达演讲者对"祖国"比喻意义的独到见解及炽热情怀。

3. 充分抒情

"繁说"最适宜于充分抒情。表达浓烈、深厚的情感,更须用"繁丰"的语言修饰、强化。如演讲《祖国——母亲》的又一片段:

是啊,当祖国贫穷的时候,她的人民就挨饿受冻;当祖国弱小的时候,她的人民就受辱被欺;当祖国富裕的时候,她的人民就欢乐幸福;当祖国强大的时候,她的人民就昂首挺胸；历史早已雄辩地证明了这一点。当侵略者的铁蹄践踏祖国身躯时，上海公园的门口就竖起了"华人与狗不得入内"的牌子；当帝国主义的大炮轰进祖国胸膛时，无数人民就惨遭屠戮；而当新中国的旗帜高高升起的时候，中华儿女就站了起来。当中国女排登上世界冠军宝座的时候，海外侨胞也就扬眉吐气。

啊，我终于明白了。为什么人们总是把祖国比作母亲，因为祖国和人民正如母亲和子女，是耻辱与耻辱连在一起，荣誉与荣誉连在一起，痛苦与痛苦连在一起，幸福与幸福连在一起，血肉与血肉连在一起，命运与命运连在一起！这是"祖国——母亲"这个比喻的真正内含。

演讲者运用"当……时候"、"……连在一起"等排比句，陈述自己对"祖国——母亲"这一比喻的深切感受和体会，视野开阔，想象丰富，词语恳切，感情浓烈，把对"祖国母亲"的爱心和敬意，表达得酣畅淋漓。可以看出，联合词组作句子成分和运用排比句，是口语修辞"繁说"语体的重要特征。联合词组及排比句，容量大，气势强，是口语表达和修辞的重武器。本段，如果没有如此大量联合词组及排比句的铺陈"繁说"，就难以包容这样大量信息内容和丰富的思想感情，也难以引发听众如此强烈的思想激荡和内心共鸣。

以上实例说明，"简说"、"繁说"各有其优势和独特的表现力。

语言运用，因语境差异有极大活动空间，口语繁简长短，只能是相对而言。古人讲文章长短时曾说："鹤颈虽长，去之则忧；龟尾虽短，续之则悲。"此比喻说明：文章繁简长短，都有一定依据和道理，不应单以形式长短论优劣。口语表达也是如此，不能单以繁简长短论高下，更不能只重语言形式而忽视思想内容。还需注意，"简说"，不等于"苟简"、"干瘪"；"繁说"，更不是"繁杂"、"啰嗦"。口语修辞的任务，既要克服"苟简"，求"繁丰"；又要克服"啰嗦"，求"精简"。无论是"简说"，还是"繁说"，语言都须精练、规范。只有精练、规范的"简说"、"繁说"，才符合"简说"、"繁说"的修辞要求，才能产生"简说"、"繁说"应有的美感效应，发挥其应有的修辞功能。

第三节　强与弱

"强"——"强说"、"弱"——"弱说"，是从口语情态角度对口语修辞技法的分类。口语情态，即说话的感情态度。它直接决定口语表达效果，是口语成败的重要决定因素。掌握口语情态的特点和变化规律，是口语修辞的基本要求和基本功。

"强说"、"弱说"，各有其特点和优势。从情态内容看，"强说"一般神情紧张，感情激动，语气急促，经常表达比较紧急、激烈的事理情；"弱说"，一般神情自然、感情平稳、语气缓和、经常表达比较柔和、平静的事理情。从语言形式看，"强说"，一般声音高、音量大、发音器官紧张，经常伴以强有力的眼神、手势、身姿；"弱说"，一般声音低、音量小、发音器官松弛，往往伴以柔和的眼神、手势、身姿。从表达效果看，"强说"如江河激浪、电闪雷鸣，可震撼人心,引起听众强烈反响;"弱说"像轻歌曼舞、和风细雨,可引发听众神态放松、精神愉悦、心理相容。

人的情态有强有弱,口语发声自然也有强弱之分。有人说话,习惯于大喊大叫,像跟人吵架,令人厌烦;有人发言,总是低声细语,像蚊虫哼鸣,使人着急。这都因不善控制情态,不懂强弱变化规律。口语交际,应掌握情态变化,有强有弱,强弱分明,强弱适当。这是口语修辞情态表达的基本要领。

一、"强说"、"弱说"的功能

1. 表达感情起伏

"强说"、"弱说",可表达人物感情的起伏变化。喜怒哀乐,人之常情。感情激昂,语气强,一般用"强说";情绪低沉,语气弱,一般得用"弱说"。

电影《高山下的花环》中,雷军长的讲话就是一段富有个性的、成功的"强说"。当有人要在战争前线走后门时,他面对全师干部,把军帽往桌上一甩,气愤地说:

> 我雷某今晚要骂娘!知道吗?我的大炮就要万炮齐鸣,我的装甲车就要隆隆开进!我的千军万马就要去杀敌!就要去拼命!就要去流血!可是刚才,有那么个神通广大的贵夫人,她竟有本事从千里之外把电话打到我这前线指挥所。此刻,我的指挥所的电话,分分秒秒千金难买。可那贵夫人来电话干啥,她来电话是让我给他儿子开后门,让我关照她儿子。奶奶娘!什么贵妇人!一个贱骨头!……我雷某不管她是天老爷的夫人,还是地老爷的夫人。走后门?谁敢把后门走到我这流血的战场上,没二话,我雷某要让她儿子扛上炸药包,去炸碉堡!去炸碉堡!

这是一段表达人物个性和真情的"强说"。雷军长是一位身经百战、德高望重的"老革命"。他长期受革命烈火熔炼,一身正气,爱憎分明,痛恨走后门不正之风。这段演讲,出于对贵夫人行为的气愤,他声色俱厉,大发雷霆,充分表现了老将军无私无畏、疾恶如仇、雷厉风行的刚烈个性和赫赫军威。即使用了骂人的话,因骂得在理,骂得解恨,不仅不显得粗野,倒使人对老将军更加爱戴、敬佩。在这里,如果不用"强说",就不可能表现雷军长的真切情态和显明个性,也难以塑造老将军爱憎分明、刚正不阿、虎虎如生的"老革命"形象。

又如,恩格斯《在马克思墓前的讲话》:

> 3月14日下午两点三刻,当代最伟大的思想家停止思想了。让他一个人留在屋里总共不过两分钟,等我们再进去的时候,便发现他在安乐椅上安静地睡着了——他已经是永远地睡着了。
>
> 现在他逝世了,在整个欧洲和美洲,从西伯利亚矿井到加利福尼亚,千百万革命战友无不对他表示尊敬、爱戴和悼念。我敢大胆地说,他可能有过许多敌人,但未必有一个私敌。

他的英名和事业将永垂不朽!

恩格斯在马克思墓前的讲话,声音低缓,语气柔和,充满对战友逝世的无限哀伤和绵绵思念。在哀悼语境中,恩格斯只有用"弱说",才能表达对马克思逝世的悼念真情。既是悼念,感情沉重,音调就不能很高,语气也不可过重。如果用高音调,会破坏悼念气氛,更难以表达恩格斯对战友逝世的哀伤与思念真情。

以上两例可反映"强弱"变化与真情表达的内在关系和一般规律。情感有强有弱,没有"强弱"变化,真情实感就难以真切自如表达。

2. 显示重点层次

口语"强弱"是思想感情强弱变化的直接反映。有时,处于特殊语境,为追求最佳表达效果,强意需要"弱说",弱意也可"强说"。其实,口语的"强"与"弱"只是相对而言,并无绝对的量化标准。各种复杂细致的思想感情,正是通过相对"强弱"的交替变化,来突出语意重点,显示结构层次。

如,1992年7月4日,邓小平会见撒切尔夫人的谈话:

我们对香港问题的基本立场是明确的。关于主权问题,中国在这个问题上没有回旋余地。坦率地讲,主权问题不是一个可以讨论的问题。1997年中国将收回香港。如果中国在1997年,也就是中华人民共和国成立48年后还不把香港收回,任何一个中国领导和政府都不能向中国人民交代。如果不收回,就意味着中国政府是晚清政府,中国领导人是李鸿章。

这段讲话,由于涉及帝国主义侵华历史和当时英国侵占香港的事实,从语意语气和情态看,都属于"强说"。然而,因是国家元首会谈,不是一般辩论,为保持应有的外交礼仪气氛,语音语调不很高,语气情态也必须适当克制。其中,"关于主权问题……没有回旋余地"、"主权问题不是一个可以讨论的问题",是谈话重点,同前后语句比较,语音稍高,语气较重,铿锵有力,表现了站起来的中国人民收复国家主权、捍卫民族尊严的决心。但音调强度适当收敛,以免形成对"贵宾"的过强刺激。邓小平同志面对英国首相,申述中国在香港问题上的原则立场,既庄重严肃,又礼貌得体,语言刚柔并济,强弱适宜,使撒切尔夫人慑于正义威严,无言反对,不愿接受也不得不接受。这段讲话,如果"强弱"不分,或过"强"、或过"弱",都难以突出语意重点、层次,也不符合大国领导人身份,更难取得当时理想的现场效果。

又如,第一次世界大战期间,一美国黑人军官同白人士兵的一段对话。由于美国社会歧视黑人,这位白人士兵路遇黑人军官不屑理睬,擦肩而过。这时,黑人军官转身叫住士兵,自信而礼貌地说:

请等一下,士兵!你刚才拒绝向我行礼,我并不在意。但你必须明白,我是美国总统任命的陆军少校,这顶军帽上的国徽代表着美国的光荣和伟大。你可以看低我,但你必须尊敬它。

现在,请你向国徽敬礼!

这位少校,就是后来成为美国第一位黑人将军的杰明·戴维斯。他教育白人士兵,不是简单命令以势压人,而是沉着、冷静,有意控制不满情绪,强意弱说,摆事实讲道理,以理服人。"请你向国徽敬礼"!是谈话重点,语气稍重,属于"强说",但声音并不很高。前几句均是心平气和、外柔内刚的"弱说"。这种强意弱表、弱中有强的形式,不仅有利于控制情绪,避免恶意刺激,更有利于感情沟通,充分说理,达到说服教育的目的。如果采用简单地"强说"训斥,也可能使士兵听从,但绝不可能使其口服心服。面对白人士兵的歧视无礼,杰明·戴维斯能如此心平气和地进行交流沟通说服教育,这也是他后来成为美国第一位黑人将军人格素养的重要条件。可见,善于控制情态,掌握口语"强弱"修辞技法,不仅有助于突出语意重点进行有效交流,也有助于一个人社会交往和事业成功。

3. 增强节奏气氛

在长篇演讲及谈话中,口语情态的"强弱"变化,还可以显示语言节奏,强化感情语气,增强口语的节奏感、音乐美和感人气氛。

如演《人民——上帝》中的一段讲述:

中篇小说《高山下的花环》中有这么一个激动人心的场面:烈士梁三喜同志的母亲梁大娘和妻子玉秀,在无限悲痛中祭奠了烈士的英灵,马上就要离开部队了。梁大娘用她瘦骨嶙峋的手从衣襟里掏出两叠厚厚的人民币,一叠是550元,一叠是70元。指导员赵蒙生惊愕了。舍不得买汽车票,一步步挪了80公里来到这里的梁大娘究竟要干啥?这时,玉秀递给指导员一张纸和一封长长的信。原来是梁三喜留下的一张620元钱的欠账单和一封遗书。在遗书中,梁三喜嘱咐玉秀一定要用他死后的抚恤金和家里卖猪的钱来连队把欠账一次还清,不能给组织和同志们添麻烦……

当赵蒙生读完遗书,已是泪如泉涌,痛哭失声。他捧起550元抚恤金,对梁大娘哭喊着:"大娘!我的好大梁!您……这抚恤金,不能……不能啊……"战士们忍不住哭了,并纷纷哭喊着要替梁大娘还账。可梁大娘谢绝了战士们的好意,硬是把钱留下,走了。

同志们,当我听到这里的时候,能不为梁大娘她们的高尚情怀所激动吗,能不从心底升腾起一股由衷的钦佩和赞美之情吗?

这段演讲,借梁三喜一家的感人事迹,歌颂老区人民纯朴、善良、克俭、无私的高尚品德。第一段,讲述梁大娘掏钱、玉秀递遗书的经过,重在叙事,叙中夹议,音调不高,语气情态较弱。第二段,描写赵蒙生读遗书及战士们受感动的场面,感情激动,音调较高,语气情态由弱变强。第三段以两个问句议论抒情,感情升华、音量增大,语气情态更强。通过这种强弱变化,以和谐优美的语言节奏,可显示引人入胜的故事情节,营造强烈的感人气氛,使听众思想感情随着演讲者思想情态激荡,从而受到感染,引起强烈共鸣。显示和谐节奏、营造感人气氛,是口语表达高水平的重要标志,在这方面,口语修辞"强弱"技法具有牵动人心震撼心灵的显著功能。了解"强弱"变化功能及应用规律,可使口语表达做到感情真切、重点突出、节奏显明,达到口语修辞震撼人心的理想境地。

二、"强说"、"弱说"的要领

1. 善于控制感情

喜怒哀乐人之常情。生活中充满矛盾。常言:"不如意事常八九。"遇到烦心、伤心的事,谁也不会高兴。然而,出现消极情绪和恶意感情,必须学会自制。因为,激情似火,愤怒伤人。感情如不加控制,任其倾泻,不仅会伤害别人,甚至会毁灭自身。

《黄帝内经》讲:"百病生于气也","怒伤肝,悲伤脾,忧伤肺,恐伤肾。"现代医学认为,发怒会导致交感神经兴奋增强、气血运行紊乱、脏腑功能失调,甚至中风、头痛、昏厥、丧命。《三国演义》中的周瑜,就是因愤怒致死的典型案例。

因此,从社会交往和身心健康角度讲,人人都应学会自制,必须学会控制感情。

要控制感情,就要有平常心、同理心:以平常心处事,宠辱不惊,不争不贪,知足常乐;以同理心待人,尊重别人,善待他人,心平气和。只要有这种心态,说话做事就不会暴发恶意情态。

善于控制感情,是一个人素质高、修养好的重要标志。只有素质高、修养好的人,才善于做人处事,才能在恶性刺激面前,用理智战胜感情,冷静说理,以理服人,赢得人心。

如,美国黑人将军杰明·戴维斯成功教育违犯军纪的白人士兵,就是善于控制感情、善于冷静说理,以理服人的典范。

2. 善于把握声态

声态是思想感情的外衣,把握声态是控制"强弱"变化的有效途径。

声态状况直接显示一个人的整体形象。它不仅是口语表达者思想感情的载体,也是一个人文化素养、精神状态和社交才能的标志。

如朱镕基就任中国总理时的一段讲话:

> 这次九届人大一次会议对我委以重任,我感到任务艰巨,怕辜负人民对我的期望。但是,不管前面有地雷阵还是万丈深渊,我都将一往直前,义无反顾,死而后已。我虽然害怕辜负人民的期望,但是很有信心。我相信本届政府无往而不胜。

朱镕基讲这段话,声音洪亮,态势沉稳,热情洋溢,坚定自信,博得中外记者满堂掌声,充分显示了一位大国总理的思想境界、治国才干和人格魅力。这样的表达效果,与他善于控制口语声态有直接关系。

德国诗人歌德也很善于把握声态。一次,他在公园小路上遇到一位恶意批评家,此人迎面向他挑衅:"哼,我从来不给傻子让路!"面对辱骂挑衅,歌德没有直接强硬回击,只是向路旁一站,微笑着说:"先生,我跟您正好相反。请!"接着,伸手示意让路。此人脸一红,赶紧走开了。歌德面对无礼挑衅,不是动怒,而是机智应对,巧妙反击,强意弱表,以柔克刚,以智取胜。这样,使挑衅者无言以对,仓皇逃离。既瓦解了"批评家"的无礼挑衅,又保持了诗人的高雅身份,显示了诗人的聪明智慧。这正是歌德善于把握声态,对口语修辞"强弱"技法的妙用。

常言:"有理不在声高。"强意可以强说,亦可弱表。只要符合语境,适宜、得体,都可产生强大的修辞功效。这说明"强说""弱说"既有共同的修辞价值,也有独特的表达威力和语言魅力。

第四节 庄与谐

"庄"——"庄说"、"谐"——"谐说",是口语修辞技法的风格分类。

"庄说",即庄重严肃地说;"谐说",即诙谐幽默地说。"庄说",常反映比较重要或重大的事、理、情,多用于公开正式场合;"谐说",常反映一般社会生活的事、理、情,多用于非正式场合。"庄说",一般语句规范,语调沉稳,神态谨慎;"谐说",常语句灵活,语调多变,神态自然。"庄说",实话实说,直抒胸臆,重在以科学态度反映真事,抒发真情,揭示真理;"谐说",构思奇特,用语巧妙,重在以艺术手法沟通感情,活跃气氛,融洽关系。成功的"庄说",以对生活事理的真知灼见,可使听众思想顿悟,认识升华,受到启发和鼓舞;成功的"谐说",以对客观事理的幽默解读,可使听众心态开放,神情愉悦,受到触动和感染。

"庄说",最能反映一个人的做人态度和思想水平;"谐说",最能体现一个人的应变能力和思想品位。一个人如果只能"庄说"不会"谐说",与人交往将失于死板,缺少情趣,很难与人感情沟通;如果一个人滥用"谐说",不懂"庄说",与人交往必将失于随便,缺少理智,很难与人密切相处,受人尊重。"庄说",可使人茅塞顿开,肃然起敬;"谐说",能令人拍手叫绝,忍俊不禁。

古今中外许多名家伟人,既善于"庄说",又善于"谐说"。在社会交往和演讲中,他们亦庄亦谐、寓庄于谐的口才,深受听众喜爱,得到群众拥戴,才成就了一番伟业,奠定了成功的人生。因此,研究"庄说"、"谐说"的特点和使用规律,不仅是口语修辞的需要,也是提高自身素养、塑造完美个性、构建成功人生的需要。

一、"庄说"的功能

1. 庆典讲话

"庄说",常用于各种庆典讲话,最适宜于在正式场合发表政见,宣传群众,以增强民众自信心和凝聚力。如,董建华《在香港特别行政区成立暨特区政府宣誓就职仪式上的讲话》:

这是一个崇高而庄严的时刻:1997年7月1日。香港,经历了156年的漫漫长

路,终于重新跨进祖国温暖的家门。我们在这里用自己的语言向全世界宣告:

香港进入历史的新纪元。

中华民族近代历史的荣辱兴衰,值得我铭记:一个国家和民族最可贵的是,能够掌握自己的命运。一个半世纪以来,中国有无数的仁人志士,为了国家富强,为了疆土完整,前仆后继,奋发图强。正是由于他们作出了巨大的牺牲和努力,国家出现了百年未曾有过的繁荣和良好机遇,国际上确立了我们的尊严,香港得以顺利回归。

……

本人受国家和人民重托,出任中华人民共和国香港特别行政区首任行政长官。在这个历史时刻,我感到无上光荣,更感到责任重大。我亲身体会过创业业成功的艰辛和欢愉;我清楚地知道香港人的需要和期望。同时,我更深信同心协力的重要。我将以忠诚的心志,坚决执行法律赋予香港高度自治的神圣责任,带领650万富有创业精神的香港市民,坚定地按照"一个国家,两种制度"的路向前进。

我坚信,香港回归祖国,实行"一国两制"前途必定更加辉煌。

这篇讲话,讲香港回归和香港历史;讲中华民族的历史经验;讲"首任行政长官"自己的感受和誓言。这都是具有历史意义的沉甸甸的重大话题。董建华在这样"一个崇高而庄严的时刻","用自己的语言"(汉语普通话),"向全世界宣告:'香港进入历史的新纪元。'"从讲话内容、时地环境、听众对象看,都只能用郑重严肃的"庄说"。只有用"庄说",才能向世人宣告香港回归这样具有历史意义的大事;只有用"庄说",才能表达对香港百年历史的深思;只有用"庄说",才能表示对中华民族历史经验的铭记;只有用"庄说",才能表达自己管理香港事业"忠诚的心志"。此刻,董建华先生必须庄重严肃,容不得丝毫轻忽。如稍不庄重,将是对国家民族、历史的不恭,对亿万视听公众的不敬。由于董建华深知自己的重要地位和历史责任,在庄严庆典掌握"庄说"要领,且用语精当、见解深刻,真情感人,因而不仅赢得港人信任,也受到全国、全世界听众好评。这是在庄严庆典成功运用"庄说"的范例。

2. 法庭论辩

法庭是伸张正义、维护公理的殿堂。在法庭,讨论是非善恶,辩论罪与非罪,确定罪轻罪重,因关系国家法制与社会公理,关系当事人合法权益与身家性命,必须庄重严肃用"庄说"。如林肯为一位烈士遗孀的辩护:

现在,事实已成了陈迹。1776年的英雄已长眠地下。可是,他们衰老而可怜的遗孀还在我们面前,因遭受勒索要求代她申诉。不消说,这位老妇人,从前也有美丽的青春,曾有幸福美满的家庭。然而,她奉献了一切,牺牲了一切,现在变得贫穷困苦,无依无靠。她不得不向享受着革命先烈争取来的自由的我们,请求援助和保护。试问,我们能熟视无睹吗?

这段辩词,重点讲烈士遗孀的可怜。"1776年的英雄"为美国人民"争取来自由",然而,他们的遗孀今天却"贫穷困苦,无依无靠",还要遭受无理勒索。通过正反强烈对比,揭示了社会的不公,更痛斥被告勒索烈士遗孀的不仁。林肯在法庭上陈述案情,说服法官及听众,庄重严肃,慷慨激昂。据报载,这段辩词曾使现场听众万分激动。在听众强烈要求下,法庭当即通过"保护烈士遗孀不受勒索的判决"。这正是林肯情理兼备、富有说服力的"庄说"所产生的社会效果。没有法庭上成功的"庄说"论辩,林肯就难以在法庭上抑恶扬善、伸张正义,也难以履行律师神圣职责,受到世人称颂。

3. 悼念逝者

悼念亲人友人,人们沉痛思念之情油然而生。表达诀别之痛,讲话必然严肃庄重。如1850年巴尔扎克逝世时,雨果的《葬词》:

在最伟大的人物中间,巴尔扎克是第一等的人;在最优秀的人物中间,巴尔扎克是最高尚的一位。他的智慧是壮丽的、独特的,成就不是眼下可以说得尽的。他的一生短暂,然而成果丰满,作品比岁月还多。

啊!这位坚强不屈、永不疲倦的工作者,这位哲学家、思想家、诗人、天才,在我们中间过着暴风雨般的生活。他们一生和一切伟人一样,充满了矛盾、论争、战斗。今天,他安息了。他走出了愤怒与仇恨。他在步入坟墓的同一天,也步入永久的光荣。从今以后,他和祖国的星星在一起,照耀我们的上空和云层。

雨果是巴尔扎克的挚友。在追悼会上,他满怀沉痛而崇敬的心情,用诗的语言评述巴尔扎克的艺术成就、历史贡献及高尚品格。语句精湛,热情奔涌,凝重中透着壮丽,沉静中含着奔放,很有感召力、震撼力。此时此地,雨果只有用真挚深情的"庄说",才能表达对挚友巴尔扎克的深切悼念;只有用真挚深情的"庄说",才能表达他们之间的纯洁友情。只有用"庄说",才能激发听众对巴尔扎克的崇敬与怀念,并使听众感受到巴尔扎克的光荣与伟大。

4. 纵论人生

人生是一门普通而又深奥的学问。怎样做人处世?如何拥有成功人生?谈起人生问题,一种神圣感、警觉性油然而生,情态自然严肃而庄重。如,李燕杰《国家、民族与正气》演讲:

祖国是神圣的。

爱国主义就是对祖国的热爱,就是千百年巩固起来的对自己祖国的一种最深厚的感情。这种热爱和感情根深蒂固地埋植在人民的心里,成为道义上的一种巨大力量。翻开世界史,有哪个国家的人不主张爱国!又有哪个国家的人民不把爱国精神看作是一种伟大而崇高的心灵美呢。

下面我讲一个真实的故事:

我有一个学生,名叫金安来,只有十九岁。当有人感到郁闷,认为我们国家这也不好那也不行,甚至觉得祖国也并不可爱的时候,小金在想什么呢?——"不管祖国多么贫穷困苦,儿女对她的爱也绝不会含糊。我只喊一声'祖国万岁!'更强烈的爱在那感情深处。"四句诗,斩钉截铁。她时刻想着我们的祖国,在默默地发愤攻读学位,使我感受到中国青年的心灵美。从小金身上,我看到了民族的希望。

爱国,从来就是人生关注焦点和重大话题。没有国强哪有家安?哪有个人发展?李燕杰讲爱国精神,神态庄重,从认知到实例,真情实意,有理有据,很有说服力。这与他成功运用充满真情的"庄说"有直接关系。不用真挚而深情的"庄说",就难以表达对爱国精神的真切体验和感悟,更难引起听众注意,使听众真切感知,受到触动,引起共鸣。

"庄说",是郑重严肃的思想交流,最适宜于在正式场合议国家大事,讲人生哲理。成功的"庄说",可以营造浓厚的感人气氛,可使听众思想震撼、感情升华、心灵净化,其启发、教育、感化效能,是其他口语修辞手法难以企及的。

二、"谐说"的功能

1. 活跃气氛

诙谐幽默,是生活的调味品,是交往的润滑剂,是心态开放善于应变的智慧能力。"谐说"能创造活跃气氛,可使紧张严肃气氛变得宽松活跃。一位作家说:"有幽默感的人不会让人厌烦,有幽默感的话题不会给人压力。"善于幽默谐说者,是快乐的使者。他们走到哪儿,就会把欢乐带到哪儿,在社会交往中,格外受人欢迎。

如台湾演员凌峰在中央电视台"金话筒之夜"晚会上的讲话:

很高兴见到了你们,很不幸你们又见到了我。(听众笑)我总发觉,男人们在我面前都显得很自信。(听众大笑)可虽如此,我还是很讨人喜欢。我到草原上去,草原上的人喜欢我。因为我们共同拥有一双单眼皮。(笑声)不光是草原上的朋友喜欢我,有一次我去西藏,发现西藏人也喜欢我。当时我就感到很奇怪。后来我才发现,(凌峰摘下帽子,露出光脑袋)你们看,我再披上一件袈裟,像不像一个喇嘛?

凌峰作为喜剧演员,所到之处,经常以幽默谐说创造活跃气氛,给人们带来欢乐。这段自嘲式"谐说",不仅使观众注意到凌峰的外表特征,也使观众领略到凌峰的幽默口才,更使观众感受到凌峰睿智的思想、和善的神态、美好的心灵。听了这段"谐说",人们对凌峰的亲近、喜爱、敬佩之情,油然而生。他创造的欢乐,不仅在当时轰动全场,而且给人印象深刻,使人经久难忘,回味无穷。在晚会上,凌峰也可以一本正经地介绍自己,但那样绝不会取得如此令人开心的效果。这正是"谐说"在创造欢乐,营造活跃气氛方面特有的修辞功能。

2. 摆脱困境

在口语交际中,经常会遇到一些尴尬场面或棘手问题。面对交际对象,既不好直说,又不能不说。此时,摆脱困境的最好办法,就是用幽默"谐说"。如陈毅70年代的一次答记者问:

一西方记者问:"中国打下了美制u-2型高空侦察机,请问,是用什么武器?是导弹吗?"

陈毅风趣幽默地说:"记者先生,我们是用竹竿把它捅下来的呢!"说着还做了一个双手向上的动作。一句话引起大家热烈笑声。

用什么武器打下美制u-2高空侦察机,是国防机密,不能告诉西方记者.用"无可奉告"回答,又显得死板,且不礼貌,少情趣。陈毅一句巧妙的幽默,不仅使自己摆脱尴尬处境,也使记者得到暗示,不好再追问。大家都在笑声中轻松绕过谈话死结。这正是"谐说"在摆脱尴尬处境时特有的功能。

3. 化解矛盾

生活中的矛盾和冲突,有时讲大道理费时费劲,也难解决问题,直接对抗,只能使矛盾激化,甚至恶化。这时,幽默的"谐说",往往就是化解矛盾冲突的灵丹妙药。

法国大文学家巴尔扎克一生潦倒穷困。一天,他写作到深夜,上床后继续思考,难以熟睡。这时,有一小偷潜入屋内偷窃。小偷翻东西的声音吵醒了巴尔扎克。巴尔扎克便幽默地对小偷说:"请你别再翻了!白天,我都翻不到钱,夜里你还能翻到吗?"小偷听后,赶紧蹓走了。这段幽默口才,不仅避免了与小偷的一场恶斗,也充分反映了伟大作家的宽厚、善良、睿智及超人的应变口才。可见,用幽默"谐说"化解矛盾冲突,确有奇效。

世界著名富翁约翰·洛克菲勒生活节俭,日常开支很注意节约。一天,他到纽约一家旅馆投宿,要住最廉价的房间。旅馆经理不解地问:"你为什么选择这么廉价的小房间呢?你的儿子来这里,总是选择最贵的房间。"约翰·洛克菲勒没有正面解释,只是说:"不错,我儿子的父亲是百万富翁,我的父亲却不是。"一句幽默应对,不仅驱散了自己心中的不快,也化解了他与经理之间关于价值观的争议。这是"谐说"化解尴尬、解决矛盾的又一妙用。

总之,"谐说"是一种引发喜悦的艺术,是人们面向生活重压而创造出来的一种语言润滑剂。学会幽默"谐说",不仅可使生活少一分死板、烦恼,多一分轻松、愉悦,而且还会强化自信意识,培养积极心态,享受快乐人生。

三、"庄说"、"谐说"的要领

1. 提高素养

成功的"庄说"不容易,成功的"谐说"更难。"庄说"、"谐说",绝不是单纯的言语技巧。"庄说",是思想与心智的展示;"谐说",是哲理与情趣的融汇。二者都是思想、才学与灵感的结晶。要提高"庄说"、"谐说"能力,必须提高思想修养、心理修养、文化修养、语言修养,以强化"庄说"、"谐说"的言语根基。因为,一个思想空虚、心胸狭窄、胸无点墨、言词贫乏的人,是不会有任何风趣幽默谈吐的。

第四章 技法

请看一流行歌手演唱前的开场白：

我是一个南国姑娘，来到你们××市。出发之前亲戚朋友都劝我不要来，说这里非常冷，要冻掉鼻子的。……我心里特别高兴，因为××市的小伙子最多情了。我的第一个情人就是你们××市的人。喂，亲爱的！虽然咱们吹了，我还是希望你来看看我。你来了吗？你在哪？……我在这里睡得很香，吃得很好，猪肉炖粉条子，可劲儿造！……现在流行病是"妻管严"……接下来我和弹吉他的这位合作，唱一支《路边的野花不要采》。（见《演讲与口才》1986年12期《说不出是什么滋味》）

这位歌手，原想展示其"幽默"口才，哪知竟然是信口开河，故作多情，低级庸俗，向听众倾泄了一滩语言污水。真叫人"说不出是什么滋味"。幽默"谐说"，需要心灵自由，更需要一定的思想修养、文化品位和语言智慧，绝不是任何人想"幽默"就可以"幽默"起来。

2. 注意场合

"庄说"、"谐说"使用，对时地场合要求很严。有时，"庄说"、"谐说"要因人、因事、因时地而异，但都必须适合语境，必须得体。

请看以下两例：

① 1986年，上海电视台举行江、浙、沪越剧演唱大赛颁奖会。会上，一"越剧新秀代表"讲话："今天，我捞到了第一名……"此话一出，全场哗然。在场评委、领导都觉尴尬难堪。

② 1992年，中央电视台举行电影金鸡奖颁奖大会，获最佳男主角奖的李雪健在会上讲："苦和累都让一个好人焦裕禄受了，名和利都让一个傻小子李雪健得了。"此言一出，全场掌声如雷。观众对李雪健倍加称赞。

① 例，"新秀代表"不懂在庄严场合不能这样开玩笑。说"捞到了第一名"不严肃，是对大赛评委不尊重，也是对在场领导、观众不恭敬。一个"捞"字，不仅说明她驾驭语言适应语境的能力差，也反映她思想境界、文化素养不高，因而使"新秀"在观众面前顿时失掉光彩。

② 例，李雪健讲话巧妙、得体。一方面敬重焦裕禄，称赞焦裕禄；一方面进行幽默自嘲。他亦庄亦谐，寓庄于谐，既表达了对焦裕禄的尊敬，对艺术的理解，也表现了自己的谦逊品格和幽默才华。这说明，李雪健不仅思想修养、艺术修养好，驾驭口语"庄谐"技巧适应语境的水平也高。

3. 把握分寸

运用"庄说"、"谐说"，需根据一定语境，把握情态分寸。"庄说"与"谐说"的感情神态，必须适宜，适度，不足不好，过分也不好。

1972年，美国总统尼克松访华，这是经过长期敌对状态后，第一次同中国领导人见面。周总理接见时说："您从大洋彼岸伸出手来和我握手，我们已经二十多年没有联系了。"客人受到礼貌接待，感到很高兴。但是，江青接见时却直问："你为什么过去不来中国?"客人不好回答,感到很尴尬。

基辛格在《领袖们》一出回忆这次访问,对周总理的品德、才华及外交语言大加称赞。说周总理讲话,语言形象,风格高雅,体现了大国领导人的气质风度。他对江青的评价是:"愚蠢,缺乏幽默感,表现出她那令人不悦的好战态度。"基辛格对两人评价不同,就因为周总理接待幽默友好,情态适中,江青接待过于严肃,情态太冷。根源在于二人思想文化修养不同、语言素养及情态控制能力不同。比例说明,在外交场合讲话,把握语言庄谐情态分寸尤为重要。

"庄说"、"谐说",不仅是两种修辞技法,也是两种重要的人格素养和语言基本功。不懂"庄说"、"谐说",不善"庄说"、"谐说",都是人格修养和语言能力的明显缺陷。鲁迅、毛泽东、陈毅等口才大家,既善"庄说",又善"谐说",而且善于"亦庄亦谐","寓庄于谐"。因而,他们讲话才那样有磁性,有趣味,富有表现力。善于"庄说"、"谐说",是高水平口才的重要标志。只有既善"庄说",又善"谐说",才能使口语表达既有深意,又有情趣,既有威力,又有魅力,从而使口语修辞达到更高水平和理想境地。

第五节　雅与俗

"雅"——"雅说"、"俗"——"俗说",是从语体方面对口语修辞技法的分类。

从思想内容看,"雅说",多反映高尚、正规有深意的话题;"俗说",常涉及平易、活泼有情趣的话题。

从表现形式看,"雅说",用语规整,有文采,重礼仪,书面语色彩明显;"俗说",语句灵活,有趣味,重平易,口语化特色突出。

从应用环境看,"雅说",多用于庄重的正式场合;"俗说",常用于宽松的非正式场合。

从使用对象看,"雅说",多用于官方和知识阶层,"俗说",常用于民间及工农群众。不过,随着社会发展进步,"雅说"、"俗说"的使用范围,早已不受身份限制。不同阶层和文化水平的人,都能使用"雅说"和"俗说"。

作为不同语体和表达手法,每个人都应学会"雅说"和"俗说"。如果只会"雅说"不会"俗说",或只会"俗说"不会"雅说",都将造成语言表达的缺憾或失误。

如,一电视台节目主持人,采访观众席上一位农村老太太:"老同志,您好!承蒙您光临我们的讨论现场。请问您高寿?您的配偶今年多大年纪了?"他没有想到"承蒙"、"光临"、"高寿"、"配偶",几个词一下子把老太太搞懵了。幸亏旁边一位观众帮地解释翻译,老太太才边笑、边摇头,勉强断断续续作了回答。当时,观众既为主持人担心,又为老太太着急。如果这位主持人懂得"雅说"、"俗说"的选词,少点"文雅",多一些"通谷",就不至于造成如此尴尬场面。

正确使用"雅说"、"俗说",不仅要了解"雅说"、"俗说"的特点,更要掌握"雅说"、"俗说"的功能和要领。

一、"雅说"、"俗说"的功能

1. 显示个性

人们常说:"言为心声"、"知言可以知人"。语体风格,可显示一个人的个性特征和品性。良好的"雅说"与"俗说",能显示一个人的思想习惯、生活方式、工作特点和生活环境。请看北京一出租车司机对外地作家的一段表白:

一个外地人搭我的车,跟我侃,说他是南京人。我一看他长的那样儿,就笑了。南京人,都像他长得那么瘦?你说你南京是这'都'那'都'的,顶什么用?一句话,短命!咱北京,好说也三朝皇都——元、明、清,到现在是第四回了!这地方,就有这么一股子王气。你不信?建平安大道,北京人有个说法。为啥叫'平安'?图的就是一个吉利、祥和。为啥不跟以前一样都叫'街'?'街'是老叫法,俗了!现在改叫'道',气魄!过去皇上出巡,都要黄土垫道。

一个上海人对我说:'要说大,还是你们北京大;但要说洋,还是我们上海洋。'上海我没去过,外滩,过去我耳朵都听出茧来了。不就是一个外滩么!现在还加上一个浦东。但上海肯定没有这么多出租汽车。我告你,北京现在有7万辆出租汽车,两千多家出租公司,'的哥''的姐'加起来至少有8万。在每天早晚高峰时间,你随便在一座过街天桥一看,那个壮观,真是车水马龙。那汽车一个接一个,都跟受过列队训练似的,我一看见这场面心里就呼的一下。过去'面的'在的时候,那马路都黄了一片,跟麦地一样。现在'面的'不让开了,都是夏利、富康,又成了一片枣林,红得跟刷了油漆似的……

这是一段个性显明、京味十足的北京人夸北京的"俗说"。这位北京出租车司机,热情爽朗,心直口快,讲自己的感受和见闻,京腔京调,北京话特色十分明显。他以北京人特有的自豪夸耀北京的优势。同南京比,他傲气十足;同上海比,他更有气势。从古至今,由远到近,说北京的气魄,讲北京的壮观,表述淋漓尽致,如数家珍,激动之情,溢于言表,充分表现了一位当代北京人的优越感。即使读一遍这段话,也能想象出这位"老北京"在向别人夸耀京城时那种激动兴奋的得意神态。这正是成功的"俗说"在展现人物个性方面所产生的修辞效果。

"雅说",也可以显示人物个性。

第一届上海国际电影节,主办单位安排孙道临开场讲话。筹备组原拟内容是:"各位来宾,你签名了吗?如果没有签名,就请在中午冷餐会上留下名字。因为今天很有纪念意义。"这是一段大实话,没有个性特色。孙道临觉得这样讲不够味儿,不能表达自己心意。加上很多外国朋友称孙道临为"Mr临",他想借这次讲话更正一下。另外,也想讲出点新意。于是就改成:

各位嘉宾、女士们、先生们：

大家只要叫我'孙'就行了。'sun'，英语为'天上的太阳'。朋友，当你们光临电影节的时候，有一个东方的太阳在拥抱你们！

这段讲话，立意新颖，用词别致，情趣高雅，使观众感到热情、友好，给观众带来愉悦、美感。同时，也体现了一位电影艺术家的个性风采和人格魅力。这正是"雅说"在显示人物个性方面所产生的功效。

2. 释疑解难

"雅说"、"俗说"，常用于释疑解难。

"俗说"，通俗易懂，有利于解释难题，化解疑问；"雅说"，深刻严密，有利于归纳总结，准确讲解概念术语。

如，"加入世贸组织谈判"的中国代表龙永图对世贸组织有关问题的解释。有人问："为什么要加入'WTO'？"龙永图没有直接回答什么是"WTO"，而是从大家都了解的生活事例谈起：

"如果我们只进行一般的经济贸易，那不加入'WTO'也可以。就像担着菜篮子卖菜的小贩，市场就在那里，你可以不进，有些规则也可以不遵守。那你只能在市场外叫卖，看到工商干部来了，就赶紧跑。要想把生意做大做稳，你就要进入市场，遵守市场规则。只有这样，你才能成为市场中有头有脸的人物。"

一般人对"全球贸易"、"世界经一体化"等专业术语不一定了解，但对市场及小商贩却非常熟悉。中国人做生意，是做"见到工商管理干部就跑的"游击小商贩，还是做市场里"有头有脸的人物"，把生意做大、做稳？听过这样通俗地对比解释，人们就不难理解"加入WTO"的重要意义。

有人认为："WTO"的规则对我国不适用，不公平，与其说是"入世"，倒不如说是"入套"。针对这种看法，龙永图又从比喻讲起：

"我们要参加奥运会篮球赛，首先必须承诺遵守有关规则，而不能一进场就说：篮框太高，是按西方人标准设定的，对我们不合适，得把篮框降下几厘米。你们说这可能吗？篮框这么高是既定事实，是参加比赛者都必须遵守的国际规则。我们只能面对这个事实，发挥自己的优势，提升自身的素质，从而适应这一规则。即使要降篮框，也得先加入，而后提出来经大家同意了才能干。"

一般人不理解世贸组织规则，但对奥运会篮球赛规则却非常了解。龙永图把两者放在一起，借浅显的比喻讲"入世"必须遵守规则的道理。这样讲通俗易懂，使思想怀疑者恍然大悟，不能不信服。这正是"俗说"在解难释疑中所具有的修辞效能。

"雅说"，在解难释疑方面，同样有显著修辞功效。如，特级教师于漪在讲《茶花赋》时，对"茶花为何可代表祖国面貌特色"的阐释：

祖国如此伟大，人民精神如此感人，一朵茶花能容得下吗？能给人启发、深思吗？能。……从茶花的美姿和饱蕴春色，我们看到祖国的青春健美、欣欣向荣；从茶花栽培者的身上,我们感到创业之艰难任重而道远;从茶花的含露乍开,形似新生一代鲜红的脸,我们对未来充满着无限希望。这三幅构图各具一格,意境步步深化,十分传神……

这段教学结语,从内容看,讲最严肃的话题,思想深刻,神态庄重,有精彩分析、论证;从形式看,语句简洁精炼,有文采,有气势,有感人的节奏气氛。通过这样深刻而艺术的阐释,使学生深受感染,并对茶花的认识在思想上升华,对茶花代表祖国面貌特色的认识在头脑中定格。这正是"雅说"在教学解难释疑中所产生的明显修辞功效。

可见,解难释疑不仅可用"俗说",也可用"雅说",只要适合语境,都会取得良好效果。

3. 营造气氛

成功的"雅说"、"俗说",在特定的语境中,可营造一种感人气氛,产生较强的感染力与感召力。

一般节目主持人讲话,多采用通俗易懂的"俗说"。有时,为表现对重大事件的特别关注,也可以用经过加工有文采、有诗意的"雅说"。请看,在"纪念世界反法西斯战争和中国抗日战争胜利50周年'永恒的长城'大型音乐会"上,四位节目主持人的串词:

甲:昔日长城的阵阵烽火狼烟,仿佛还在我们眼前飘拂。

乙:今天黄河的滚滚惊涛骇浪,依然还在我们胸中奔腾。

丙:万里延伸的长城是一条凝固的黄河,挺直了的中华的脊梁。

丁:奔流到海的黄河是一道流淌的长城,积蓄着民族的悲壮。

甲:长城是一条奔腾呼啸的巨龙;长城,是炎黄子孙龙的传人的伟大的见证。

乙:长城是一道永不弯曲的脊梁;长城,中国人民百折不挠奋勇抗争的象征。

丙:长城,是一部博大精深的历史长卷,千古浩然正气在这里长存。

丁:长城,是一段永垂青史的漫漫征程,万代中华雄风在这里飞奔。

世界反法西斯战争及中国战日战争,是文明与野蛮的抗争,是正义与邪恶的决战。为赢得这场战争,中国人民历经八年流血牺牲,付出了沉重代价。在纪念这场战争胜利50年的活动现场,几位主持人借"长城""黄河"形象,以凝练、深沉、诗一样的语句,热情赞扬中国人民的精神、正气、雄风。亿万电视观众通过节目主持人真挚深情的话语,感受到强烈的民族精神、昂扬的爱国情怀和震撼人心的力量气势。仿佛看到了中国的历史、今天和未来。观众豪情激荡,热血沸腾,对主持人所描绘的宏伟而优美的意境产生强烈共鸣。这正是成功的"雅说"营造语境气氛所产生的效应。

"雅说",能营造庄严语境气氛,可烘托庄重神情;"俗说",能营造宽松语境气氛,可缓解紧张状态。请看一农村教师用"俗说"劝架的实例:

某村王家盖房,因运料填平了张家墙边的排水沟。张家三个儿子一看恼怒,拿起铁锹、锄头要切断王家运料的通路。王家父子见不让盖房更恼火,开始动手。一场械斗马上就要发生。这时一位老教师站出来,用手分别拍了拍两家大儿子的肩膀说:"年轻人血气方刚。我认为你们各自都有一定理由。不过,我不能不告诉你们,可不要喜事未成,悲剧先演啊!"双方争吵被震住了。老者趁势走到老王头身边说:"老头子啊,我看你的福气蛮不错嘛!你看,两个儿子身强力壮,新房不久便可建成,再娶进两个贤惠的媳妇,那才是多喜临门哪!但是,今天动起武来,结局如何,可不好说呀!顶好是两败俱伤。万一哪位有个三长两短,这可多恼人!多不吉利!"之后,老者转向张家三个儿子:"你们的心情是可以理解的。填了水沟,下起雨来,就会水漫张家院。不过,修房盖房,一辈子能有几回呀!大家应该有支持,有帮助嘛!更何况你们今后就是邻居。远亲不如近邻哪!为一点小事大闹一场,以后见面是什么滋味呢?实际上,大家都有考虑不周之处。你王家如果事先给张家打招呼,他们不会不同意,我知道张家不是那种不讲情理的人。当然,上午他们家中有人的话,我想你们一家会与他们商量的。(看着王家父子)你们说对吧?"双方怒气稍减正犹豫不决,老者当机立断:"好了!这些就不必计较了,这不过是一场误会。我看,你们张家就让他们把原料运进去。运完后他们一定会把排水沟整好。假如这两天下雨,他们总不会看着水往你们家里漫吧!他们会采取临时排水措施的。"双方均感到老者言之有理,点头同意。一场即将发生的械斗,就这样平息了。

这位农村老教师劝架成功,主要因其德高望重、思想水平高,对邻里矛盾纠纷看得清、抓得准,同时,与他神态沉稳、随和,善于运用慢条斯理、活泼风趣的"俗说"有直接关系。一上场,他先分别拍了拍两家大儿子的肩膀,这两"拍",既有"警告"、"劝阻",又有"亲近"、"关心",含义丰富,配合"俗说",十分得体、有力。头一句"年轻人血气方刚",既是称赞,也有批评。接着,他为双方着想,针对事件,语重心长地分析说理。有真诚开导,有热情关怀,有亲切安慰,语句朴实动情,通俗易懂,全是农村流行的口语,使盛怒双方乐于听,也不得不听。这位老教师面对激烈争斗场面,胸有成竹,平心静气,慢条斯理,活泼有趣。他如此充满大道理又富有人情味的"俗说",很快使激怒的双方情绪缓和,矛盾化解,成功地平息了一场一触即发的农村邻里恶斗。这正是"俗说"在农村劝说中成功的例证。

4. 应变沟通

"雅说"、"俗说",在特殊语境不宜简单表述时使用,有应变沟通、巧妙取胜之功效。

如,法国皇帝路易十四的画师雷布宏,不仅多才多艺,而且很会讲话。有一次,他给皇帝画像,皇帝问他:"你看我是不是老了?"雷布宏不愿说谎,但也不宜直说,就婉转地回答:"陛下额上只不过多了几道胜利的痕迹而已。"他用"额上""多了几道胜利的痕迹"表示"老了",使皇帝容易接受,也乐于接受。这正是以"雅说"应变的修辞效果。可见,"雅说"还是一种高超的讲真话的艺术。

又如,加里宁到伊万诺沃·沃兹涅先斯克了解苏维埃工作情况,许多农民不理解工农联盟的重要意义,不愿选工人代表进入主席团。有人就问加里宁:"什么人对苏维埃政权来说更珍贵?是工人,还是农民?"加里宁提高嗓音,问在场群众:"那么,对一个人来说,什么更珍贵?是右腿,还是左腿?"这时,全场热烈鼓掌,一片欢呼声。加里宁用一个浅显的比喻,巧妙回答了群众的难题。如果单从理论上讲工农联盟的重要,绝不会使群众豁然明理,引起如此热烈反响。这正是"俗说"在紧急时刻应变沟通的奇效。

二、"雅说"、"俗说"要领

1. "雅说"不可晦涩艰深

现在,像孔乙己那样"多呼哉,不多也"式的斯文已不多见。但在社会交往中,随意使用生词冷语者,仍屡见不鲜。有一种新兴的"另类语言",也属于晦涩艰深之列。如《中国青年报》载,济南军区某团一连连长听到两位战士的对话:

"你们家是'里猫',还是'外猫'?"

"是'外猫'。"

"什么年代了,还用'外猫'?你真是'偶像'。"

"你才是'精英'呢!"

当时,连长听了这段话,根本不知是什么意思。事后,三排排长告诉他,"猫"是指电脑上的调制解调器,因调制解调器有内置和外置之分,故称"里猫"、"外猫"。"偶像"也不是"崇拜的对象",是指"呕吐的对象";"精英",也不是"杰出人才",是指"精神病人"。还有,"青蛙"指"丑小伙";"恐龙"指"丑姑娘"。听三排长一讲,连长才豁然明白。这种"另类语言"与文雅无缘,只能算晦涩、故作高深。

语言在不断丰富发展,但使用必须遵守规则,也要相对稳定。各种新词只有为社会公认,才能通用。使用新词,不可随心所欲,不负责任。不然,别人听不懂,就会成为不受社会欢迎的"暗语"、"黑话"。如果在交往场合滥用这种"另类语言",不但不能显示文雅,只能说明表达者文化素养不高。

2. "俗说"不能粗俗、庸俗

粗俗,指脏话、骂人的话,如网络上的"TMD"(他妈的),一些不文明礼貌、恶意攻击人的话,也属于粗俗。如《中国青年报》报导某市一"交友电话信箱"的几组对话:

① A(听到对方骂人,便告诉对方):"这里是一块净土,请不要在这里骂人。骂人是不文明的,也是侵害他人的人身权利。"

B:"你是吃饱了撑的吧!没事儿跑这儿来装啥呀?

② A:"我叫豆豆,喜欢结识爱好唱歌的朋友,在这里先给朋友们唱一首歌……"

B:"就这破嗓子还好意思到这儿来唱?回家抱孩子算了!"

③ A:"我刚做生意赔了本,心里很压抑,希望得到朋友们的开导和帮助。"

B:"你去跳楼吧!"

这里,B 的答话,已不是一般的粗俗,已近乎无礼。讲话粗俗、粗野,无端恶意伤人,只能暴露自己缺乏教养,玩世不恭。对别人无礼、玩世不恭者,必将为社会人群所不齿。因此,运用"俗说",决不能伤害别人,必须遵守文明原则。

3. "雅""俗"兼备,雅俗共赏

面对各种人群聚集的语境,使用单纯的"雅说",可能有人听不懂;使用单纯"俗说",又显得不庄重,这时,使用"雅""俗"兼备的语体,往往效果较好。这种语体,"雅"中有"俗","俗"中有"雅",既富有文采,又明白如话;会受到不同年龄、不同职业、不同文化层次的听众的欢迎。如周恩来1957年访问尼泊尔,在加德满都市民欢迎会上的讲话:

> 当我们站在这广场上,同千千万万的尼泊尔人民在一起的时候,过去时代的珍贵的回忆就又涌现在我的眼前。虽然在我们两国之间,横亘着世界上最险阻的喜马拉雅山,然而,我们的人民却自古以来就保持着友好的来往,他们交换了彼此在文化上的创造和农业技术上的成就。
>
> 在我要结束讲话的时候,我祝中国和尼泊尔友谊像联接着我们两国的喜马拉雅山那样巍峨永存。

这是一段既富有文采,又明白如话,雅俗兼备的演讲词。它不同于一般"俗说",因为句子都较长,而且"珍贵"、"涌现"、"横亘"、"巍峨永存"等,都不是通俗词语;但它也不是一般"雅说",因为句子虽长,却自然、松散、灵活、朗朗上口,口语化特色明显。又用了浅近通俗的比喻,借喜马拉雅山的险阻挡不住两国人民的友谊,反衬两国人民自古就保持着亲密友好的关系;又借喜马拉雅山巍峨比喻两国人民牢固而长久的友谊。借喻自然贴切、形象生动,表达了中国人民真挚友好的情意,因而博得欢迎群众由衷欢迎与敬重,引起听众强烈共鸣。这段讲话,既有"雅说"的内容含量,又有"俗说"的表达风采,是"雅说"、"俗说"结合,雅俗兼备,达到雅俗共赏的成功范例。

"雅说"、"俗说"这组修辞技法,是一种"语体",也是一种"话风",因为它是口语表达者文化素养与个性特征的直接反映。常言"文如其人""言如其人"。有什么样的素养人品,就有什么样的"话风",就有什么样的"语体"。因此,要掌握"雅说"、"俗说"技法,提高"雅说"、"俗说"水平,不能只重语体形式,必须从提高个人素养人品方面下功夫,这样才能使"雅说"、"俗说"的应用能力有新突破、大跨越,才能取得雅俗兼备、妙语连珠的修辞效果。

后　记

　　《口语修辞》是一本迟到的书。从立意编写到今日修改落笔,至少有二十余年。上世纪 80 年代,参加"全国汉语口语研究会"年会,听张志公先生一次讲话,深感"口语修辞"重要和需要。此后,在《语文建设》发表《'口语修辞'三题》一文,得到山东大学殷焕先导师鼓励,他讲:"这个课题的确重要,要继续研究。"于是,便继续撰写"口语修辞"文章,并着手编一本《口语修辞》。然而,不进山不知山高,不下水不知水深。既无范本,又缺资料,更缺典型口语原材料,要写一本《口语修辞》谈何容易!在此后日子里,由于多种原因,写书时断时续,举步维艰。90 年代退休后,离开教学实验阵地,时过境迁,进展更难。眼看多年累积的"口语修辞"草稿发黄,出书无望,又欲罢不忍。没想到,河南大学出版社王兴业先生、王四朋先生,看重并支持"口语修辞"研究,有意将它推向教学课堂,以促其继续研究、实验、完善。这才使一部快报废的书稿,枯木逢春,获得新生。

　　《口语修辞》成书,要感谢著名语言学家张志公先生和我的研究生导师殷焕先先生,两位前辈是《口语修辞》的播种者。还要感谢河南大学出版社的领导、编辑,他们是《口语修辞》的培育者。作者对重视并支持"口语修辞"教学研究的所有老师、同人,由衷感激。

　　《口语修辞》虽已成书,但并未成熟。作为关系语文教学、涉及社会人生和做人处事重大问题的"口语修辞学",其学科内容、架构,远未成形,更未定型。书中粗疏、错误、缺失,只能靠今后教学研究实践的热心人打磨、校正。衷心寄希望于"口语修辞"教学第一线的青年教师及同学们,你们是"口语修辞"实践者、检验者,更是"口语修辞"创建者。

　　为推动口语研究,为促进社会文明,为提高个人素养构建成功人生,希望更多的人重视口语修辞、研究口语修辞、善于口语修辞!期望更多的《口语修辞》佳作问世!

　　愿"口语修辞学"加快创建,早日完善,以适应时代需要、造福社会人生!

赵林森
于开封书香名邸
2010－03－07